高等学校智能会计系列教材

RPA 财经数据分析与可视化

——数智魔法师：财经数据世界的奇幻之旅

程 平 **主编**

王彤彤 **参编**

U0331654

机械工业出版社

本书以"数据小侠"的奇幻冒险为主线，通过六大项目、24个任务的设计，将数智化财经数据分析与可视化的方法与技能巧妙地融入轻松愉快的奇幻故事中。本书循序渐进地教授了读者如何使用 UiBot Creator 和 Tableau 可视化软件进行财经数据的自动化采集、处理、分析与报告，以及如何通过可视化手段呈现数据。

六大项目主题涵盖了"股票入手知多少""股票投资分析机器人""商品销售数据分析与可视化""企业基本情况数据采集与处理自动化""企业基本情况数据分析、展现与报告自动化"，以及"企业销售收入财经数据自动化分析"等核心内容。通过这些项目实践，"数据小侠"在财经数据世界中不断成长，最终实现成为数智魔法师的梦想。

本书可作为高等院校财经类专业本专科学生的教材，也可作为财经从业人员提升数智化能力的学习用书。为了辅助学习和教学，本书提供了数据文件、源程序、视频教程、课证融通等教学资源，为教师教学和读者自学提供了强大支持。

图书在版编目（CIP）数据

RPA财经数据分析与可视化：数智魔法师：财经数据世界的奇幻之旅 / 程平主编. -- 北京：机械工业出版社，2025.1. --（高等学校智能会计系列教材）.
ISBN 978-7-111-77590-4

Ⅰ. F275；TP31
中国国家版本馆 CIP 数据核字第 202589JU59 号

机械工业出版社（北京市百万庄大街22号　邮政编码100037）
策划编辑：刘　畅　　　　　　责任编辑：刘　畅　赵晓峰
责任校对：张爱妮　刘雅娜　　　封面设计：王　旭
责任印制：李　昂
河北宝昌佳彩印刷有限公司印刷
2025 年 4 月第 1 版第 1 次印刷
184mm×260mm·16.5 印张·336 千字
标准书号：ISBN 978-7-111-77590-4
定价：79.00 元

电话服务　　　　　　　　　　网络服务
客服电话：010-88361066　　机　工　官　网：www.cmpbook.com
　　　　　010-88379833　　机　工　官　博：weibo.com/cmp1952
　　　　　010-68326294　　金　书　网：www.golden-book.com
封底无防伪标均为盗版　　机工教育服务网：www.cmpedu.com

前 言 | PERFACE

这是"野蛮人"写的第 11 本教材。

恰逢教师节,内心如江水般澎湃,不禁感慨:"14 年教育征程,从 IT 到会计,是野蛮跨界,还是人生如戏?"

曾几何时,我日复一日地驱车驶过李家沱大桥,那份生活的单调如同沉重的旋律,在我心中回响,令我深感恐惧。我害怕,当岁月流逝,步入退休之境,回首往昔,只有遗憾和悔恨。于是,在 2023 年下半年,我选择了听从内心的召唤,开启了一段全新的人生旅程。

撰写本书的初衷是挑战自我,创作一本与前 10 本风格迥异的教材。那么该如何展现这种独特风格呢?在之前的作品中,现代职场财务部、审计部的数智化故事已被生动诠释,对此,已兴趣寥寥。

在我的少年时代,"哈利波特"系列如同一道璀璨的魔法之光深深地吸引着我。那个充满奇幻与冒险的世界,不仅拓宽了我的想象边界,更是让我对友谊、家庭、勇气、牺牲和善恶有了深刻的理解。书中奇幻的场景、生动的角色和扣人心弦的情节,至今仍历历在目。念念不忘,必有回响。本书的诞生,终于让我圆了心中的"哈利波特"梦。

为了更加引人入胜,本书巧妙地将财经数据分析与奇幻的财经城堡故事相结合,为六大项目、24 个任务赋予了独特的"魔法招式",并构思了一系列富有创意和趣味性的故事情节,旨在引导读者掌握财经数据分析与可视化技巧。

故事的主角是"数据小侠"家桐——一个对财经世界充满热情的冒险家,他的梦想是成为一名卓越的数智魔法师。一次偶然的机会,家桐获得了一本神秘的财经书籍,它拥有实现愿望的神奇力量。于是,家桐开启了财经数据世界的奇幻之旅。

一、内容提要

本书精心构建了六大项目,引领读者跟随"数据小侠"家桐的冒险脚步,一步步深入学习与实践。

项目一:寻找失落的财经城堡——股票入手知多少

本项目构建了一个全方位的数智魔法师学习旅程,从云平台与课证融通的现代教育模式出发，为读者铺设了一条从理论到实践的清晰学习路径。本项目不仅着眼于股票市场的基本概念和 RPA 技术的原理讲解，而且通过 UiBot Creator 软件的具体应用，将理论与实践有机结合，旨在帮助读者理解 RPA 技术在股票市场分析中的应用价值。

项目二：解救被囚禁的财经精灵——股票投资分析机器人

本项目进一步深化了 RPA 技术在财经数据分析领域的应用，教授读者如何利用 RPA 技术，分析、设计和开发股票投资分析机器人。本项目从业务流程的梳理和 RPA 流程设计的基础原理入手，逐步引导读者掌握从网页录制、数据抓取、数据筛选、投资决策建议生成到邮件发送的整体流程，实现股票投资分析的完全自动化。

项目三：打败邪恶的金融巨兽——商品销售数据分析与可视化

本项目将带领读者深入探索数据分析和可视化的世界，特别是如何利用 Tableau 可视化软件对商品销售数据进行深入分析。本项目不仅涵盖了数据准备和模型搭建的基础步骤，还包括了如何通过直观的可视化图表来展示分析成果，确保读者能够全面掌握从数据清洗到结果呈现的完整流程。

项目四：拯救陷入危机的股市——企业基本情况数据采集与处理自动化

本项目专注于利用 RPA 技术实现企业基本情况数据采集与处理自动化。本部分内容将从业务分析与数据理解开始，逐步深入到自动化流程的设计，并最终通过 UiBot Creator 软件开发出能够执行数据采集与处理任务的机器人。

项目五：重建破败的财经城堡——企业基本情况数据分析、展现与报告自动化

本项目旨在引导读者深入挖掘经过采集与处理的企业基本情况数据，进行数据分析和可视化展现，并实现报告自动化的全过程。本部分内容详细地阐述了如何运用 Tableau 对企业基本情况进行数据分析及可视化设计。同时，还介绍了如何通过 UiBot Creator 将 Tableau 的分析成果整合进 Word 报告模板，从而实现从数据分析到报告生成的全流程自动化操作。

项目六：揭示隐藏的财经秘密——企业销售收入财经数据自动化分析

本项目讲述了如何结合 UiBot Creator 软件实现销售收入数据采集、处理、分析、展现与报告的自动化。本部分内容从商业理解与数据理解着手，逐步深入至自动化流程的设计，并最终利用 UiBot Creator 软件开发出能够实现企业销售收入数据采集、处理、分析、展现与报告的机器人，为读者提供一套全面的数据分析自动化解决方案。

为了提供更加及时和准确的信息更新，项目四、项目五及项目六中的部分任务操作步骤移至线上平台。读者通过扫描"云会计数智化前沿"二维码，关注微信公众号，并在公众号内的"学习"板块完成平台账号的注册。登录平台后进入"RPA 财经数据分析与可视化"课程，并按照提示输入位于封底的专用账号和密码，即可访问并获取最新的任务操作步骤。

二、本书特色

本书是一本集趣味性、实用性和高效性于一体的财经领域数智化教材，旨在帮助读者掌握数智化财经数据分析与可视化的方法和技能，以适应数字经济时代的发展需求。

1. 目标定位明确，紧扣时代脉搏

本书紧随数字经济时代的步伐，针对财经领域的数据分析与可视化需求，致力于培养具备规划、分析、设计和开发等数智化能力的复合型新时代财经人才。内容精准对接高等院校财经类专业学生的培养目标，同时满足财经从业人员提升数智化技能的需求，确保教材的前瞻性和实用性。

2. 情境设计与角色扮演相结合，激发学习兴趣

本书采用创新性的故事情节，将"数据小侠"的奇幻冒险作为主线，结合六大项目、24个任务的实战演练，将财经数据分析与可视化技能融入趣味学习之中。书中每个角色都有明确的岗位和定位，如"数据小侠"作为主角，代表着初入财经数据分析领域的新手；"魔数大师"则象征着经验丰富的财务专家。通过角色代入与循序渐进的任务设计，结合 UiBot Creator 和 Tableau 等软件教学，打造了互动性强、寓教于乐的学习体验，旨在帮助读者在轻松的氛围中成长为"数智魔法师"。

3. 漫画式的对话演绎，魔法师风格的学习体验

本书采用漫画式的对话形式，以 RPG 角色扮演的魔法师风格，生动地展现财经数据分析的痛点和 RPA 技术的应用流程。书中角色们身穿财务数据分析师和数智魔法师的装束，在充满魔法气息的办公环境中进行对话。他们手持魔杖和魔法书，同时使用现代科技，如软件工具和数据图表，巧妙地将奇幻与现实结合，将枯燥的数智化技术学习转化为风趣、知识性的视觉体验。通过这种创新的方式，为读者提供了一种轻松愉快的学习氛围，让读者在享受阅读乐趣的同时，轻松掌握财经数据分析与可视化的方法和技能。

4. 自动化的财经数据分析与可视化内容设计，培养数智化能力

本书由浅入深、循序渐进，系统地教授读者如何运用 UiBot Creator 软件和 Tableau 可视化软件进行财经数据分析与可视化学习。六大项目、24个任务涵盖了从需求分析、自动化流程设计、流程框架构建、Tableau 可视化设计、分析报告设计，到最终通过 UiBot Creator 软件开发机器人完成数据的采集、处理、分析、可视化与报告生成的全过程。每个任务都紧密结合实际业务场景，使读者能够将所学知识应用于实践，旨在培养读者的数智化能力，使其能够高效地应对财经数据分析的及时性与有效性挑战。

5. 保姆式任务操作实验设计，确保实操成效

全书以"数据小侠"的奇幻冒险为主线，所有任务均聚焦于数智化财经数据分析与可视化的实际应用场景。这些任务涵盖了财经领域的典型业务场景，如股票投资分析、商品销售数据分析、企业基本情况数据分析、企业销售收入财经数据分析等。针对项目

的每个任务提供了详细的、图文并茂的操作讲解，保姆式教学，手把手引导读者完成任务操作实践。这种设计能够确保读者在完成任务实操的过程中，深入理解理论知识，提高实际操作能力，并培养数智意识和创新思维。

6. 线上线下混合式教学方式，提高学习成效

本书结合线上课程资源和线下教材内容，设计了线上线下相结合的教学方式。线上学习平台提供丰富的教学视频和课件，线下教材则提供详细的任务设计和操作指导，这种教学方式既满足了学生的个性化学习需求，又提高了学习成效。

三、配套资源

1. 数据与程序资源

为方便读者学习与实践，本书提供配套的数据与程序资源。读者可登录机械工业出版社教育服务网（https：//www.cmpedu.com.cn）进行免费注册，即可下载相关资源。

2. 视频资源

我们为读者准备了丰富的视频教程。关注"云会计数智化前沿"微信公众号，使用封底提供的账号登录，选择"RPA财经数据分析与可视化"课程，即可免费观看。

3. 课程平台

我们与重庆迪数享腾科技有限公司合作，共同打造了"RPA财经数据分析与可视化"课程软件平台。该平台提供了教学大纲、教学课件、理论讲解视频、实操讲解视频、拓展讲解视频、升华讲解视频等丰富的资源，并支持课程证书的专属定制，适用于线上线下混合式教学。这些资源将助力教师高效规划与实施教学活动。

4. 师资培训

为了确保基于本书作为教材的课程教学质量，我们为教师提供了高级师资培训。通过专业的教学支持和指导，助力教师的专业成长，确保课程的教学质量。

5. 职业能力认证

本书联合重庆市商业会计学会、中国机械工业信息研究院推出"数智魔法师"职业能力认证体系，学员在学习过程中可通过学会官方（联系人微信：maoymu）报考初级/中级/高级认证。认证配套在线学习提供阶梯式视频课程、智能考试系统和实战案例库，通过理论与实操考核者可获得学会颁发的职业证书。

重庆市商业会计学会

机工教师培训营

四、适用课程与读者群体

本书专为普通高校本科和高职高专的会计学、财务管理、审计学等财经类相关专业学生量身定制，适用于智能财务、财务数据分析、RPA财务机器人等数智化课程。对于从事数据分析的专业人士，提供了丰富的实践案例和技术指导，适用于企业运营部门、财经部门或数据中心从事数据分析（BA）的工作人员，旨在提升读者的数智化工作能力。

在本书的编写过程中得到了众多组织的无私指导。感谢北京联合大学、来也网络（北京）科技有限公司和重庆迪数享腾科技有限公司的大力支持。通过科教和产教融合，来也网络（北京）科技公司为本书的编写提供了强大的软件技术支持；重庆迪数享腾科技有限公司负责开发了本书所需的配套课程教学与资源管理软件平台，并组织全国范围内的课程师资培训；北京联合大学则提供了内容研发与教学设计的协同，并负责打造全国教学样板的工作。

此外，我还要特别感谢我的研究生团队，重庆理工大学2023级硕士研究生黄靖川、蒋佳、徐业成、苟宇婷、钱子艺、周洛言、张雨洁、王骥菱、黄立、田佳灵、杨文宇，他们为本书的编写提供了很大的帮助。其中，黄靖川还在组织管理和任务分解协同方面发挥了关键作用，2024级研究生陈诗雨在教学资源UI系统设计方面做出了重要贡献。

由于编者水平有限，书中难免会出现一些错误，恳请读者批评指正。读者可以通过以下途径反馈建议或意见。

电子邮件：发送E-mail到4961140@qq.com。

即时通信：添加个人QQ（4961140）或微信（chgpg2018）反馈问题。

扫描下方二维码添加个人微信或添加"云会计数智化前沿"微信公众号和机工教育服务网。

个人微信　　　　　云会计数智化前沿　　　机工教育服务网
　　　　　　　　　　微信公众号

谨以此书献给我所有的同行和朋友，那些致力于新商科建设下的数智化教育转型、企业数智化转型与变革，以及未来希望成为卓越"数智魔法师"的朋友们，愿我们都能身体健康、生活美满、事业有成！

数智魔法师角色表

姓名	岗位	角色	任务形象
家桐	商业数据分析实习生	数据小侠	
程教授	财务总监	魔数大师	
夏会	项目经理	算法巫师	
黄靖川	数据质量分析师	数据守护者	
唐涔芮	财务人员	财经巫师	
周洛言	高级商业数据分析师	数智秘法师	
田佳灵	财务顾问	智略师	

姓名	岗位	角色	任务形象
钱子艺	销售部经理	洞察师	
张雨洁	采购部经理	调度师	
王骥菱	生产部经理	铸造师	
蒋佳	中级商业数据分析师	数据精灵	
徐业成	高级商业数据分析师	幻数大师	
杨文宇	中级商业数据分析师	财务幻影师	
芶宇婷	初级商业数据分析师	魔导师	
黄立	商业数据分析实习生	魔法通信师	

目 录 | CONTENTS

前言

数智魔法师角色表

项目六

揭示隐藏的财经秘密 | 企业销售收入财经数据自动化分析

项目一
寻找失落的财经城堡
——股票入手知多少

项目
目标

知识目标

1）掌握股票市场的基本概念、交易规则及其运作原理。

2）理解 RPA（机器人流程自动化）的基本概念、核心特点以及在财经领域的应用范围，阐述其在提高工作效率和决策质量方面的作用。

3）精通 UiBot Creator 软件的安装步骤，包括软件的下载、安装和基本操作。

能力目标

1）能够独立使用"云会计数智化前沿"的课程学习与认证平台，具有自主学习能力。

2）能够安装并熟练操作 UiBot Creator 软件，熟悉软件的常用功能和操作技巧。

3）能够初步运用 UiBot Creator 软件处理财经数据分析问题，具备将理论知识应用于实践的能力。

素质目标

1）培养读者使用课程学习与认证平台对相关课程进行系统性学习 RPA 技术的能力，系统提升对 RPA 技术的整体理解和实践技能。

2）激发读者运用 UiBot Creator 软件解决实际财经问题的创新意识，增强将理论知识应用于实践的能力。

3）培养读者对"股票入手知多少机器人"进行功能增强和拓展的批判性思维，提高分析和解决问题的能力。

1）培养读者在数字经济时代的责任感与使命感，加强批判性思维训练，使其能在复杂多变的财经环境中保持独立、理性的判断。

2）激发读者对 RPA 技术的兴趣和创新热情，鼓励其勇于探索新的财经数据分析模式和技术应用，激发对数智技术的兴趣和创新热情。

3）通过系统化的任务操作，深刻理解 RPA 技术在推动财经领域变革与高质量发展中的核心作用，着重培养专业素养和科技强国理念。

项目场景

在遥远的财经数据城堡中，"数据小侠"家桐在探索数据与魔法的奇妙交汇时，意外地获得了一张古老的卷轴。这张卷轴上镌刻着一段神秘的咒语，它既是魔力的源泉，也隐藏着揭开股票市场深层秘密的关键。据传说，唯有真正领悟这段咒语之人，方能令城堡焕发出前所未有的光辉，将其塑造为一个繁荣与智慧并蓄的圣地。怀揣着这样的梦想，"数据小侠"家桐踏上了破解咒语的征途，而破解咒语的初步挑战，便是一道与股票市场紧密相连的谜题。

第一幕：财经城堡之谜

财经城堡的大厅里摆满了闪烁着神秘光芒的魔法水晶公告板，这些公告板仿佛是城堡居民们对话的窗口。城堡中的居民们都是财经领域的佼佼者，他们通过魔法水晶公告板获取最新的财经信息，并在城堡的大厅里交流讨论。现在，他们正围在一起，热议着最新的"数智魔法师"销售业绩榜。

在财经城堡中，"数据小侠"家桐因其出色的销售业绩和客户满意度而备受赞誉。"魔数大师"程教授——一个对数字和市场有着敏锐洞

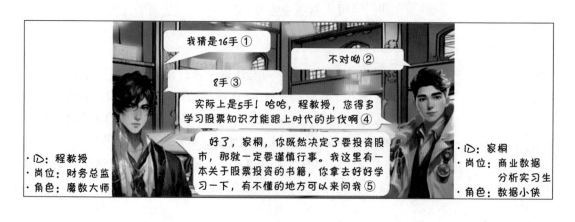

察力的数智财经专家，注意到家桐的才华并鼓励他尝试挑战股票市场。

程教授耐心地为他解释，股票交易市场是一个允许投资者买卖股票和其他证券的平台，它为企业提供筹集资金的途径，同时为投资者提供投资机会以期获得收益。目前，根据企业的规模、发展阶段、行业特性等因素，可以划分为主板、创业板和科创板。他告诉家桐，创业板市场为创业型企业提供了更宽松的上市条件，创业板市场最大的特点就是低门槛进入，严要求运作，有助于有潜力的中小企业获得融资机会。创业板的股票代码以 300 开头。上市后的前 5 个交易日不设价格涨跌幅限制，之后创业板股票当天竞价交易涨跌幅比例可以高达20％，这一规则意味着更高的投资风险，但也可能带来更多的收益机会。

这番话成功地激励了家桐，他决定用四万元的销售业绩奖励购买创业板某数字化服务企业的股票。为了验证他的决策能力，他出了一个难题给程教授：“如果这家创业板企业的股票昨日收盘价为 25 元/股，猜猜我今天用 4 万元本金买入了多少手股票？最多五次机会哟！”程教授几次尝试猜测都未能成功，最终家桐洋洋得意地揭晓了答案。

第二幕：股票投资之旅

家桐进入股票市场投资的消息，引起了“算法巫师”夏会和“数据守护者”黄靖川的关注，为了让家桐成为一名优秀的投资者，她们开始对家桐进行股票投资方面的教导。夏会提醒了家桐数据分析技术在股票投资中的重要性，并介绍了数据分析的基本概念和方法，其精髓在于从股票价格和成交量的历史数据中挖掘出市场行为的规律和模式。黄靖川则提醒家桐注意投资风险，并建议他进行模拟交易以积累经验。

· ID：夏会
· 岗位：项目经理
· 角色：算法巫师

随着对数据分析技术的深入理解，家桐逐渐意识到，股票投资并非一蹴而就的捷径，而是需要长时间的学习、实践与反思。在模拟交易过程中，家桐遇到了诸多挑战，也收获了宝贵的经验。他学会了如何控制情绪，避免因贪婪或恐惧而做出冲动决策；他学会了如何设定合理的止损和止盈点，以控制投资风险并锁定收益；更重要的是，他学会了如何保持谦逊和开放的心态，不断向财经城堡中的其他魔法师学习，吸收他们的智慧和经验。

　　财经城堡的居民们看到家桐和程教授的互动，都露出了微笑。他们知道，这位年轻的"数智魔法师"将会是未来财经领域的一颗闪亮新星。而家桐也带着对未来的憧憬和一丝紧张，开启了他的股票投资之旅。

　　在这个充满奇幻和智慧的财经城堡中，每个人都在自己的领域里努力学习和探索。家桐的冒险只是一个开始，更多的挑战和机遇正等待着这些勇敢的探索者。而他们的故事，也将成为城堡中流传千古的传说。

任务一

云会计数智化前沿"课程学习与认证平台"的使用

任务情景

　　在奇幻的财经数据魔法世界中，"数据小侠"家桐正在用他的智慧和勇气不断探寻着新的领域。然而，在探索的道路上，他发现仅凭一己之力难以驾驭财经数据分析与可视化这个庞大的知识体系。此刻，他急需一个强有力的工具来辅助自己。就在这时，他偶然发现了"云会计数智化前沿"微信公众号推出的"课程学习与认证平台"，这个面向会计审计数智化课程学习、课程认证与能力认证的三位一体的教育赋能平台，将成为他在RPA财经数据分析与可视化探索之旅上的得力助手。

　　家桐此次探险的核心任务是掌握并熟练运用好课程学习与认证平台，因为该平台聚合了"课程学习""课程认证""能力认证"三大板块，这为他提供了一个全面而系统的学习路径。家桐的任务目的明确而坚定，有了这个平台赋能，成为一名卓越的"数智魔法师"近在咫尺。

任务布置

1）创建账号。访问"云会计数智化前沿"微信公众号推出的课程学习与认证平台，完成账号的注册流程。

2）登录平台。使用刚创建的账号登录课程学习与认证平台。

3）开始学习。在平台上浏览并选择"RPA 财经数据分析与可视化"和"零起点学 UiBot RPA 软件"相关课程后，进行视频学习。

4）认证考试。在学习过程中，可以随时参加"RPA 财经数据分析与可视化"课程提供的课程认证和能力认证考试，以测试和验证学习成效。

任务准备

一、知识准备

（一）业务知识

1. 云平台的概念

云平台（Cloud Platform）是一种基于云计算技术构建的软件和服务平台，它提供了一种可靠、灵活、可扩展的方式来构建、部署和管理应用程序和服务。云平台通常包括计算、存储、网络、数据库、安全、分析和其他相关服务，这些服务可以通过互联网进行访问和管理。用户可以根据自己的需要来选择和配置这些服务。

公有云和私有云是云计算的两种主要服务模型，它们在部署方式、资源管理、安全性等方面存在差异。公有云是由第三方云服务提供商所有和运营的云环境，其基础设施通常分布在多个地理位置，通过互联网向公众提供服务。私有云是专为单个组织构建和使用的云环境，可以由组织内部团队或第三方管理，私有云位于企业内部或安全的数据中心内。

2. 课证融通的概念

课证融通是一种创新的教育模式，旨在将课程学习与认证相结合，确保学习者能够在完成学业的同时获得相应的技能等级证书。这种模式不仅能够使学习者掌握理论知识，还能提升他们的实际操作能力，全面提高综合素质。通过参加"云会计数智化前沿"课程学习与认证平台的课程学习并通过考试测试，学习者可以获得课程认证和能力等级认证证书。

（二）技术知识

1. 课程学习与认证平台简介

课程学习与认证平台是基于"云会计数智化前沿"微信公众号推出的教育平台（以下简称云会计课程平台），旨在提供会计审计数智化课程学习、课程认证与能力认证三位一体的服务。该平台课程源于重庆理工大学程平教授原创编写的系列著作，这些著作整合了 RPA 机器人流程自动化、大数据、人工智能等前沿技术，是程平教授团队与企业产教深度融合，经过多年研究和实践经验的成果，彰显了会计、审计与新一代信息技术深度融合的理念。

2. 课程学习与认证平台内容

云会计课程平台汇聚了课程学习、课程认证与能力认证三大核心板块。在课程学习板块，学习者可以接触到课程知识点和疑难点的视频讲解，学习者可以便捷地自学；而课程认证板块则提供了灵活的考试安排和成绩查询服务，既适用于自测学习成果，也可作为日常学习考核的手段；能力认证板块主要测试和认证应用和开发能力，是衡量能力的第三方证明，分为初级、中级和高级三个能力等级认证。

二、操作准备

软件工具："云会计数智化前沿"微信公众号推出的课程学习与认证平台。

任务实施

一、任务流程

1）关注"云会计数智化前沿"微信公众号，登录云会计课程平台，开始学习之旅。

2）在云会计课程平台的课程学习模板，选择并进入"RPA 财经数据分析与可视化"课程，这里将为您提供名为"数智魔法师：财经数据世界的奇幻之旅"的学习视频。

3）完成课程学习后，可以进入认证环节，通过考试测试学习成效，并获取相关证书。

二、任务操作

步骤一：打开微信，搜索"云会计数智化前沿"公众号并关注。

步骤二：登录云会计课程平台，根据指引单击"注册"按钮，填写手机号、邮箱、密码等信息，完成账号注册，如图1-1所示。注册成功后，使用注册时填写的手机号和密码进行登录，如图1-2所示。

步骤三：课程学习。登录云会计课程平台后，在菜单栏中找到"学习"模块，单击进入。在课程列表（图1-3）中选择"RPA财经数据分析与可视化""零起点学UiBot RPA软件"课程，进入课程详情页，如图1-4所示。在"目录"中选择对应的课程，即可进入课程视频界面，如图1-5所示。视频页中会展示课程的主要内容信息，读者可根据自身情况制订学习计划。

图1-1 账号注册

图1-2 账号登录

图1-3 课程列表

图1-4 课程详情页

图1-5 课程视频界面

步骤四：课程认证。登录云会计课程平台后，在菜单栏中找到"认证"模块，单击进入。认证分为课程认证和能力认证，单击课程认证，如图1-6所示。选择"RPA财经数据分析与可视化""零起点学UiBot RPA软件"，即可进入考试。首次考试需要输入对应的考试账号和密码进行登录。题目类型包含单选题和多选题。每天最多可以进行1次考试，每道题最长答题时间为90s，考试信息，如图1-7所示。考试完成后，可在提交申请页面查询考试成绩并查看是否通过课程认证。通过认证考试后，可以申请课程认证证书，填写个人信息后即可获得"零起点学UiBot RPA软件"课程认证证书。

图1-6　课程认证

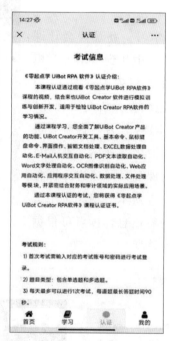

图1-7　考试信息

任务评价

评价内容	评价标准	完成情况评价（0~10分）
基础认知	能够清晰地理解云平台、课证融通等概念	
账号注册	能够完成"云会计数智化前沿"微信公众号的课程学习与认证平台的账号注册并成功登录	
自主学习	能够使用云会计课程平台进行"RPA财经数据分析与可视化"课程的自主学习	

任务二

UiBot Creator 软件下载与安装

任务情景

在这个充满挑战与机遇的财经城堡中，"数据小侠"家桐决定学习并掌握一种名为"神行百变术"的神奇技能。这种技能并非简单的魔法咒语，而是学会使用一种能够自动化处理复杂数据任务的 RPA 软件——UiBot Creator。家桐明白，只有掌握这款软件，他才能在财经数据分析的世界中如虎添翼，以应对未来的挑战。他首先开始了 UiBot Creator 软件的下载与安装之旅。在财经城堡的图书馆中，他找到了关于这款软件的详细介绍和下载链接，以及它的使用指南，这为家桐提供了宝贵的知识支持。

在下载、安装并熟悉 UiBot Creator 软件的基本操作后，家桐开始尝试用它来解决一些实际的财经数据处理问题。他尝试利用该软件的数据抓取功能，从财经城堡的魔法水晶公告板上自动获取了最新的股市数据，并自动对数据进行了清洗和整理。整个过程高效而准确，让他感受到了自动化处理的魅力。

随着时间的推移，家桐逐渐掌握了 UiBot Creator 软件的使用精髓。他不仅能够利用软件解决复杂的财经数据采集与处理问题，还能够根据实际的财经数据分析与可视化需求设计自动化流程，这为他在财经城堡中的冒险之旅增添了更多的信心和勇气。

任务布置

1）注册账号。访问来也科技官方网站（https://laiye.com/），完成账号的注册与登录步骤。

2）安装软件。下载并安装 UiBot Creator 软件，确保该 RPA 软件的正确下载、安装和使用。

任务准备

一、知识准备

（一）业务知识

1. RPA 的概念

RPA，即机器人流程自动化（Robotic Process Automation），是一种利用软件机器人模拟人类在数字系统中执行的基于规则的任务的自动化技术。这种软件机器人运行在用户界面层，能跨多个应用程序和系统自动执行操作，而不需要改变后端系统。RPA 技术结合了自动化工具和人工智能，如机器学习和自然语言处理，以处理更复杂的任务。

RPA 的主要价值在于自动化大量重复的标准化工作，如数据录入和报告生成，从而提高工作效率、减少错误并降低运营成本。企业可以通过运用 RPA，让员工从日常烦琐的工作中解脱出来，让他们专注于更有价值和创新性的任务，提升整体业务流程的效率和质量。

在财经数据分析领域，RPA 技术扮演着至关重要的角色。它能够自动进行数据的采集、处理、分析、可视化和报告生成，并通过集成人工智能技术，如 OCR（Optical Character Recognition，光学字符识别）和文本理解，实现更深层次的数据洞察和自动化分析。例如，RPA 机器人能够从多种数据源（包括电子邮件、网页和数据库）自动收集数据，并利用人工智能技术进行智能识别和处理。随后，它们可以在 Tableau 等数据可视化工具中自动生成图表，为决策者提供即时的业务见解。这一过程大幅缩短了数据到决策的转换时间，使企业能够更加迅速地响应市场变化，把握商业机会。

2. RPA 的功能

RPA 具有以下功能：

（1）数据搜索　RPA 能根据预设规则自动访问网络，从网页、数据库等多种数据源中灵活抓取所需信息，如关键字段数据的搜索、提取与存储。

（2）数据迁移　RPA 具有跨系统数据处理的能力，能够在不同的业务系统之间无缝迁移结构化数据，保持数据的完整性和准确性，且不影响原有系统架构。

（3）数据录入　对于纸质文档或非数字化信息，RPA 可通过 OCR 技术自动识别并转换为电子数据，自动录入系统，减少人工输入错误和时间成本。

（4）OCR　RPA结合OCR技术，能够处理文档、图片中的文字信息，将其转换为结构化数据，用于进一步处理和分析。

（5）信息审核　基于OCR的文本，RPA可执行初步的信息审核，对照预设规则检查数据的准确性和一致性，辅助完成数据初加工。

（6）上传下载　RPA机器人能够模拟人工操作，自动登录各种信息系统，上传或下载数据文件，简化文件传输流程。

（7）筛选统计　依据预设规则，RPA能够对原始数据进行筛选和统计分析，帮助使用者快速提取有用信息，支持决策。

（8）整理校验　对数据进行格式转换、错误校验，确保数据质量，按照标准模板输出，便于后续分析使用。

（9）生成报告　RPA能够根据预设模板和规则，整合内外部数据，自动生成分析报告，减轻人工编写报告的负担。

（10）推送通知　在任务执行过程中，RPA机器人能识别关键信息并自动通知相关人员，促进流程效率和团队协作。

（11）模拟鼠标和键盘操作　RPA能够模拟人工的点击、输入、拖拽等操作，实现各种应用程序的自动化控制。

（12）工作流技术　通过定义和执行工作流，RPA可以自动执行一系列预定任务，实现流程的自动化管理与监控。

3. RPA的特点

RPA技术在现代财经数据分析环境中呈现出诸多显著特点，是企业提高分析效率、降低分析成本、增强业务流程灵活性的重要工具。以下是RPA的主要特点：

（1）高效率　RPA机器人能够7×24h不间断工作，处理大量重复性任务，速度远超人工，极大地提高了财经数据分析与可视化工作的效率。

（2）成本效益　虽然初期可能需要投入一定的开发和部署成本，但长远来看，RPA能够显著降低人力成本，减少对人力资源的需求，特别是在财经数据分析与可视化过程中高重复性、低技能需求的工作内容上。

（3）准确性与一致性　RPA通过预设的规则和算法执行分析任务，几乎不犯错误，保证了财经数据分析工作的高准确率和一致性。这减少了因人为错误导致的损失，提升了财经数据分析业务流程的可靠性。

（4）灵活性与可扩展性　RPA能够适应各种财经数据分析业务场景，随着业务需求的变化，RPA流程可以快速调整和扩展，无须进行大规模的系统改造。

（5）非侵入式集成　RPA能够在不改变原有IT系统架构的情况下工作，通过模拟用户界面操作，直接与各种应用程序交互，无须深入系统的后端代码或数据库，降低了财经数据分析自动化实施的复杂度和风险。

（6）易用性　许多RPA平台提供了图形化界面和拖拽式编程，使非技术背景的用户也能设计和部署财经数据分析的自动化流程，降低了技术门槛，加速了财经数据分析自动化项目的落地。

（7）即时反馈与报告　RPA系统可以实时生成财经数据分析报告，为经营管理层提供即时的业务洞察和决策支持，增强了组织的响应速度和决策效率。

4. RPA在财经领域的应用

RPA技术将解锁通往智能投资分析、高效数据采集与处理、深度财务分析以及精准销售收入评估的魔法之门，为投资者和财经专业人士带来前所未有的洞察力和决策优势。RPA在财经领域主要有以下应用：

（1）股票投资分析　RPA机器人能够自动搜集股票市场的各类数据，如公司财报、行业报告、市场动态等，并提取关键信息。通过预设的投资策略或模型，机器人能够对数据进行筛选和处理，自动生成投资建议和报告，辅助投资者做出更加明智的决策。

（2）企业基本情况数据采集与处理　RPA机器人能够自动从多个渠道获取企业的基本信息，并进行整理、分类和归纳。这有助于生成简洁明了的报告或摘要，让投资者快速掌握企业的重要信息。

（3）企业基本情况数据分析与展现　RPA机器人不仅限于收集企业的基本信息，还能对这些数据进行深入分析。例如，评估能够反映企业盈利能力、偿债能力、营运能力的财务指标。通过预设的分析模型和可视化工具，机器人能够自动生成详细的分析报告和图表，帮助投资者全面了解企业的财务状况和投资价值。

（4）企业销售收入财经数据分析　销售收入是评估企业盈利能力的重要指标之一。RPA机器人能够自动收集企业的销售收入数据，并从时间、区域、商品类别等多维度进行分析。通过与行业标准或竞争对手的比较，机器人辅助投资者评估企业在行业中的地位和竞争力，从而更准确地判断其投资潜力。

（二）技术知识

1. UiBot软件简介

UiBot软件是一款强大的机器人流程自动化工具，旨在加速企业业务流程的自动化。它拥有简洁直观的可视化编程界面，允许用户通过拖拽组件和配置参数来轻松构建自动化流程，无须编写复杂代码，降低了技术门槛。UiBot还具备智能的OCR图像识别技术，能够精准识别屏幕上的元素和文本，并执行相应操作，从而自动化处理复杂的界面交互任务。

此外，UiBot提供了灵活的任务调度和管理功能，允许用户设置定时或循环任务，实现自动化流程的自动执行和管理。它的任务监控和日志记录功能使用户能够轻松监控和管理自动化流程。

UiBot 支持多种插件和扩展，使用户能够根据需求选择合适的插件来扩展软件功能。这些插件涵盖了数据抓取、文件处理、API 调用等多个方面，确保了 UiBot 能够满足不同用户的多样化、自动化需求。

2. UiBot 软件的组成

UiBot 软件全面覆盖了机器人流程自动化的设计、开发、测试、部署和监控全周期。以下是 UiBot 软件的主要组成部分及其功能简介：

（1）UiBot Creator　UiBot Creator 是一款流程创造者工具，专注于自动化流程的构建和调试。它支持以流程图和低代码方式，通过鼠标拖拽实现界面自动化操作、AI 识别和数据读写等步骤，便捷地构建满足业务需求的自动化流程。

（2）UiBot Worker　UiBot Worker 是 RPA 流程的执行引擎，负责执行 Creator 设计的数据任务。它可以配置为无人值守模式，在后台持续工作，或按需触发，高效完成大量重复性任务。Worker 支持多任务并行执行，显著提高工作效率。

（3）UiBot Commander　UiBot Commander 是流程机器人的管理平台，允许用户自主运行或自动运行设定的流程任务。通过软件自动化，它能在各行业中替代人工操作计算机以完成业务，实现工作流程自动化。

二、操作准备

软件工具：UiBot Creator。

任务实施

一、任务流程

1）访问来也科技官方网站。

2）注册 UiBot Creator 软件账户。

3）下载并安装 UiBot Creator 软件。

二、任务操作

步骤一：登录来也科技官方网站，单击 UiBot Creator 软件下载链接（https://laiye.com/product/process-creator），单击"免费使用社区版"，如图 1-8 所示。

步骤二：在打开的新页面，单击"立即注册"，如图 1-9 所示。

步骤三：在注册下方输入需要注册的电话号码，在输入完成后单击"获取验证码"，在收到短信后填入验证码并设置密码，然后勾选"我已阅读并同意《来也用户协议》与《隐私协议》"，最后单击"注册"。来也科技官方网站账号注册界面如图 1-10 所示。

图 1-8　来也科技官方网站界面

图 1-9　UiBot Creator 软件社区版账号登录界面

图 1-10　来也科技官方网站账号注册界面

　　步骤四：在"完善信息"界面，输入自己的姓名、公司或组织名称、个人邮箱，以及邮箱中收到的验证码，在用户类型中选择"个人"，信息填写完成后单击"立即免费试用"，如图 1-11 所示。

　　步骤五：在弹出的新页面，单击"来也官网"右侧的"进入"按钮，如图 1-12 所示。

图 1-11　完善信息界面

图 1-12　个人中心界面

　　步骤六：打开来也官网后，单击页面右上角的"申请试用"，如图 1-13 所示。

图 1-13　来也官网界面

步骤七：根据操作系统配置选择对应的软件版本进行下载，如图 1-14 和图 1-15 所示。

图 1-14　来也软件社区版下载界面　　　　　　　图 1-15　来也软件下载版本界面

步骤八：找到在浏览器中下载好的安装包，单击该安装包，将弹出来也科技用户协议页面，此时勾选左下角"我已阅读并知晓用户协议"，勾选后单击"同意"，如图 1-16 所示。

图 1-16　来也科技安装包和用户协议

步骤九：在安装前，可以单击"浏览"选择自定义安装目录位置，安装位置确定后单击"立即安装"将开始安装过程，安装完毕后单击"完成"，如图 1-17 所示。

图 1-17 UiBot Creator 软件安装及完成界面

任务评价

评价内容	评价标准	完成情况评价（0~10分）
账号注册	能够在来也官网正确地填写注册信息并注册成功	
软件安装	能够正确地安装 UiBot Creator 社区版软件	

任务三
猜测股票入手知多少机器人的分析、设计与开发

任务情景

在遥远的财经魔法领域中，"数据小侠"家桐正驾驶着他的数据飞船，穿梭于浩瀚的数据星河与魔法的波动之间。在探索数据与魔法奇妙融合的过程中，他突然接收到一段神秘的信号，信号源是一张古老的卷轴。这张卷轴不同于他以往见过的任何数据模型，它散发着古老而神秘的气息，仿佛蕴含着无尽的智慧与力量。家桐的心跳瞬间加速，他集中精神，尝试与这段信号建立连接。随着家桐的深入探索，卷轴上的咒语仿佛被激活，化作一道流光，这道流光指向了一道与股票市场紧密相连的谜题。这道谜题名为"股票入手知多少"，是对他股票市场基础知识与智慧的一次全面考验。

作为一个善于思考且富有创新精神的探险家，家桐迅速在脑海中构思出一个计划。他决定利用他的数据魔法与编程技能，结合 UiBot Creator 软件的强大功能，创造一个名为"股市侦探"的自动化助手。这个助手将帮助他收集并分析股票市场数据，解答"股票入手知多少"这一谜题，从而揭示出宝塔中隐藏的股票市场深层秘密。

家桐满怀信心地踏上了这段充满挑战与机遇的征途，他知道，只有不断探索与学习，才能成为真正的数据小侠，让那座财经数据城堡焕发出前所未有的光辉。

任务布置

1) 基本操作。熟悉 UiBot Creator 的基本操作，包括界面布局、功能模块认知以及基本命令的运用。

2) 变量配置。熟悉流程图变量、流程块变量及其变量的配置方法，学会如何在一个流程中设置和使用变量，以及如何对变量进行赋值和调整。

3) 整体应用。熟练使用 UiBot Creator 中的各项命令，并能将它们组合应用，完成"猜测股票入手知多少"的 RPA 机器人的设计与开发。

任务准备

一、知识准备

（一）业务知识

1. 股票市场

股票市场是股票发行后进行交易和流通的场所。根据交易方式的不同，可以分为场内交易市场和场外交易市场。场内交易市场，也称为交易所市场，是指有固定交易场所、固定交易时间和规范交易规则的股票交易市场，如上海证券交易所和深圳证券交易所。而场外交易市场则没有固定的交易场所和时间，交易方式相对灵活，如柜台交易、电子交易系统等。

股票交易市场根据企业规模、发展阶段和科创属性等特征，分为主板、创业板、科创板、代办股份转让系统等不同板块。它们都是中国证券市场的重要组成部分，共同服务于不同发展阶段和类型的企业，也是为企业提供融资、促进其发展的平台。不同板块在上市条件、投资者门槛、交易规则等方面存在差异，形成了互补关系，满足了不同企业和投资者的需求。

主板市场是中国资本市场的重要组成部分，主要服务于成熟企业，包括大型国有企业和稳定的民营企业，上市企业需满足严格的财务和公司治理要求。

创业板是深交所的专属板块，主要服务于高科技、高成长的中小企业，是对主板市场的重要补充。创业板于 2009 年成立，旨在促进创业型企业的发展和壮大，上市条件较为灵活，注重企业的成长性和创新性，对盈利能力的要求相对较低。

科创板是上交所设立的独立于现有主板市场的新设板块，并于 2019 年正式开板。科创板主要服务于符合国家战略、突破关键核心技术、市场认可度高的科技创新企业。上市条件最为灵活，允许尚未盈利的企业上市，并实行注册制，旨在支持科技创新企业的发展。

2. 股票交易规则

股票交易规则由各交易所制定，用于规范股票的买卖、转让等行为。股票交易主要包括以下几个方面：

（1）开盘价和收盘价的确定　开盘价基于交易日上午 9:15 至 9:25 的集合竞价阶段，按照最大成交量原则确定；收盘价基于 14:57 至 15:00 的集合竞价阶段，根据该时段内所有交易的成交量加权平均计算。

（2）涨跌停板的设置　为防止市场过度波动，设置涨跌停板，新股上市前 5 个交易日不设涨跌幅限制，第 6 个交易日起，主板和创业板、科创板的涨跌幅限制分别为 10% 和 20%。

（3）交易时间的安排　一般交易时间为每天上午 9:30 至 11:30，13:00 至15:00，根据中国法定节假日安排，股市会休市。

（4）交易的结算　中国股市主要有 T＋0 和 T＋1 两种结算方式，T＋0 是指当天买入的股票可当天卖出，实际资金划转和股票过户在 T＋1 完成；T＋1 是指买入后第二个交易日才能卖出。

（5）异常波动的处理　当股票价格出现异常波动时，交易所会采取措施，如要求上市公司披露异常波动公告，提示投资风险，可能实施临时交易限制。

（6）风险管理　为保护投资者利益，避免市场风险，交易所设立风险管理制度，比如对于个人投资者来说，主板基本没有要求，开户之后即可投资。创业板投资者需要满足一定的资金和经验门槛，如两年以上股票投资经验，且开通前 20 个交易日日均股票资产不低于 10 万元。科创板投资者门槛更高，需要两年以上股票投资经验，且开通前 20 个交易日日均股票资产不低于 50 万元。另外，设立信息披露制度、风险警示机制，并实施投资者教育和保护等风险管理制度。

（二）技术知识

1. UiBot Creator 软件界面

（1）UiBot Creator 主界面　UiBot Creator 主界面的左侧是简洁明了的导航栏，它包含"新建""打开""开始""工具""设置"。单击"新建"按钮，用户将创建一个全新的自动化项目，这涉及命名项目以及存储路径。如果用户之前已经创建或保存了自动化项目，只需单击"打开"按钮，即可从文件系统中选择并加载该项目。单击"工具"按钮，用户能够对一些有需要的应用程序和扩展程序进行安装。在"设置"按钮下，用户可以配置软件的各项参数，如语言选择、窗口编辑等，单击"开始"则会展示最近的历史文件。主界面的中间部分用于展示历史文件。这是一个方便用户快速访问最近打开或编辑过的项目的区域。当用户单击某个历史文件时，它将被加载到主工作区，供用户继续编辑或运行。主界面的右侧区域是资源区，它提供了两个主要的功能：经典范例和新手教程链接。如图 1-18 所示。

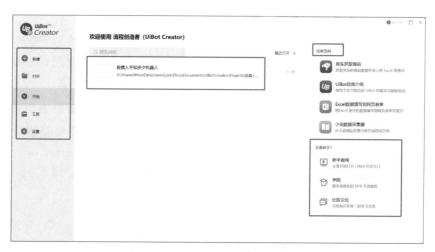

图 1-18　UiBot Creator 主界面

（2）UiBot Creator 流程图界面　从主界面可以继续进入流程图设计界面，在界面的最顶端，会看到一个功能丰富的菜单栏。这个菜单栏是用户与软件交互的重要入口，包含了多个关键的操作选项。单击"保存"，用户可以保存当前编辑的流程文件；完成流程图的搭建并确认无误后，可以单击"运行"按钮来启动流程的执行；在开发过程中，如果流程出现错误或不符合预期，可以使用"调试"功能来逐步检查流程的执行情况。

在菜单栏的下方，有一个流程块类型面板。这个面板上展示了多种不同类型的流程块，每个流程块都代表了一个特定的操作或功能。可以通过鼠标单击并拖动这些流程块到中间的流程图编辑区域，将它们组合成一个完整的自动化流程。

在界面的中间部分，是流程图编辑区域。这是搭建和编辑自动化流程的主要场所，可以在这个区域内自由调整流程块的位置和连接关系，以确保流程的清晰和易读。每个流程块上还有一个形状类似于"纸和笔"的按钮，按下之后，可以查看和编写这个流程块里面的具体内容。在界面的右侧，有一个属性与变量编辑面板。在变量编辑区域，用户可以定义和管理流程中使用的变量。这些变量可以在多个流程块之间传递数据，实现数据的共享和复用。如图 1-19 所示。

（3）UiBot Creator 流程块编辑界面　进入流程块的编辑界面，顶端仍然是菜单栏，除了"保存""运行""调试"以外，还有"数据抓取""智能文档处理"等功能按钮。界面的左侧为命令区，可以从中选择需要的命令，所谓命令，是指在一个流程块当中，告知 UiBot 具体每一步该做什么动作、如何去做的程序。UiBot 会遵循我们给出的命令，忠实地执行。界面的中间则为组装区，可以把命令在这里进行排列组合，形成流程块的具体内容。可以从左侧的"命令区"，双击鼠标左键或者直接拖动，把命令添加到"组装区"，也可以在"组装区"拖动命令，调整它们的先后顺序，或者包含关系，包括模拟鼠标、键盘操作，对窗口、浏览器操作等多个类别，每个类别包含的具体的命令还可以进

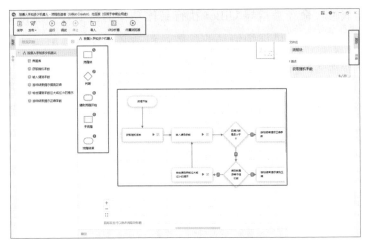

图 1-19　UiBot Creator 流程图界面

一步展开查看。界面的右侧为"属性区"，命令是要求 UiBot 做的一个动作，但只有命令还不够，还需要给这个动作加上一些细节，这些细节就是属性。如果说命令只是一个动词的话，那么属性就是和这个动词相关的名词、副词等，它们组合在一起，UiBot 才知道具体如何做这个动作。如图 1-20 所示。

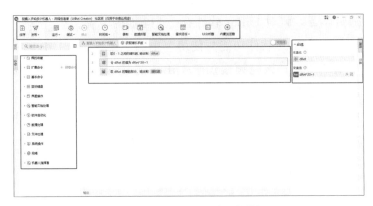

图 1-20　UiBot Creator 流程块编辑界面

2. UiBot Creator 软件基础使用

（1）流程　在 UiBot Creator 中，流程是指通过软件自动执行的一系列任务。每个任务对应一个流程，且一次只能编写和运行一个流程。流程包含一个文件夹，并以流程图的形式展示。一个流程可包含多个流程块，每个流程块代表任务的一个步骤。

（2）流程块　流程图中的基本单元是流程块，它将任务划分为若干步骤。每个流程块描述了一个特定的任务动作。流程块可以是一个独立的单元，也可以将一个流程细分为多个块。适当划分流程块的数量取决于个人习惯和任务复杂度，但建议将相对独立的逻辑放在一个块中，并避免流程块过多，以保持流程的清晰和易于管理。

（3）命令与属性　命令是指导 UiBot 执行具体动作的指令，如模拟鼠标单击、键盘输入等。属性则是为命令提供详细信息的参数，包括必需和可选的属性。在编写流程块时，可以选择左侧命令区的命令，并设置相应的属性，以精确控制 UiBot 的行为。

（4）变量　UiBot Creator 中的流程块用于构建自动化流程，并包含用于临时存储和处理数据的变量。UiBot 的变量分为流程块变量和流程图变量两种。流程块变量仅在当前流程块内有效，离开该流程块后不可访问。而流程图变量具有更广泛的作用域，可以在整个流程图中被访问和修改，提高了流程的灵活性和数据传递的效率。

二、操作准备

软件工具：UiBot Creator。

三、学习准备

1）访问"云会计数智化前沿"微信公众号，进入"学习"板块后选择"零起点学 UiBot RPA 软件"课程。

2）观看"第一章：UiBot 软件功能与使用"中的"第一节：UiBot 软件产品功能"完整视频进行学习。该视频将介绍 UiBot 软件产品的整体功能，包括 UiBot Creator 的主要特点和功能。通过学习，将对 UiBot 软件有一个全面的了解。

3）观看"第一章：UiBot 软件功能与使用"中的"第三节：UiBot 基本命令"的前半部分视频，了解基础知识。该视频聚焦于 UiBot 的基本命令，重点讲解变量的概念、使用和数据操作的基础知识，讲述了如何在 UiBot 中创建和使用变量，以及如何进行变量的类型转换。此外，视频还会介绍在 UiBot 中处理不同数据类型的常用方法，如字符串、数字、列表和字典等，为后续的实践操作打下坚实的基础。

任务要领

一、掌握 RPA 设计的核心概念与架构

1）理解 RPA：明确 RPA 的定义、目标及其实现机制。

2）构建流程架构：学习 RPA 设计的架构，包括流程创建步骤、流程块的组合与连接方式，以及流程图变量在自动化过程中的作用和配置方法。

二、精通 UiBot Creator 软件操作

1）流程块编排：学习如何在 UiBot 中创建新流程，并熟悉流程的编辑与保存技巧。

2）搭建流程：掌握使用 UiBot 搭建直观、清晰的流程，以展示自动化流程的执行路径。

三、流程块与变量配置精通

1）流程块应用：通过实际操作，熟练添加和配置各类流程块，掌握每个流程块的功能和特性，以及它们如何协同工作以构建完整的自动化流程。

2）变量配置：学习如何恰当地设置流程图变量，这些变量在自动化流程中用于存储和传递数据，使流程能够根据不同条件和需求灵活调整执行路径和结果输出。

任务实施

一、任务流程

1）在 UiBot Creator 中创建新流程，并命名为"猜测股票入手知多少机器人"。

2）根据业务需求添加流程块，搭建机器人的流程框架。

3）配置流程图中的变量，以及各个流程块内的变量。

4）对每个流程块进行编辑，组合使用不同的命令，并调整相应的属性设置，以实现"猜测股票入手知多少"的功能。

二、任务操作

步骤一：新建流程。打开 UiBot Creator 软件，新建流程，并将其命名为"猜测股票入手知多少机器人"。

步骤二：搭建机器人的流程框架。拖入 1 个"开始"，5 个"流程块"，2 个"判断"和 1 个"结束"至流程图设计主界面，并连接起来。流程块分别命名为"获取随机手数""输入猜测手数""已猜次数是否小于 6？""猜测数是否等于随机数？""给出猜测手数过大或过小的提示""游戏结束提示正确手数""游戏结束提示猜测正确"。UiBot Creator 的"股票入手知多少"流程图界面如图 1-21 所示。

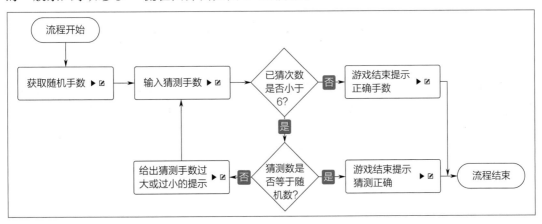

图 1-21　UiBot Creator 的"股票入手知多少"流程图界面

步骤三：添加流程图（全局）变量。在流程图界面右侧添加变量，并设置默认值，具体见表1-1。

表1-1　流程图变量属性设置

序号	变量名	值
1	随机数	0
2	猜测数	0
3	次数	0

注意：此处添加的是流程图变量！

步骤四：单击编辑进入"获取随机手数"流程块，在左侧命令框中搜索添加元素，添加1个"取随机数"，1个"变量赋值"和1个"取整数"，添加完成后流程顺序如图1-22所示，属性设置见表1-2。

图1-22　"获取随机手数"流程块

表1-2　步骤四属性设置

活动名称	属性	值
取随机数	输出到	dRet
变量赋值	变量名	dRet
	变量值	dRet * 20+1
取整数	输出到	随机数
	目标数据	dRet

注意：表格中的属性值都是在专业模式（EXP）中显示！

步骤五：单击编辑"输入猜测手数"流程块，在左侧命令框中搜索添加元素，添加1个"输入对话框"，1个"取整数"和1个"变量赋值"，添加完成后流程顺序如图1-23所示，属性设置见表1-3。

图1-23　"输入猜测手数"流程块

表 1-3　步骤五属性设置

活动名称	属性	值
输入对话框	输出到	猜测数
	消息内容	"请输入家桐购买的创业板股票手数"
	对话框标题	"股票入手知多少"
取整数	输出到	猜测数
	转换对象	上一条命令的结果
变量赋值	变量名	次数
	变量值	次数＋1

步骤六：在判断框"已猜次数是否小于6"中的"条件表达式"属性框内输入"次数＜6"，在判断框"猜测数是否等于随机数"中的"条件表达式"属性框内输入"猜测数＝随机数"。

步骤七：单击编辑"给出猜测手数过大或过小的提示"流程块，在左侧命令框中搜索添加元素，添加1个"如果条件成立"，1个"否则执行后续操作"和2个"消息框"，添加完成后流程顺序如图1-24所示，属性设置见表1-4。

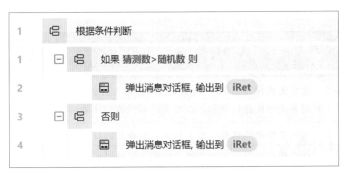

图 1-24　"给出猜测手数过大或过小的提示" 流程块

表 1-4　步骤七属性设置

活动名称	属性	值
如果条件成立	判断表达式	猜测数＞随机数
消息框（1）	消息内容	"您猜大了哦，请再接再厉！"
	对话框标题	"手数提示"
消息框（2）	消息内容	"您猜小了哦，请再接再厉！"
	对话框标题	"手数提示"

步骤八：单击编辑"游戏结束提示正确手数"流程块，在左侧命令框中搜索添加元素，添加1个"消息框"，将其消息内容属性修改为："游戏结束，正确的购买手数是"

＋随机数。

步骤九：单击编辑"游戏结束提示猜测正确"流程块，在左侧命令框中搜索添加元素，添加 1 个"消息框"，将其对话框标题属性修改为"游戏结束"，消息内容属性修改为"游戏结束，恭喜你猜对了！"。

三、任务拓展

（一）业务拓展

业务需求 1：如何修改程序，以便在游戏结束后通过消息框向玩家展示其猜测的次数？

业务需求 2：若需根据玩家猜测正确的次数提供不同的消息提示，应该如何调整程序以满足这一需求？

（二）技术拓展

技术需求：若要将游戏中猜测数输入环节从手动输入模式更改为单项选择模式，应如何修改程序？

任务评价

评价内容	评价标准	完成情况评价（0~10分）
流程图搭建	能够正确使用 UiBot Creator 软件搭建本任务的流程框架，并对各流程块进行命名，以清晰展示该流程块的功能	
机器人开发	完成本任务的机器人开发步骤，机器人运行结果正确	
业务拓展	修改现有程序，对业务需求实现的完整性和准确性	
技术拓展	修改现有程序，对技术需求实现的完整性和准确性	

项目二
解救被囚禁的财经精灵
——股票投资分析机器人

项目
目标

知识目标

1）知晓股票投资分析的基础知识、方法及其相关指标。

2）理解股票投资分析方法在投资决策中的核心作用，熟悉其在不同应用场景下的运用。

3）理解股票投资分析机器人 RPA 流程设计的原理、方法以及机器人的整体框架搭建策略。

能力目标

1）识别股票投资分析关键步骤，并熟练使用 Microsoft Visio 软件绘制人工业务流程图。

2）识别、分析股票投资分析人工业务流程各活动的痛点，并设计 RPA。

3）使用 UiBot Creator 软件，规划股票投资分析机器人的技术路线，实现数据采集、处理、输出的标准化，并完成机器人的开发与测试。

4）运用股票投资分析机器人为投资者自动提供恰当的投资建议，并具备评估该机器人在实际应用中的价值与潜在风险的能力。

素质目标

1）培养对股票投资分析流程的需求识别和机器人应用场景的敏感性思维，能够精确捕捉和理解关键环节及其痛点。

2）培养股票投资分析机器人的痛点分析、自动化流程设计、效果评估和优化方面的批判性思维，以及面对问题时独立分析和解决的能力。

3）提升专业素养和职业判断力，能够将股票投资分析机器人的技术路线、应用风险和价值分析基于物理沙盘模型以可视化、结构化的方式呈现和表达。

思政目标

1）在意识层面。强调风险与合规意识，保障技术发展尊重隐私，提倡科技创新提高股票投资分析效率。

2）在精神层面。强调证券行业规范下的高标准和社会责任感，保证股票投资分析的准确性与职业道德。

3）在感观层面。培养行业认同、职业荣誉感、法治意识，确保股票投资分析的准确性、客观性和公正性，同时强调在完成任务拓展内容过程中团队合作的重要性。

项目
场景

在财经城堡的一个隐秘角落，"财经巫师"唐涔芮囚禁了一群财经精灵，这些精灵曾是城堡的守护者，拥有预知股票市场未来的神奇能力。然而，随着邪恶势力的入侵，他们被施加了魔法枷锁，失去了自由，只能被困在财经部门的电脑系统中。

第一幕：财经精灵被困

唐涔芮曾是一个普普通通的财务人员，但随着职位的升高，他的贪婪之心逐渐膨胀，开始利用职权谋取私利。他囚禁财经精灵是为了

掌握股票市场的未来走势，以便在投资中获取巨大的利益。他的邪恶行为最终导致了他被城堡的居民们所唾弃，成为众矢之的。

唐涔芮的能力之所以令人畏惧，是因为他能够预知股票市场的未来走势。例如，他曾准确预测了市场上最受欢迎的科技股票的走势，使那些信任他的投资者获得了丰厚的回报。然而，唐涔芮付出了巨大的个人代价，他的心灵逐渐被贪婪和权力所腐蚀，最终走上了邪恶的道路。

第二幕：解救财经精灵

"数据小侠"家桐是一位阳光、帅气、正直的青年"数智魔法师"，对公正的执着追求使其极具正义感。他相信，每个人都应该有平等的机会来获取股票市场的财经信息，并从中获益。他决心揭露"财经巫师"唐涔芮的阴谋，为财经城堡带来光明和希望。

此时，家桐正在城堡的图书馆研读"七剑下天山"系列数智财经魔法书籍，偶然发现了这些被囚禁的财经精灵。他深知财经精灵的重要性，决定运用他所学的财经知识，结合现代科技，解开囚禁财经精灵的枷锁，让它们重获自由，恢复财经城堡的繁荣。家桐知道，要解开魔法枷锁，需要找到关键的"股票投资分析咒语"，掌握这个咒语，就可以智能且自动化地执行复杂的财经分析任务。期间，他遇到了"数智秘法师"周洛言和"智略师"田佳灵，她们也在探索财经魔法的世界。周洛言擅长数据分析，她的 IT 技能让她在处理大量数据时游刃有余；田佳灵则擅长财经策略，她的敏锐洞察力和深厚财经知识使她在投资决策上独具慧眼。于是家桐邀请她们一起去解救精灵。

经过一番探寻，家桐和周洛言、田佳灵发现这个咒语隐藏在财经城堡的电脑中，被一个名为"元小蛮"的RPA机器人守护着。

第三幕：智解魔法枷锁

家桐决心利用元小蛮RPA机器人来破解咒语，解救财经精灵，而其中最关键的一步是寻找符合特定条件的股票来解开魔法枷锁。在家桐的指导下，元小蛮开始执行任务，迅速在互联网上搜集、处理和筛选股票数据。家桐设定了以下筛选条件：股价需低于10元/股，流通市值应在10亿～30亿元，市盈率应介于10%～30%。

元小蛮RPA机器人的工作效率很高，它的机械臂在键盘上迅速敲击，屏幕上的数据实时更新，财经精灵的魔法枷锁逐渐松动。元小蛮首先访问同花顺财经网站，并导航至"证监会行业"分类，进而进入"信息传输、软件和信息技术服务业"板块，以便收集相关数据。在该板块，元小蛮自动捕获所有相关页面的股票信息，并进行数据类型的判断和修正，确保所选数据的有效性和相关性。最终，经过筛选和分析，元小蛮会提供"建议买入"或"谨慎买入"的投资建议。

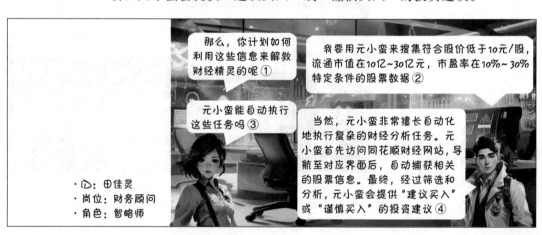

周洛言、田佳灵与家桐一起合作探索财经魔法的世界，共同研究如何运用元小蛮RPA机器人解救财经精灵。她们发现，除了股价、流通市值和市盈率之外，还需要关注公司的基本面、行业趋势和市场情绪等多种因素，才能更全面地评估一只股票的投资价值。

在程教授的指导下，家桐、周洛言和田佳灵逐渐掌握了股票投资分析的精髓，破解了咒语。他们开始运用RPA机器人来分析大量的证券、财务等数据，寻找那些被市场忽视的投资机会。他们的努力不仅解救了财经精灵，还帮助城堡的居民们避免了投资陷阱，找到了真正的投资机会。

　　财经城堡的环境也逐渐恢复了往日的宁静与繁荣。"财经巫师"唐泠芮受到了应有的惩罚，城堡的居民们过上了幸福的生活。家桐、周洛言和田佳灵这些年轻魔法师们成了财经城堡的守护者，他们的故事被一直传颂，激励着更多的人去探索财经魔法的世界，为城堡的繁荣和发展贡献自己的力量。

任务四

股票投资人工业务流程梳理及痛点分析

任务情景

　　在财经城堡的图书馆内，高耸的书架装载着世间各类财经秘籍，仿佛每一本书都承载着无尽的知识与智慧。"数据小侠"家桐坐在书桌前，聚精会神地翻阅着手中的书籍。他的眼中闪烁着好奇与决心，仿佛已经预见了未来财经世界的变革。

　　家桐决定根据这本"秘籍"的指导，开发一个能够解救财经精灵的股票投资分析机器人，但他深知股票投资分析的人工业务流程以及其中存在的"痛点"，对科学、合理的股票投资分析机器人的开发至关重要。

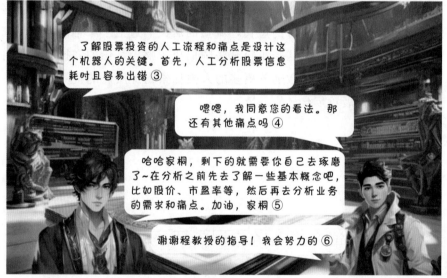

任务布置

1）制定投资策略。根据投资者偏好和收集到的信息，制定出投资策略，如对股价、市盈率、流通市值等进行条件划分。

2）梳理人工业务流程。结合股票投资分析需要考虑的多方面内容，如数据收集、数据处理、对数据的基本分析、投资决策等，梳理并绘制股票投资分析的人工业务流程。

3）分析人工业务流程痛点。识别股票投资分析人工业务流程中存在的问题和挑战。

任务准备

一、知识准备

（一）业务知识

1. 股价

（1）股价的概念　股价即股票的市场交易价格，是股票市场供求关系直接作用的结果，它反映了投资者对该股票所代表的企业宏观经济环境、行业地位、市场情绪、成长潜力、未来盈利能力以及风险水平的综合评估。这一价格的形成，是市场上买卖双方基于各自对信息的理解和预期，通过交易行为达成的共识。

（2）股价的影响因素

1）企业基本面，包括企业的盈利能力（如每股收益、净利润等）、财务状况（如资产负债率、现金流等）、行业地位、市场竞争力以及未来增长潜力等。这些因素直接影响投资者对企业价值的判断。

2）宏观经济因素，包括经济增长率、通货膨胀率、利率水平、货币政策、财政政策等宏观经济指标。这些因素通过影响市场情绪和投资者的风险偏好，间接影响股价。

3）市场情绪与投资者心理。投资者的乐观或悲观情绪、对市场的预期、羊群效应等心理因素也会对股价产生显著影响。

4）市场供求关系。股票市场上的买卖力量对比决定了股价的即时水平。当买方力量强于卖方时，股价上涨；反之，则下跌。

5）其他因素，如政策变动、突发事件（如自然灾害、战争等）、企业并购重组、股权激励计划等，都可能对股价产生短期或长期的影响。

2. 市盈率

（1）市盈率的概念及计算方法　市盈率是反映投资者为获得公司每一单位收益（通常是每股收益，EPS）所需支付的股票价格倍数。它体现了市场对公司未来盈利能力的预期以及愿意为这些预期盈利支付的价格水平。市盈率的计算方法是

市盈率（P/E Ratio）= 股票市场价格（P）/ 每股收益（EPS）

（2）市盈率的影响因素　影响市盈率的因素包括基本因素、公司特定因素、宏观经济因素以及市场结构和投资者行为等。

1）基本因素是指每股收益与每股股价。

2）公司特定因素包括盈利能力、成长性、股息发放率、杠杆比率等。

3）宏观经济因素包括经济增长率、通货膨胀率、政府财政政策和货币政策、产业政策、全球经济状况等。

4）市场结构与投资者行为意味着不同市场的投资主体和基础制度，形成的估值水平

也不一样，因此市盈率也不同。而投资者的风险偏好、投资期限和预期等因素也会影响市盈率。

3. 流通市值

（1）流通市值的概念及计算方法　流通市值是指一个公司在股票市场上的流通股数量与股票价格的乘积，即流通股的市场总价值。它表示了市场对于公司流通股票的估值。流通市值的计算方法是将公司的流通股数量乘以股票的市场价格。

（2）流通市值的影响因素

1）股价，影响流通市值的关键因素。在股本数不变的情况下，市值的大小取决于股价的高低。股价的高低反映了公司的内在价值，受股票市场走势和投资者情绪的影响较大。

2）股本数。市值也与股本数有关。在股价管理方面，通过价值创造和价值实现的方法提升资本市场对公司的认可度，进而影响市值。

3）市场流动性，直接影响股票的交易活跃程度，进而影响流通市值。在流动性较高的市场中，股票交易更为活跃，有助于提高流通市值；反之，流动性较低时，流通市值会降低。

4）宏观经济环境，包括公司的盈利状况、行业前景、市场预期等因素。当公司盈利能力强、行业前景看好、市场预期向好时，股票的流通市值和价格都可能上升；反之，可能下降。

5）公司盈利状况和行业前景。这些因素直接影响股票的价格，进而影响流通市值。公司规模、行业地位等也会影响股票的流通市值和价格。

6）市场预期，对股票价格和流通市值有重要影响。当市场预期向好时，股票价格和流通市值可能上升；反之，则可能下降。

（二）技术知识

1. 业务流程概述

业务流程是一系列为实现特定价值目标而由不同个体协同分工完成的活动。这些活动是可重复的，逻辑上相互关联，并按照明确的输入和输出转换规则进行，旨在为客户创造并交付价值（包括产品和服务的提供）。在业务流程中，各个活动不仅有着严格的顺序限制，而且各自的内容、方式和责任上都有详细规定，以确保在不同岗位角色之间的顺利交接。尽管活动之间在时间和空间上的转移可能存在较大跨度，但整个流程始终保持层次性，这种层次性体现在从整体到部分、从宏观到微观、从抽象到具体的逻辑关系中。

在组织中，每个人都是业务流程的推动者，并在流程中扮演特定的角色。一个设计良好的业务流程会为每个参与者定义清晰的职责，并强调沟通协作和团队意识，确保每个人都能明确自己在流程中的角色。业务流程的描述不仅是对关键业务的阐述，更是对运营管理工作的指导，它涉及资源优化、组织结构优化和管理制度的多方面改变。

业务流程图是业务流程的一种视觉表现形式，它通过使用规定的符号和连线来描述人员之间的业务关系、作业顺序和管理信息流向。它基本上按照业务实际的处理步骤和过程绘制，用图形反映业务处理的真实流程。绘制业务流程图对于理解和优化业务流程具有重要作用，它帮助分析人员识别并解决流程中的不合理之处。

2. 需求分析与业务流程梳理

（1）定边界　在分析业务流程时，我们首要注意的是业务目的，这是流程设计的起点和终点。同时，我们要结合流程架构，详细分析并明确业务的上下游关系，了解哪些部门或环节是本流程的输出方和输入方，以及业务对环境的具体依赖性，如数据来源、技术支持等。在需求分析时，应深入审视现有流程架构，确保流程设计边界清晰，避免流程中出现断点和重复，确保流程的连贯性和高效性，同时保证流程之间接口明确，便于各部分协同工作，提升整体工作效率。

（2）识活动　在明确业务流程边界后，下一关键步骤是在此范围内详细识别各个具体的业务活动。在这个过程中，应坚守几个核心原则，以确保活动设计的合理性和有效性。首先，每个业务活动内部应保持无分支，保持流程的简洁性和可追踪性；如果存在任何分支情况，这些分支条件必须在流程图中明确标示。其次，每个业务活动应由一个唯一角色负责并持续执行，以避免责任混淆和提高工作效率。接下来，业务活动的输入输出数据细节，如表单的关键字段，必须清晰定义，以确保数据的准确传递和流程的顺利进行。最后，业务规则本身应该是明确、易懂且易于执行的，以便所有流程参与者都能依据这些规则高效地完成各自的任务。

（3）识场景　识别工作场景是设计工作流程的关键步骤，其目的是确保流程能适应并覆盖所有典型的财经工作业务场景，提升流程的灵活性。这一过程涉及两个主要方面：识别财经工作场景要素和编制财经工作场景清单。首先，识别财经工作场景要素需要对财经流程和活动图进行深入分析，以确定构成每个场景的基本要素。这些要素可能包括财经数据的类型、分析的关键指标、涉及的部门或角色、必要的数据处理步骤等。其次，基于这些财经工作场景要素，编制财经工作场景清单，这通常涉及将不同的要素进行组合，并结合财经分析专家的判断。财经分析专家的经验和专业知识对于确定哪些组合构成了典型的财经工作场景至关重要。

（4）理规格　财经工作流程的分析与梳理是一个复杂的过程，它不仅旨在固化优秀的财经工作实践，提升流程的集成效果，而且还作为一个管控载体，通过流程实现财经工作和财经决策的管控目标。为了实现这一目标，关键在于识别财经工作中的风险并建立相应的业务规则。

在财经工作流程分析与梳理阶段，必须综合考虑多个因素。分析结果应该以财经工作流程图和数据处理表单的形式记录下来，以便于理解和执行。风险识别可以从正向梳理和逆向梳理两个维度进行。正向梳理涉及识别财经工作问题、财经决策痛点、用户期望以及财经分析和客户重大投诉等方面。逆向梳理则包括识别数据管理和分析中的相关风险，如数据质量风险、财务分析模型风险、数据隐私和合规风险分析、数据安全风险分析等。

业务规则的建立是确保财经工作流程有效性的核心。这些规则应包括每个财经分析活动的处理逻辑、执行活动时应遵循的数据管理政策，以及关键财经分析活动的处理步骤和算法规则。这些规则需要在流程说明文件中详细说明。

此外，财经数据管理人员应对每个活动输出的财经分析报告进行全面的分析和管控，规范关键分析结果的生成规则，并统一数据源。业务规则还应包括分支判断规则、分析模型更新规则、审批规则、标准/规范，以及评审与批准标准等。

通过这样的流程分析和规则建立，财经分析流程不仅能固化优秀实践，还能成为一个有效的管控工具，帮助组织识别和应对财经工作中的风险，确保财经数据分析和决策的质量和效率。

3. 流程痛点分析

当前，财经工作经常面临如大数据处理、重复性任务、复杂操作、人工阅读以及异构系统集成等诸多挑战。这些问题使财经工作的标准化程度低，效率不高，耗时过长且容易出错，导致成本增加，这些都是财经工作的"痛点"。因此，利用 RPA 技术来解决这些难题，已经成为提高财经工作质量和效率的关键途径。

（1）标准化程度低 一方面，财经工作底稿和报告的编制高度依赖于个别财经人员的经验和主观判断，导致不同人员在编制时，格式、术语和内容上存在显著差异，缺乏统一的标准和规范。这种不一致性不仅使财经报告难以相互比较，也影响了整个财经工作的质量和效率。同时，缺乏统一的财经报告编制标准和模板，导致报告的格式和结构千差万别，这使财经报告更难以阅读和理解，从而降低了信息传递的效率和效果。

另一方面，由于财经数据采集和处理的标准化程度不足，各数据处理流程和质量控制措施在不同项目中表现出不一致性，这不仅降低了数据处理的效率，也可能影响数据的准确性和可靠性。这些问题的存在，不仅严重影响了财经工作的标准化程度，也增加了出错的可能性以及时间成本，甚至可能增加财经风险。

（2）容易出错 财经工作流程中"容易出错"的原因和体现主要包括：手工数据录入和处理的错误率较高、数据量大且格式不统一导致处理难度增加、缺乏自动化工具导致工作效率低下。

财经数据通常来源于多个渠道，格式和质量参差不齐，这使数据整理和处理工作既复杂又容易出错；缺乏自动化工具导致工作效率低下。在许多财经工作中，仍依赖于传统的人工处理方式，缺乏高效的自动化工具，这不仅延长了工作时间，也增加了出错的可能性。这些问题使财经工作的出错率较高，不仅影响了工作的进度，也可能对财经报告的质量和准确性产生负面影响。

（3）效率较低　财经工作效率低下的痛点很大限度上源于人工操作的局限性。一方面，财经工作中涉及大量数据的手工录入，如账目、交易记录等，这个过程既耗时又容易出错。数据的量大且来源多样，格式不统一，增加了处理的复杂性。另一方面，财经数据量大且种类多样，人工进行财经数据的处理和分析时，不仅效率低下，而且容易因人为失误导致错误。

（4）耗时较长　财经工作流程中"耗时较长"的痛点主要源于操作烦琐。

手工操作的烦琐性和重复性使财经人员在进行数据录入和处理、账目核对等环节时需要投入大量时间；数据量大且来源多样化导致处理难度增加，需要逐一核对和处理，耗时较长；缺乏自动化工具使人工难以高效地处理大量数据，从而增加了工作耗时；报告编制的复杂性体现在将分析结果中的关键信息提炼、整理并形成报告，这个过程同样耗时且可能涉及多轮修改。这些问题导致财经工作流程耗时较长，影响了财经工作的进度和效率。

（5）成本较高　财经工作流程中"成本较高"的原因主要在于手工操作的资源消耗、数据处理的复杂性导致的额外工作量、缺乏自动化工具造成的效率损失以及专业人才的密集性。

手工操作的烦琐性和重复性导致财经工作需要投入大量的人力和时间，增加了分析成本；数据量大且来源多样化，处理难度增加，需要财经人员逐一核对和处理，增加了额外的工作量和成本；缺乏自动化工具使财经人员难以高效地处理大量数据，从而增加了工作耗时和成本；财经数据分析工作通常需要专业知识和经验，因此往往需要招聘和保留具有专业资格和较高水平的财经人员。专业人才的工资通常较高，他们的成本占据了财经部门运营成本的大部分。这些问题导致财经工作过程成本较高，影响了财经工作的经济效益。

（6）合规性较差　在一些企业中，由于内部控制不完善，如审批流程不规范、权限管理不明确等，导致财经人员在执行任务时可能出现违规操作。这不仅会影响企业的财经状况，还可能导致企业面临法律风险。另外，部分企业由于对合规性的重视程度不够，认为合规性工作耗时耗力且短期内看不到明显效益。因此，在财经工作中，一些人员可能忽视合规性要求，导致潜在的风险。

在一些企业中，由于财经信息系统存在漏洞，如数据存储不规范、信息传递不畅等，严重影响了财经工作的合规性。例如，在报税过程中，若企业未能及时获取最新的税务信息，可能导致报税不准确，从而产生风险。

二、操作准备

软件工具：Microsoft Visio。

任务要领

一、全面掌握股票投资分析的关键步骤

1）数据收集。投资分析的基础是全面收集公司财务报表、行业数据和宏观经济数据等关键信息，这些数据对制定投资决策至关重要。

2）分析方法。投资者需运用多种分析方法，如基本面分析、技术分析、市场情绪分析等，全面评估股票的投资价值。

3）决策制定。在深入分析和综合比较后，投资者应制定明确的投资策略和决策，包括买入、卖出或持有等。

4）报告生成。定期制作投资报告，以记录和追踪投资过程，总结投资成果和经验教训。

二、掌握股票投资分析人工业务流程梳理及痛点分析方法

1）流程梳理。在股票投资分析中，根据人工进行的每一步操作进行梳理形成流程活动，如打开同花顺网站，选择"信息传输、软件和信息技术服务业"行业股票信息，查询股价、流通市值和市盈率等。

2）痛点分析。在股票投资分析的整个人工业务流程中，存在一些痛点问题。例如，在股票投资分析中需要关注的层面较多，将导致人工筛选和处理相关数据的效率较低。此外，在人工处理收集的大量数据时，由于数据种类繁杂将会导致人工处理容易出错等。

任务实施

一、任务流程

1）分析股票投资分析业务需求。

2）梳理并绘制股票投资分析的人工业务流程图，确保呈现每个环节的操作步骤和关联逻辑。

3）分析股票投资人工业务流程中的痛点问题，如效率不高、容易出错、耗时较长等。

二、任务操作

1. 绘制流程图

在对股票投资分析人工业务流程梳理前，首先需要进行业务需求分析，在明确了业务需求后利用 Microsoft Visio 软件绘制人工业务流程图，最后针对人工业务流程中的关

键环节进行痛点分析。

步骤一：分析股票投资分析人工流程的业务需求。

1）行业定位需求。"数据小侠"家桐需要了解的是"信息传输、软件和信息技术服务业"行业的股票信息。

2）数据筛选需求。"数据小侠"家桐需要从"信息传输、软件和信息技术服务业"行业中的 3000 多条股票信息中，筛选出股价＜10 元/股，10 元/股＜流通市值＜30 元/股，10％＜市盈率＜30％的股票。

3）数据更新需求。"数据小侠"家桐需要保证筛选出来的股票数据的及时性，以便做出及时的投资决策。

4）数据统计需求。"数据小侠"家桐需要对符合要求的股票信息进行统计汇总，以便更全面地了解股票的表现情况。

步骤二：打开 Microsoft Visio 软件，开始绘制人工业务流程图。首先，在流程图的开始处添加一个圆角矩形来表示流程的开始。

步骤三：拖入一个矩形表示家桐登录同花顺网站的操作，并在矩形中写入"打开同花顺网站"。

步骤四：拖入另一个矩形表示家桐定位到信息传输、软件和信息技术服务业板块的操作，并在矩形中写入"选择'信息传输、软件和信息技术服务业'行业股票信息"。之后，再拖入一个矩形表示家桐查询板块内所有上市公司的股票信息。在该步骤中，家桐将会查询股票的股价、流通市值和市盈率。

步骤五：添加一个菱形表示一个决策点，在菱形中央可以写上判断的条件，即"股价＜10 and 10＜流通市值＜30 and 10＜市盈率＜30 ?"。从这个决策点出发，将会引出两条箭头线段，分别表示符合条件和不符条件的股票。

步骤六：对于符合条件和不符合条件的股票，分别使用两个矩形表示对应的处理，并分别加上"建议买入"和"谨慎买入"的标签。

步骤七：拖入另一个菱形表示下一个决策点，即"是否查询完行业内所有股票信息?"。从这个决策点出发，引出两条箭头线段，分别表示已评估完所有股票和仍有未评估的股票。

步骤八：对于仍有未评估的股票，使用一个箭头指向步骤三，表示流程的回退。

步骤九：当确认已对所有股票进行评估后，添加一个矩形表示家桐进入"股票筛选结果统计"阶段。

步骤十：拖入一个圆角矩形，表示流程的结束。完成以上步骤后，股票投资分析人工业务流程，如图 2-1 所示。在绘制业务流程图时，可以使用带箭头的线段连接这些步骤，表示流程的顺序。每个步骤之间的箭头方向指向下一个步骤。对于决策或分支点，将使用一个菱形形状，并从菱形出发引出多条线段，每条线段表示一个可能的分支结果。

在每条线段上可以标注分支的条件或者结果。

步骤十一：分析股票投资分析人工业务流程存在的"痛点"。

2. 人工业务流程的痛点

（1）效率较低　流程节点：查询股价、流通市值和市盈率。

在股票投资分析业务中，需要人工去查询了解行业股票信息，行业股票信息包含大量不同上市公司的成交额、流通市值、市盈率等信息，且信息量较大，导致工作效率低下。

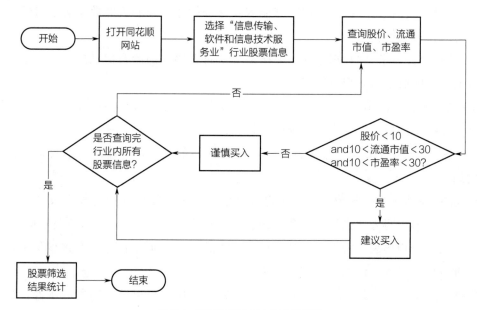

图 2-1　股票投资分析人工业务流程

（2）容易出错　流程节点：筛选"股价＜10 and 10＜流通市值＜30 and 10＜市盈率＜30"的股票。

在对"信息传输、软件和信息技术服务业"的行业股票进行筛选时，需要人工对相关指标进行计算和判断，这可能会因为人工疏忽、疲劳等原因导致计算和判断出错。

（3）耗时较长　流程节点①：筛选"股价＜10 and 10＜流通市值＜30 and 10＜市盈率＜30"的股票。

流程节点②：股票筛选结果统计。

在股票投资分析中，在查询信息传输、软件和信息技术服务业的行业股票后，需要对这些大量数据进行计算、判断和统计。由于信息的多样性和复杂性以及处理这些繁杂信息的过程主要是由人工手动完成，需要耗费大量的时间和精力，导致股票投资分析耗时较长。

三、任务拓展

（一）业务拓展

业务需求 1：在进行投资决策时，除了考虑股价、市盈率和流通市值等传统指标外，还有哪些其他指标可供参考？

业务需求 2：如果想要获取投资决策所需的股票信息，还可以访问哪些财经网站？

（二）技术拓展

技术需求：如何优化人工业务流程图绘制，以提升流程步骤的清晰度和视觉效果？

任务评价

评价内容	评价标准	完成情况评价（0~10分）
绘制人工业务流程	能够清晰完整地绘制出股票投资分析的人工业务流程步骤，并能够用符号和文字准确地表达出来	
痛点分析	能够准确识别和分析股票投资分析人工业务流程中的痛点	
业务拓展	对业务需求实现阐述的完整性和准确性	
技术拓展	对技术需求利用 Microsoft Visio 实现的质量	

任务五

RPA 流程设计及机器人整体框架搭建

任务情景

　　在财经城堡的"蛮前沿"学术研讨室内，柔和的烛光在古老的书架和精致的棋盘上投下斑驳的光影。这里，家桐正全神贯注地研究一本神秘的古籍，他的眼中闪烁着坚定的光芒。这本古籍，据说有着能够解救财经精灵的股票投资分析魔法的秘密。

　　家桐的决心如磐石般坚定，他要基于 RPA 技术设计一个股票投资分析机器人，这

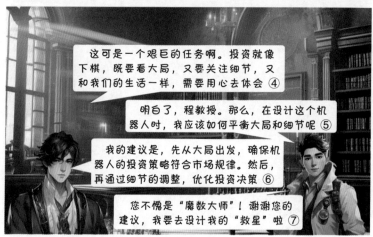

个机器人不仅要能够自动抓取股票市场数据，还要能够筛选有效信息进行分析，并提供精准的投资建议。这是一个复杂而艰巨的任务，但家桐相信，只要按照这本古籍的指导，他就能设计出这个机器人，拯救那些被困的财经精灵。

任务布置

1）确定 RPA 机器人的目标和功能。在开始设计股票投资分析机器人之前，首先需要明确机器人的目标和功能，包括自动收集和整理股票数据、执行投资分析、生成投资建议等。

2）收集和整理股票投资分析的流程和数据需求。为了设计一个能够满足需求的机器人，需要深入了解股票投资分析的现有人工业务流程。同时，需要明确流程中涉及的数据需求，如股票价格、流通市值、市盈率数据等。

3）RPA 流程设计与图形绘制。根据人工业务流程和痛点，将人工操作转化为机器人操作，设计并绘制 RPA 自动化流程图，使机器人能够自动完成这些任务，同时保证自动化流程的稳定性和准确性。

4）搭建机器人整体框架。使用 UiBot Creator 软件搭建股票投资分析机器人整体框架，该框架将包含机器人执行各项任务的流程块。

任务准备

一、知识准备

（一）业务知识

1. 流程设计的概念

流程设计是规划和组织业务活动的一种方法，其核心目的在于创建高效且有序的业务流程。这一过程涉及对流程中的各个步骤进行深入分析，并以此为基础，以最经济和最有效的方式完成任务。流程设计旨在优化工作流程，降低成本，提升产品或服务的质量，并提高工作效率。

在进行 RPA 流程设计时，首先需对现有人工业务流程的各个环节及其痛点进行详尽分析，以便深入了解流程中的每个环节及其潜在问题。接下来，需明确 RPA 流程的目标、要求，以及实现这些目标所需的资源和工具。在此过程中，应充分考虑最佳实践和业务需求。同时，流程设计要涵盖流程的输入、处理和输出三个环节：输入指的是流程启动时所需的资源；处理则是指完成任务所必需的一系列步骤；输出则是流程结束时所得到的结果。流程设计者需确保流程的每个环节都明确且流畅，确保整个流程能够顺畅执行。

2. RPA 流程设计的原则

RPA 流程设计的原则是指导创建和优化 RPA 流程的基本指南，它们确保了流程的高效率、稳定性以及易于维护。主要原则如下：

（1）明确目标　在设计 RPA 流程之初，必须确立流程的最终目标和预期效果。这包括理解流程的目的，它如何支持企业的整体数字化转型战略，以及它将如何优化人工业务流程或提升用户体验。确立明确的目标有助于确保设计过程的正确方向，并确保最终的自动化流程能够满足业务需求。

（2）业务需求　在设计 RPA 流程时，必须深入理解和分析现有业务的需求和痛点。这有助于设计出科学、合理的自动化流程，从而提升工作效率、降低成本并增强客户满意度。

（3）模块化设计　复杂的流程通常由多个相互关联的步骤组成。模块化设计将整个流程分解为更小、更易于管理的部分，即"流程块"。每个模块可以独立开发和测试，这有助于简化开发过程、缩短应用时间，并使维护和更新更加便捷。

（4）可维护性　RPA 流程应当易于维护。这意味着当流程需要更新或修改时，应能快速识别和更改相关部分，而无须重写整个流程。这有助于降低维护成本，并确保流程的持续有效。

（5）用户参与　在设计过程中，应积极涉及最终用户，确保流程设计符合用户的实际需求和操作习惯。用户的参与可以提高 RPA 流程的接受度，并促进流程的持续改进。

（6）数据管理　流程设计应考虑数据的安全性、完整性和一致性。确保数据在 RPA 流程中的每一步都得到妥善处理，防止数据泄露和错误。

（7）监控和反馈　设计 RPA 流程时，应包括监控机制，以便跟踪流程的执行情况和性能。同时，建立反馈机制，确保流程能够根据实际运行情况进行调整和优化。

3. RPA 流程设计的目标和策略

（1）提升效率和降低成本　在 RPA 流程设计中，提升效率是一个核心目标。通过自动化那些重复性高、规则性强的任务，可以显著减少人工操作所需的时间，将员工从这些重复性的工作中解放出来，将时间和精力投入更有价值的任务中，从而提高工作效率和质量，降低人工成本。

（2）降低错误率　降低错误率是 RPA 流程设计的另一个重要目标。人工操作往往容易发生错误，而通过自动化流程，可以减少这些人为错误，提高流程的准确性和可靠性。在流程设计中加入验证和校验步骤，确保自动化流程能够准确无误地完成任务，从而降低错误率。

（3）提高用户满意度　在 RPA 流程设计中，提高用户体验也是一个重要的目标。通过了解用户的需求和人工业务流程的痛点，并设计出用户友好的自动化流程。通过提供直观易用的自动化流程，可以提高用户满意度和用户体验。

（4）可扩展性和灵活性　可扩展性和灵活性是 RPA 流程设计的重要策略。设计的流程应该能够适应未来的变化和扩展。采用模块化设计，确保流程组件可以独立更新和扩展，以适应业务需求的变化。

（5）安全和合规性　在 RPA 流程设计中，安全和合规性是一个重要的目标。在设计流程时，需要严格遵守数据保护法规，确保数据安全和隐私。这样可以保护企业的利益，同时避免因违规操作而产生的风险。

4．RPA 机器人整体框架

（1）应用层　应用层是 RPA 技术在财经领域的具体应用，是 RPA 财经数据分析机器人的具体实现。

（2）平台层　平台层为 RPA 机器人的开发和应用提供支撑，包括流程设计平台、机器人和管理控制平台三部分。流程设计平台能够提供脚本开发、测试运行、函数调用、调试纠错等功能，服务于 RPA 机器人的开发过程。机器人是流程开发后的部署，通过脚本运行，实现系统自动登录、数据提取与处理并执行管理控制平台的命令等。管理控制平台能够进行流程管理、流程触发、人机交互及对机器人的运行管理等。

（3）服务层　服务层为 RPA 机器人开发提供所见即所得、即插即用的功能组件。RPA 机器人的开发涉及 RPA 基础能力和 AI 能力，其面向应用场景进行开发的过程是对基本命令预制件、鼠标键盘预制件、界面操作预制件、软件自动化预制件、数据处理预制件、文件处理预制件、系统操作预制件和网络预制件进行组装使用的过程。

在开发 RPA 机器人的过程中，AI 能力的 OCR 技术能够将图像识别成文本；NLP（神经语言程序学）技术能够进行文本处理，包括自然语言理解和自然语言生成；ASR（语音识别）技术可以将声音转化为文字，而 TTS（从文本到语音）技术能将文字转化为声音；ML（机器学习）主要是决策树、随机森林、人工神经网络等算法的应用，其关注的核心问题是如何用计算的方法模拟人类的学习行为，从历史经验中获取规律（或模型），并将其应用到新的类似场景中。

（4）数据层　数据层为 RPA 机器人的工作提供数据保障。该层实现从内部信息系统和相关文件中采集业务数据和财经数据，以及从互联网上采集相关的外部数据，这些数据包括结构化数据、半结构化数据和非结构化数据三种类型，通过数据预处理过程后形成结构化的数据存储，保存在数据库或者形成数据字典、工作底稿和报表报告等模板文件。

（5）基础设施层　基础设施层是 RPA 机器人的运行环境，包括服务器、网络、信息安全、数据存储和混合云，它能够保障机器人安全、可靠地实现 7×24 小时全天候工作。

（二）技术知识

1．RPA 流程设计方法

（1）需求分析和规划　这涉及与业务部门沟通，了解他们的自动化需求，分析现有人工业务流程，确定自动化潜在候选流程，并确定业务目标和预期成果。

（2）需要识别和优化流程　这意味着剥离流程中不可自动化的部分，如需要人类判断或创造性思维的部分，并对流程进行优化，使之适合自动化。

（3）技术评估和选择　这包括选择合适的 RPA 工具和确定系统集成需求，如 ERP、CRM、数据库等。

（4）流程模型设计　在 Microsoft Visio 等软件中绘制 RPA 流程图，搭建起机器人执行任务的工作流。

2. RPA 机器人研发流程

（1）机器人分析阶段　应用场景的分析和选择决定 RPA 机器人的应用价值。RPA 机器人分析阶段的主要分析点包括机器人应用场景、业务流程和存在的"痛点"，该阶段是对开发什么样的 RPA 机器人的系统的分析与设想，是一个对需求进行去粗取精、去伪存真、正确理解并表达的过程。

（2）机器人设计阶段　RPA 机器人设计阶段分为数据标准与规范化设计和机器人自动化流程设计。数据标准与规范化设计包括数据采集、数据处理、数据输出等三部分内容。机器人自动化流程设计是针对现有人工业务流程中的"痛点"，结合 RPA 的特点，对业务流程进行重构、优化或改进，形成该项业务的自动化流程设计。

（3）机器人开发阶段　RPA 机器人开发阶段是根据设计好的机器人自动化流程，在确定开发规范的基础上，采用具体的 RPA 开发软件进行低代码开发实现，验证和修正测试中发现的问题。

（4）机器人运用阶段　RPA 机器人运用阶段分为价值与风险、部署与运行、人机协作共生三个部分。价值与风险分析 RPA 机器人在效率、效益、质量方面的提升和 ROI 投资回报情况，以及针对 RPA 机器人在运用过程中的风险如何进行识别、分析和应对。部署与运行分析机器人在客户端或控制端的部署形式，以及集中式、分散式或联合式运行模式的选择。人机协作共生是该机器人运用后，重新定义岗位及职责，与其他 RPA 机器人和相关人员开展协作。

二、操作准备

软件工具：Microsoft Visio、UiBot Creator。

任务要领

1）确定 RPA 机器人的目标和功能。在开始设计股票投资分析机器人之前，首先需要明确机器人的目标和功能，包括自动收集和整理股票数据、执行投资分析、生成投资建议等。

2）收集和整理股票投资分析的人工业务流程和数据需求。为了设计一个能够满足需求的机器人，需要深入了解股票投资分析的现有人工业务流程。同时，需要明确流程中涉及的数据需求，如股票价格、流通市值、市盈率数据等。

3）RPA流程设计与图形绘制。根据人工业务流程和痛点，将人工操作转化为机器人操作，设计并绘制RPA自动化流程图，使机器人能够自动完成这些任务，同时保证自动化流程的稳定性和准确性。

4）搭建机器人整体框架。使用UiBot Creator软件搭建股票投资分析机器人整体框架，该框架将包含机器人执行各项任务的流程块。

任务实施

一、任务流程

1）根据股票投资分析的人工业务流程和痛点，确定机器人自动化流程的设计目标。

2）根据设计目标，利用Microsoft Visio软件设计并绘制机器人自动化流程图。

3）进入UiBot Creator软件，新建RPA流程并修改流程名称。

4）根据机器人自动化流程图搭建RPA机器人整体框架，在UiBot Creator主界面中添加相应流程块，并对各流程块进行描述编辑，以标注该流程块的大体功能。

5）添加股票投资分析机器人的流程图变量，并设置默认值。

二、任务操作

1. 绘制RPA自动化流程图

步骤一：确定设计目标。

（1）自动获取数据　RPA机器人需要能够自动访问"同花顺"网站，获取"信息传输、软件和信息技术服务业"行业的股票信息。

（2）数据筛选　RPA流程应包括一个筛选机制，能够根据设定的条件（股价＜10 and 10＜流通市值＜30 and 10＜市盈率＜30）自动识别符合条件的股票。

（3）数据存储与汇总　RPA机器人需要有办法将筛选和分类后的数据存储到指定的数据存储区域，如电子表格，以便进行后续的数据分析和投资决策。

步骤二：打开Microsoft Visio软件绘制自动化流程图。首先在流程图的开始处，添加一个圆角矩形来表示流程的开始。

步骤三：添加一个矩形用于表示机器人打开同花顺网站的操作，并在矩形的中央写上"打开同花顺网站"的文字描述。

步骤四：添加一个矩形表示机器人定位到信息传输、软件和信息技术服务业板块的操作。

步骤五：继续拖入一个矩形表示机器人自动对于该行业内所有股票的股价、流通市值和市盈率进行数据的抓取。

步骤六：添加一个菱形表示决策点，并在菱形中央写上判断的条件，即"股价＜10 and 10＜流通市值＜30 and 10＜市盈率＜30?"。从是否符合判断条件出发，分别用两条箭头线段指向表示筛选出符合条件和不符条件的股票。

步骤七：对于符合条件和不符合条件的股票，分别使用两个矩形表示在投资意见列写入"建议买入"或"谨慎买入"。

步骤八：继续使用一个菱形决策点，写上判断的条件，即"循环遍历行业内所有股票?"。在机器人循环判断完所有的股票信息以后，指向一个矩形表示机器人进行"股票筛选结果统计成 Excel"的操作。

步骤九：在流程图的结束处将用到圆角矩形来表示整个流程的终止。

股票投资分析 RPA 自动化流程图，如图 2-2 所示。

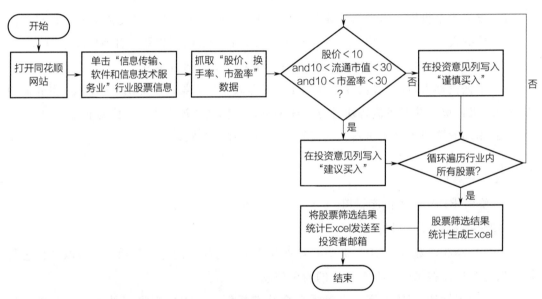

图 2-2 股票投资分析 RPA 自动化流程

2. 搭建整体流程框架

在完成股票投资分析 RPA 自动化流程的绘制后，"数据小侠"家桐需要在 UiBot Creator 软件中完成股票投资分析机器人的开发。在开发前，家桐需要首先完成机器人自动化流程整体框架的搭建，操作步骤如下：

步骤一：新建流程。打开 UiBot Creator 软件，新建流程，并将其命名为"股票投资分析机器人"，如图 2-3 所示。

步骤二：搭建机器人整体框架。拖入 4 个"流程块"和 1 个"流程结束"至流程图设计主界面，并连接起来。首先，将第一个流程块命名为"录制网页"，用于自动打开同花顺网站以及单击"信息传输、软件和信息技术服务业"查看股票信息；其次，将第二个流程块命名为"数据抓取"，用于开发机器人自动抓取该行业中"股价、流通市值、市盈

图 2-3　新建流程界面

率"的股票数据；再次，将第三个流程块命名为"筛选数据"，用于开发机器人自动根据"股价＜10 and 10＜流通市值＜30 and 10＜市盈率＜30"的判断条件完成投资意见的下达，以及将股票筛选结果统计生成 Excel 工作簿；最后，将开发机器人实现自动发送股票投资分析结果到投资者邮箱，因此将该流程块命名为"发送邮件"。

因此，股票投资分析机器人开发包括"录制网页""数据抓取""筛选数据""发送邮件"四个流程块，如图 2-4 所示。

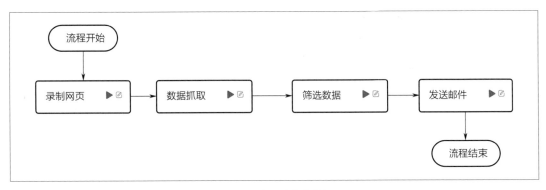

图 2-4　机器人整体框架

步骤三：添加流程图（全局）变量。在流程图界面右侧添加变量，并设置默认值，具体见表 2-1。

表 2-1　流程图变量属性设置

序号	变量名	值
1	arrayData	[]

注意：此处添加的是流程图变量！

三、任务拓展

(一)业务拓展

业务需求:目前机器人分析投资意见所输出的内容是"建议买入"或者"谨慎买入",那么如何在现有的投资意见的基础上,将建议买入的股票按股价高低顺序形成推荐顺序呢?

(二)技术拓展

技术需求:在股票筛选结果 Excel 文件中,对标记为"建议买入"的股票行的背景颜色统一调整为蓝色,以便于用户在查看筛选结果时能够快速识别出推荐买入的股票。

任务评价

评价内容	评价标准	完成情况评价 (0~10分)
绘制自动化流程	利用 Micrsoft Visio 软件,能够完整、准确地绘制股票投资分析自动化流程	
搭建 RPA 机器人整体框架	利用 UiBot Creator 软件,能够完整、准确地建立机器人框架搭建思维并且独立完成机器人框架的搭建	
业务拓展	能够在现有流程的基础上,利用 UiBot Creator 软件正确搭建满足业务需求的流程	
技术拓展	能够在现有流程的基础上,利用 UiBot Creator 软件正确搭建满足技术需求的流程	

股票搜索与数据抓取机器人开发

任务情景

在财经城堡的"蛮先进"实验室里，"数据小侠"家桐正紧张地筹备着。周围是一排排整齐的"蛮好用"电脑，屏幕上闪烁着各种代码和图表。气氛紧张而有序，家桐的手指在键盘上飞快地敲击着，仿佛在编织数据魔法。

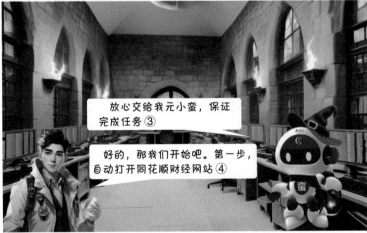

家桐的目标是开发一款名为"股票投资分析"的 RPA 机器人，它能自动打开同花顺财经网站，定位到"证监会行业"分类，并深入到"信息传输、软件和信息技术服务业"行业板块，自动抓取该行业所有相关页面的股票信息。这款机器人将极大提高股票数据收集的效率，是财经城堡在财经数据分析领域的一次重要突破。

任务布置

1）定义股票搜索的目标。在设计股票投资分析机器人时，需明确主要目标为抓取证监会指定的信息传输、软件和信息技术服务业的股票数据，因此需要机器人启动浏览器，访问相关财经网站，并定位行业目标股票数据。

2）设计数据抓取策略。在设计股票投资分析机器人的数据抓取策略时，需要对行业全部股票数据进行抓取。因此在数据抓取流程块的开发过程中，需要设置相关参数，以实现目标数据的完整获取。

3）完成机器人开发。使用 UiBot Creator 软件，基于搭建的 RPA 机器人整体框架，完成对信息传输、软件和信息技术服务业行业股票数据的搜索与数据抓取开发步骤。

任务准备

一、知识准备

（一）业务知识

1. 股票交易数据的查询渠道

（1）交易所官方网站　对于上市股票，可以直接访问证券交易所的官网，如纽约证券交易所（NYSE）、纳斯达克（NASDAQ）、上海证券交易所、深圳证券交易所等，这些网站通常会提供实时的股票交易数据。

（2）金融新闻网站和平台　许多金融新闻网站，如彭博社（Bloomberg）、路透社（Reuters）、财新网、东方财富网等，会提供实时股票行情和交易数据。

（3）移动应用程序　各种股票交易应用程序，如同花顺、大智慧等，可以提供便捷的移动端股票行情查询服务。这些应用程序通常允许用户跟踪股票价格、交易历史、财务报表和其他关键指标。

（4）金融数据服务提供商　专业金融数据服务提供商如 Wind、FactSet、S&P Capital IQ 等，提供深度金融数据和分析工具，通常面向专业投资者和金融机构。

（5）公司官方网站和年报　上市公司的官方网站通常会发布最新的财务报告和股票交易信息。年报、季报和月报等定期报告提供了公司业绩和股票交易情况的具体细节。

（6）政府和监管机构　某些国家的证券监管机构，如美国证券交易委员会（SEC），提供 EDGAR 数据库，公众可以查询上市公司的财务报告和其他文件。

（7）社交媒体和论坛　社交媒体平台和投资论坛上的股票讨论区也常常会有投资者分享交易数据和观点。

2. 数据抓取的概念和步骤

（1）数据抓取的概念　数据抓取，也称为数据采集，是指通过程序化的方式从各种数据源中收集和提取信息的过程。这些数据源包括网站、数据库、文件、API 接口等。数据抓取的目的是获取和利用这些数据进行后续的分析、处理和应用。

（2）数据抓取的步骤

目标确定：明确需要抓取的数据类型、来源和目的。

需求分析：分析所需数据的特点、结构和抓取的规则。

工具选择：根据需求选择合适的工具或编程语言来进行数据抓取，如 RPA、Python 等。

技术实现：通过编写代码或使用现成的工具来实现数据的自动获取。

数据清洗：对抓取到的数据进行清洗和处理，去除重复、错误或无关的信息，保证数据的质量和准确性。

数据存储：将清洗后的数据存储到数据库、文件或其他指定的位置，以供后续使用和分析。

数据解析：对存储的数据进行进一步的解析和转换，以便进行深入的分析和应用。

（二）技术知识

1. Web 自动化

（1）Web 简介　Web 是一个全球性的、动态交互的、跨平台的分布式图形信息系统，它基于超文本和 HTTP 技术实现。在 Web 应用自动化领域，我们通常需要从特定的网站上抓取数据或自动化操作 Web 形式的业务系统，而这些操作往往依赖于浏览器。

UiBot Creator 支持多种浏览器，包括 IE、Google Chrome、Firefox、360 极速浏览器以及 UiBot 自带的浏览器。需要注意的是，除了 UiBot 自带的浏览器外，其他四种浏览器需要在计算机上提前安装，并且可能需要安装相应的浏览器扩展以便 UiBot 能够与之交互。UiBot 自带的浏览器——UiBot Browser，则可以直接使用，无须进行额外的安装或配置。

（2）主要功能　Web 应用自动化是 UiBot Creator 软件中的一个重要模块，它允许用户通过一系列的命令和操作来实现对浏览器行为的自动化。这些命令可以模拟用户的操作，实现 Web 应用的自动浏览、数据提取、操作执行等功能。这不仅适用于日常办公中的网页操作，还广泛应用于自动化测试、数据抓取、监控等领域。

在 Web 应用自动化中，核心的功能就是模拟用户的各种行为，如启动浏览器、切换标签页、浏览网页、下载文件、读取网页信息等。这些行为的模拟，需要依靠一系列的自动化命令来完成。比如，启动新的浏览器命令可以帮助我们打开一个全新的浏览器实例；切换标签页命令可以让我们在多个打开的网页之间自如切换；获取网页 URL 和标题命令可以帮助我们获取当前浏览页面的详细信息；读取网页源码命令可以让我们获取当前页面的 HTML 源码进行分析；设置和读取网页 Cookies 命令可以让我们管理网页的会话信息；执行 JS 命令可以让我们运行 JavaScript 代码，以解决一些复杂的自动化问题。

（3）浏览器扩展程序的安装　在用到与浏览器相关的操作时，需要提前在 UiBot Creator 及浏览器中设置安装扩展程序。

第一步：在 UiBot Creator 的"工具"板块中，找到"扩展程序"设置选项。

第二步：选择将要使用的浏览器，然后单击"安装"按钮，如图 2-5 所示。

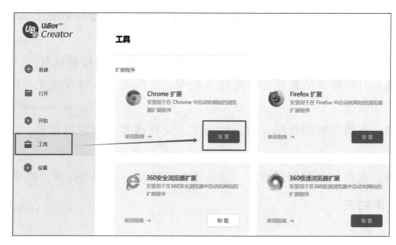

图 2-5　UiBot Creator 扩展程序安装界面

第三步：需要在浏览器的扩展程序设置界面中，允许 UiBot Creator 的扩展程序进行安装。以谷歌浏览器为例，具体操作如图 2-6 所示。

图 2-6　谷歌浏览器扩展程序安装界面

2．基本命令

（1）延时命令　了解在流程中添加延时命令的作用。在 UiBot Creator 中，延时命令是一项基本功能。首先延时命令的主要作用在于解决由于系统响应速度、界面元素加载时间、网络延迟等因素导致的自动化脚本执行速度过快，从而引发的元素未加载或不可见、定位失败等难题。延时命令的延迟时间单位为毫秒，无论是等待多少毫秒，都可以根据实际需求进行调整。

延时命令是一项非常实用的功能。通过运用延时命令，可以确保自动化脚本在执行过程中有足够的时间，等待界面元素和数据加载完成。

（2）转为小数数据　"转为小数数据"命令的作用是将选中的数据转换为小数（浮点数）类型。在实际应用中，经常需要处理各种数据类型，如整数、字符串等。有时，为了进行精确的计算或比较，需要将这些数据转换为小数类型。这时，就可以使用该命令实现。"转为小数数据"命令在处理数据类型转换方面具有重要价值，它可以帮助我们更方便地进行数值计算和分析。

3．数据抓取

UiBot Creator 中有一个名为"数据抓取"的功能，该功能能够通过一条命令，一次性地从多个相关联的数据源中读取所需的信息，并将其存储在一个数组中。这项功能特别适用于 RPA 流程，当需要从网页或表格中获取一组数据时，例如在一个电商网站上搜索商品并保存其名称和价格信息。利用"数据抓取"功能，可以高效地处理商品种类数量不固定情况下的数据收集任务，避免逐一选择界面元素的烦琐过程。

进入 UiBot 的流程块编辑，单击工具栏的"数据抓取"按钮，UiBot 将会弹出一个交互引导式的对话框，这个对话框将会引导用户完成网页数据抓取。根据对话框的第一步提示，UiBot 目前支持四种程序的数据抓取：桌面程序的表格、Java 表格、SAP 表格、网页。

二、操作准备

软件工具：UiBot Creator。

三、学习准备

（一）UiBot 鼠标键盘视频学习

访问"云会计数智化前沿"微信公众号，进入"学习"板块后选择"零起点学 UiBot RPA 软件"课程，完成"第二章　UiBot 常规自动化技术　第一节　UiBot 鼠标键盘"视频的学习，该部分内容对于自动化操作至关重要，因为它们模拟了用户的常规输入和交互方式。

1. UiBot 的鼠标操作和键盘操作

鼠标操作包括单击、拖拽、悬停等，这些操作可以帮助我们模拟用户的鼠标行为。键盘操作包括输入文本、按键组合、键盘快捷键等，这些操作可以帮助我们模拟用户的键盘输入。

2. KeyBox

KeyBox 是一个虚拟键盘，它可以在自动化测试中辅助处理复杂的键盘输入。同时将学习如何使用 KeyBox 来输入特殊字符、按键组合等，以便在自动化测试中更灵活地处理键盘操作。

（二）UiBot Web 应用自动化视频学习

访问"云会计数智化前沿"微信公众号，进入"学习"板块后选择"零起点学 UiBot RPA 软件"课程，完成"第三章 UiBot 办公自动化技术"中的"第六节 UiBot Web 应用自动化"视频的学习。该章节主要讲解 UiBot 在 Web 应用自动化方面的应用。

1. Web 应用自动化功能总体介绍

UiBot 支持各种主流的 Web 浏览器，如 Google Chrome、Firefox 等，并能够模拟用户的各种行为，如单击、输入文本、拖拽等。此外，UiBot 还支持自动化处理复杂的 Web 元素，如下拉列表、复选框等。接下来，将会了解 UiBot 在 Web 应用自动化的应用场景。这些场景包括 Web 界面测试、数据录入、自动化办公等。通过实际案例演示，展示 UiBot 在这些场景中的具体应用，并学习如何利用 UiBot 提高工作效率。

2. Web 应用自动化基本命令

UiBot 在 Web 应用自动化中的基本命令包括定位 Web 元素、执行鼠标和键盘操作、处理分页等。了解如何使用这些命令来构建自动化脚本，并实现对 Web 应用的自动化控制。

3. Web 应用自动化命令详解

深入学习 UiBot 中 Web 应用自动化的基本命令，了解每个命令的具体功能和使用方法，以便在实际应用中能够灵活地使用这些命令。

任务要领

一、明确股票搜索的各个环节

在设计股票投资分析机器人的股票搜索功能时，需要明确股票搜索的各个环节，以确保机器人能够准确、高效地搜索到信息传输、软件和信息技术服务业的股票数据。

1）启动新的浏览器。根据电脑软件环境，选择一个适合的浏览器（如 Google

Chrome、Firefox 等）。

2）定位到目标界面。确定股票数据的来源，如同花顺财经网站。根据目标数据来源的网址，学会通过单击目标等活动来实现机器人自动定位到目标界面的功能。

二、掌握数据抓取命令的操作

1）执行数据抓取。元素被定位后，利用 UiBot 的"数据抓取"功能，可以一次性地从网页中读取所有所需的股票信息，并将其存储在一个数组中，以备后续使用。

2）处理抓取的数据。抓取到的数据可以立即在 UiBot 的命令面板中查看，也可以导出到外部文件中，如 CSV、Excel 等。

任务实施

一、任务流程

1）根据股票投资分析机器人总体框架，确定第一部分网页录制及数据抓取的开发流程步骤。

2）开始"录制网页"和"数据抓取"流程块的开发。

3）设置浏览器类型，在属性设置中选择对应的"浏览器类型"。

4）自动登录网站，找到选取股票的目标对象。

5）对选定的行业股票进行数据抓取。

二、任务操作

步骤一：打开 UiBot Creator 软件，打开"股票投资分析机器人"流程。

步骤二：编辑流程块"录制网页"，在"搜索命令"处输入"浏览器"，双击"启动新的浏览器"，单击"浏览器类型"，选择"Google Chrome"，在"打开链接"处输入"http://www.10jqka.com.cn/"。属性设置具体见表 2-2，属性界面如图 2-7 所示。然后，手动打开谷歌浏览器，输入网址并打开网站。

表 2-2 "启动新的浏览器" 属性设置

活动名称	属性	值
启动新的浏览器	输出到	hWeb
	浏览器类型	Google Chrome（本案例以谷歌浏览器为例）
	打开链接	http://www.10jqka.com.cn/

步骤三：添加"点击目标"，单击"未指定"图标，如图 2-8 所示。选取网页的"证

监会行业",如图 2-9 所示,然后手动单击网页的"证监会行业",便于单击后续的"未指定"图标。

图 2-7 "启动新的浏览器"属性设置界面

图 2-8 "点击目标"单击位置

图 2-9 单击"证监会行业"

步骤四:继续添加 1 个"点击目标",单击"未指定"图标,选取网页的"信息传输、软件和信息技术服务业",如图 2-10 所示。

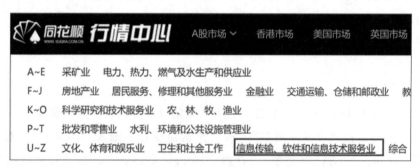

图 2-10 单击"信息传输、软件和信息技术服务业"

步骤五:最后添加"延时",如图 2-11 所示,延时"1000"毫秒。

步骤六:编辑流程块"数据抓取",单击菜单栏上方的"数据抓取",如图 2-12 所示。再单击"选择目标",如图 2-13 所示。

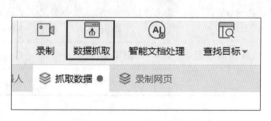

图 2-12 单击"数据抓取"

图 2-11 添加"延时"

图 2-13 单击"选择目标"

步骤七: 单击选择"序号", 如图 2-14 所示, 在弹出"检测到你选择的是一个表格, 是否要抓取整个表格?"时, 选择"是"并单击"下一步", 如图 2-15 和图 2-16 所示。

图 2-14 单击"序号"

图 2-15 选择"是"

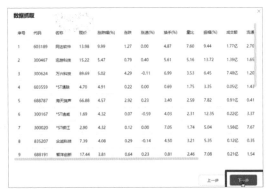

图 2-16 单击"下一步"

步骤八: 在弹出"是否抓取翻页按钮获取更多数据?"时, 选择"抓取翻页", 往下滑动网页, 单击"下一页", 如图 2-17、图 2-18 所示。同时, 抓取完数据后单击"数据抓取"的属性栏, 将抓取页数更改为 20 页, 如图 2-19 所示。

图 2-17 选择"抓取翻页"

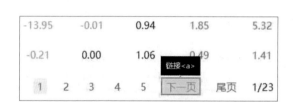

图 2-18 单击"下一页"

图 2-19 更改抓取页数

注意：若在抓取过程中弹出窗口显示"请进入当前操作系统的显示设置，将缩放比例调整为 100%，并重启当前程序后可正常使用"，那么需要调整电脑的显示设置中的缩放比例为 100%，如图 2-20 所示，调整完成后重启 UiBot Creator 软件再重新进行数据抓取。

图 2-20 电脑显示缩放调整

三、任务拓展

（一）业务拓展

业务需求：如果在数据抓取时，只需要抓取信息传输、软件和信息技术服务业股票涨幅排行榜排名前 20 的股票信息，应该怎么修改程序呢？

（二）技术拓展

技术需求 1：在该任务实施中是利用谷歌浏览器进行数据抓取，如果将浏览器更换为 360 浏览器，应该怎么操作呢？

技术需求 2：除了"单击目标"，还可以通过什么方法精确找到"信息传输、软件和信息技术服务业板块成分股涨跌排行榜"？

任务评价

评价内容	评价标准	完成情况评价（0~10分）
机器人开发	完成股票搜索与数据抓取机器人开发步骤，机器人程序运行结果正确	
业务拓展	修改 UiBot 机器人程序，准确、完整地实现业务需求	
技术拓展	修改 UiBot 机器人程序，准确、完整地实现技术需求	

任务七

股票数据筛选与计算机器人开发

任务情景

在财经城堡的"蛮先进"实验室里,"数据小侠"家桐正专注地训练元小蛮机器人。实验室的环境充满了科技的气息,一排排整齐的计算机主机散发着微弱的蓝色光芒,显示着它们在不停地处理着数据。大屏幕上,元小蛮熟练地自动登录同花顺财经网站,定位到信息传输、软件和信息技术服务业板块,然后自动抓取所有相关页面的股票信息。

在完成股票信息采集流程块功能开发以后，家桐开始了第二环节的开发，即数据的筛选。该环节的目的是训练元小蛮自动处理从网页上抓取的数据，如将不符合需求的数据类型进行更改，并筛选出符合特定判断条件的股票数据，最后给出投资建议。

任务布置

1）完成数据抓取的预处理。一方面，需要对抓取到的股票数据进行数据清洗，包括去除空值、处理重复数据、修正错误数据等。另一方面，需要对股价、流通市值、市盈率等数据进行数据转换，例如，将股价、流通市值、市盈率等数据转换为数值型数据。

2）制定数据筛选策略。设置同时满足"股价小于10，流通市值在10～30，市盈率在10～30"的判断条件，对预处理后的股票进行筛选，并给出对应的投资建议。

3）完成股票数据筛选与计算机器人开发。使用 UiBot Creator 软件通过执行依次读取数组中每个元素、如果条件成立等命令完成股票数据筛选与计算机器人的开发。

任务准备

一、 知识准备

（一）Excel 数据处理自动化

1. Excel 简介

Excel 是 Microsoft Office 的重要功能软件，它具有强大的计算、分析和图表功能，也是最常用的电子表格处理软件之一。对 Excel 实现自动化，是财经数据分析中经常遇到的场景。

在实现 Excel 数据处理自动化之前，首先需要明确两个概念：工作簿和工作表。工作簿是处理和存储数据的文件，一个 Excel 文件对应一个工作簿，Excel 软件标题栏上显示的是当前工作簿的名字。工作表是指工作簿中的一张表格。每个工作簿默认包含三张工作表，可以删除或者新增工作表。工作簿和工作表是一对多的关系。

2. 主要功能

UiBot Creator 中的 Excel 数据处理自动化提供了一系列基本命令，覆盖了从基本到高级的多种操作，包括打开和关闭 Excel 工作簿、读取和写入单元格数据、插入和删除图片、调整行高和列宽等。这些命令的数量40余个，为 Excel 数据处理提供了极大的灵活性和效率。

Excel 预制件的应用可以实现自动化地打开 Excel 工作簿，"打开 Excel 工作簿"命令可以选择以可视化的模式呈现 Excel 窗口，以便更好地进行数据操作。同时还可以使用"绑定 Excel 工作簿"命令，将其与其他应用程序或系统进行数据绑定，以便进行更高效的数据管理。在处理 Excel 文件时，保存和另存为文件的操作是非常必要的，"保存 Excel 工作簿"命令和"另存 Excel 工作簿"命令可以实现对工作成果的保留和妥善管理。

UiBot Creator 还提供了强大的查找数据功能，可以帮助我们快速定位所需数据。读取单元格、读取区域、自动填充、读取行、读取列、获取行数、获取列数等命令可以帮助我们轻松获取和处理数据。写入单元格、写入行、写入列、插入行、插入列、插入图片、删除图片、写入区域、删除区域、设置行高、设置列宽、创建工作表、获取所有工作表、获取当前工作表等命令可以帮助我们进行更复杂的数据操作和表格管理。

UiBot Creator 的 Excel 预制件通过这些丰富的基本命令，为 Excel 数据处理提供了强大的自动化支持，可以帮助我们提高工作效率，减少重复劳动，更好地应对各种数据处理需求。

（二）UiBot Creator 基本命令

1. 依次读取数组中的每个元素

利用"依次读取数组中的每个元素"命令可以在 UiBot Creator 中实现使用循环/遍历功能来依次读取数组中的每个元素。该功能允许我们遍历数组，获取数组中的每个元素，并对这些元素进行相应的操作。

在机器人开发过程中，数组是一种非常常见的数据结构，它用于存储一系列相关的数据。循环/遍历功能使我们能够高效地处理数组中的每个元素，无须手动逐个访问它们。这种功能在自动化测试和自动化操作中尤为重要，因为它可以提高代码的效率和可靠性。

2. 如果条件成立

在 UiBot Creator 中，使用"如果条件成立"命令可以实现对指定条件的判断。当目标数据满足这些条件时，下一步命令将被执行。通常情况下会结合使用"否则"命令，以确保流程的连贯性和完整性。使用条件判断命令能够更灵活地控制机器人的行为，使其能够根据不同情况做出相应的反应。

＜判断表达式＞的形式：

填条件结果：直接在＜判断表达式＞填入条件结果 true 或 false。

填单个条件：使用比较运算符，填入单个条件，例如时间＞24。

填多个条件：使用逻辑运算符：AND、OR、NOT，将多个条件进行组合判断。

二、操作准备

软件工具：UiBot Creator。

三、学习准备

访问"云会计数智化前沿"微信公众号，进入"学习"板块后选择"零起点学 UiBot RPA 软件"课程，完成"第三章　UiBot 常规自动化技术"中的"第一节 UiBot Excel 数据处理自动化"视频的学习。

1. Excel 的数据处理功能

视频中将会深入探讨 Excel 的数据处理功能，覆盖其基本原理、用户界面以及各项功能模块，建立对 Excel 数据处理的整体理解。同时，结合实际工作场景，重点讲解 Excel 数据处理在财务、审计等领域的应用案例。通过深入的案例学习，领会 Excel 在这些领域的重要价值，并学会如何将所学知识应用于实际工作中。

2. Excel 数据处理自动化基本命令

视频将会讲解 Excel 数据处理自动化在 UiBot Creator 中的基本命令。这些命令涵盖了从基本到高级的多种操作。在自动化过程中使用命令来执行如打开 Excel 工作簿、查找和筛选数据、向单元格中写入数据、插入图片、调整列宽以及创建新的工作表等任务。

3. Excel 数据处理自动化命令详解

视频将详细解析每个命令的功能、使用步骤和操作注意事项。例如，如何有效地创建 Excel 工作簿对象，以进行后续的数据操作，如何获取完整的数据集以便于进行高效的数据管理，以及如何快速定位特定数据并执行相应的编辑操作等。

任务要领

1）理解数据的筛选条件。筛选条件通常包括一些特定的字段和值。例如，可以筛选出股票价格高于或者低于某个值的所有数据。

2）掌握 UiBot Creator 的相关命令，并进行数据筛选流程块的开发：利用"依次读取数组中的每个元素"命令，可以对数组中的每个元素进行处理，如提取某个字段或者计算某个值。此外，使用"如果条件成立"命令，可以对筛选出的股票价格高于某个值和流通市值以及市盈率超过既定区间，则针对该只股票给出"谨慎买入"的投资意见。

任务实施

一、任务流程

1）开始"筛选数据"流程块的开发，需要对抓取的网页数据进行处理和筛选。

2）使用相关命令，实现对数据的循环判断。

3）切换至"源代码"界面，使用修改源代码的方式对不符合要求的数据类型进行转换。

4）判断股票数据是否符合判断条件并给出对应的投资意见。

5）将给出的投资意见依次写入股票筛选结果数据统计工作簿文件中。

二、任务操作

步骤一：打开 UiBot Creator 软件，打开"股票投资分析机器人"流程。

步骤二：编辑流程块"筛选数据"，添加"依次读取数组中每个元素"命令，并在下方添加"如果条件成立"命令，添加完成后的流程层级排列顺序如图 2-21 所示，属性设置见表 2-3。

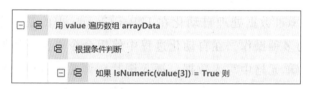

图 2-21 "依次读取数组中每个元素"命令和"如果条件成立"命令层级排列顺序

表 2-3 步骤二属性设置

活动名称	属性	值
依次读取数组中每个元素	值	value
	数组	arrayData
如果条件成立	判断表达式	IsNumeric（value［3］）= True

步骤三：添加 1 个"转换为数值类型"命令，添加完成后的流程层级排列顺序如图 2-22 所示，属性设置见表 2-4。

图 2-22 "转换为数值类型"命令层级排列

表 2-4 步骤三属性设置

活动名称	属性	值
转为小数数据	输出到	price
	转换对象	value［3］

步骤四：切换至源代码模式，具体如图 2-23 所示。

图 2-23　源代码模式切换

在"Else"前插入

```
MC = CNumber(RTrim(value[12],"亿"))
PE = CNumber(value[13])
```

CNumber 为转换为小数，RTrim 为裁剪右侧字符；变量（price：现价，MC：流通市值，PE：市盈率），具体代码添加如图 2-24 所示。

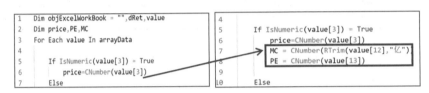

图 2-24　源代码模式界面代码添加

步骤五：切换至可视化界面，添加"如果条件成立"命令和"变量赋值"命令，添加完成后的流程层级排列顺序如图 2-25 所示，属性设置见表 2-5 所示。该步骤是用于判断市盈率是否为空，为空时，赋值为 0。

图 2-25　"如果条件成立"命令和"变量赋值"命令层级排列顺序

表 2-5　步骤五属性设置

活动名称	属性	值
如果条件成立	判断表达式	isnull（PE）＝True
变量赋值	变量名	PE
	变量值	0

步骤六：继续添加"如果条件成立"命令，添加完成后的流程层级排列顺序如图2-26所示，属性设置见表2-6。此处判断条件为：股价（price）<10 and 10<流通市值（MC）<30 and 10<市盈率（PE）<30。

图 2-26 "如果条件成立"命令层级排列

表 2-6 步骤六属性设置

活动名称	属性	值
如果条件成立	判断表达式	price<10 And MC>10 And MC<30 And PE>10 And PE<30

步骤七：切换至源代码模式，如图2-27所示，在"End If"前输入代码：

```
    value[14] = "建议买入"
Else
    value[14] = "谨慎买入"
```

步骤八：源代码模式，如图2-28所示，在"End If"下输入代码：

```
Else
value[14] = "投资意见"
```

图 2-27 源代码模式界面代码添加（1）

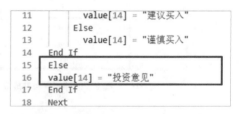

图 2-28 源代码模式界面代码添加（2）

步骤九：切换至"可视化"界面，添加"打开 Excel 工作簿"命令，并拖至"依次读取数组中每个元素"命令下方。单击"选择文件"图标，如图2-29所示。单击右键新建 Excel 文件，命名为"信息传输、软件和信息技术服务业"。单击打开"信息传输、软件和信息技术服务业"Excel 文件，如图2-30所示。

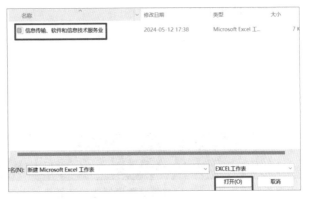

图 2-29 "打开 Excel 工作簿"命令属性设置　　　　图 2-30 新建 Excel 工作簿

步骤十：继续添加"写入区域"命令，在属性部分的"数据"中输入 arrayData，将"立即保存"选为"是"，如图 2-31 所示。最后在下方添加"关闭 Excel 工作簿"命令，添加完成后的流程排列顺序如图 2-32 所示。

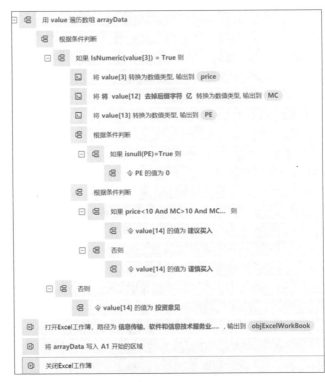

图 2-31 "写入区域"命令属性设置　　　　图 2-32 "筛选数据"流程块界面

三、任务拓展

（一）业务拓展

业务需求：如果在现有判断条件的基础上，新增一个涨跌幅判断条件，如何实现呢？

（二）技术拓展

技术需求：在输出投资意见的时候，如果不在源代码界面更改，在可视化界面该如何实现？

任务评价

评价内容	评价标准	完成情况评价（0~10分）
股票数据筛选与计算机器人开发	完成股票数据筛选与计算机器人开发步骤，机器人程序运行结果正确	
业务拓展	修改 UiBot 机器人程序，准确、完整实现业务需求	
技术拓展	修改 UiBot 机器人程序，准确、完整实现技术需求	

任务八

投资决策建议邮件发送机器人开发

任务情景

在沉静的夜幕下，财经城堡的尖塔直指云霄，灯火通明的窗户像是智慧之眼，注视着金融世界的潮起潮落。"数据小侠"家桐，正置身于这座城堡的璀璨核心，他的工作室如同一个充满魔力的实验室，各种高科技设备闪烁着冷酷的光芒。家桐专注地盯着屏幕，他的手指在键盘上跳跃，仿佛在演奏一场关于数据的交响乐。

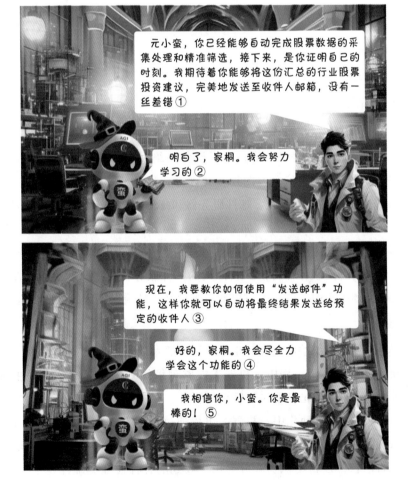

今夜，家桐的计划是将他的得力助手"元小蛮 RPA 机器人"训练至更高层次。元小蛮目前已经能够独立自动完成股票数据的采集与处理、精准筛选以及投资意见的自动填写。但这还不够，家桐的目标是让元小蛮能够完成最终投资意图的及时传递，通过邮件自动发送给投资者。这一实验，是对元小蛮机器人自动化程度的终极考验，也是对效率和准确性的极致追求。

<h2 style="text-align:center">任务布置</h2>

1）掌握 E-mail 人机交互自动化相关命令。学习并掌握 E-mail 人机交互的自动发送邮件和收取邮件命令。

2）完成邮箱 SMTP 授权码的申请。为了实现股票投资分析机器人发送邮件的任务，首先需要完成邮件服务器的配置，获取 SMTP 授权码。

3）完成投资决策建议邮件发送机器人开发。使用 UiBot Creator 软件，通过发送邮件等命令完成投资决策建议邮件发送机器人开发。

<h2 style="text-align:center">任务准备</h2>

一、知识准备

（一）业务知识

1. E-mail 的概念

E-mail，即电子邮件，是一种通过电子设备网络发送和接收消息的方式。用户可以利用 E-mail 发送和接收文字信息、图片、文件等各种类型的数据。

E-mail 系统由发件人、收件人、邮件服务器和邮件传输协议组成。当发件人发送邮件时，邮件会先通过邮件客户端软件（如 Outlook、Foxmail 等）或网页版邮件服务（如 163 邮箱、QQ 邮箱等）发送到发件人自己的邮件服务器上，然后邮件传输协议（如 SMTP）会将邮件从发件人的邮件服务器传输到收件人的邮件服务器，最后收件人的邮件服务器将邮件存储在收件人的邮箱中，收件人可以通过邮件客户端或网页版邮件服务查看邮件。

2. 人机交互

E-mail 人机交互自动化中的"人机交互"是指人与机器人之间的交互，通过用户界面进行的交互活动。在这个过程中，机器人能够理解用户的输入（如邮件主题、正文内容、发件人等信息），并据此自动执行特定的操作。

在 E-mail 人机交互自动化中，机器人可以通过以下方式与用户进行交互。

1）收发邮件。机器人可以自动检查邮箱，接收新的邮件，并根据预设的规则进行分类或响应。例如，它可以自动识别并分类用户收到的各种通知类邮件。

2）邮件处理。机器人可以根据邮件内容执行特定操作，例如，它可以提取信息、生成回复或者将相关信息转发到其他系统进行进一步处理。它还可以通过识别邮件中的关键信息来自动填写表格或更新数据库。

3）自动化回复。当收到特定的邮件时，机器人可以自动生成并发送回复。例如，一个客户服务机器人可以自动回复客户的常见问题，或者在会议安排邮件中自动确认会议时间。

（二）技术知识

1. E-mail 人机交互自动化

（1）邮件活动　除了自动化操作邮件客户端或者通过浏览器自动登录邮箱，UiBot Creator 还提供基于电子邮件协议直接收发邮件的命令。常用的电子邮件协议有 SMTP、POP3、IMAP 等，默认状态下，分别通过 TCP 端口 25、110 和 143 建立连接。

（2）SMTP/POP　SMTP 的全称是 "Simple Mail Transfer Protocol"，即简单邮件传输协议。它是一组用于从源地址到目的地址传输邮件的规范，通过它来控制邮件的中转方式。在命令区域 "网络" 的 "SMTP/POP" 命令分类下，选择并插入一条 "发送邮件" 命令，该命令将使用 SMTP 协议给指定邮箱发送一封邮件。

该命令有几个属性："SMTP 服务器" 属性填写邮箱的 SMTP 服务器地址，"服务器端口" 属性填写 SMTP 协议端口号，"SSL 加密" 属性选择 "是"，以 QQ 邮箱为例，其服务器地址为 smtp. qq. com，端口号为 465；"邮箱账号" 属性填写需要登录的邮箱账号（邮箱账户与发送邮箱信息一致）；"登录密码" 属性填写生成的授权码（在 QQ 邮箱的设置中生成授权码，不同的邮箱可能设置也会不同）；"收信邮箱" 属性填写对方的邮箱账号；"邮件标题" 属性填写待发送邮件的标题；"邮件正文" 属性填写待发送邮件的正文（仅文本格式）；"邮件附件" 属性填写待发送邮件的附件文件地址；最后，"输出到" 一栏会把此次邮件发送操作是否成功置入指定的变量中，成功则置入 True，失败则置入 False。

POP 的含义是邮局协议，它负责从邮件服务器中检索电子邮件。POP3（Post Office Protocol 3）即邮局协议的第三个版本，是因特网电子邮件的第一个离线协议标准。在命令区域 "网络" 的 "SMTP/POP" 命令分类下，选择并插入一条 "连接邮箱" 命令，该命令将使用 POP 协议连接上指定邮箱，并支持后续收取邮件的操作。

该命令有如下属性："服务器地址" 属性填写邮箱的 POP 服务器地址，"服务器端口" 属性填写 POP 协议端口号，"SSL 加密" 属性选择 "是"，其中服务器地址为 pop.＜服务器名称＞. com，以 QQ 邮箱为例，服务器地址应填写为 pop. qq. com，端口号为 995；"邮箱账号" 属性填写需要收取邮件的邮箱账号；"登录密码" 属性填写邮箱的授权码（和 SMTP 一致）；"使用协议" 属性默认填写 "POP3"；"输出到" 属性填写变量名 objMail，这个变量会保存连接邮箱后得到的邮箱对象，后续获取邮件列表、删除邮件、下载附件等命令，都会使用这个邮箱对象。成功连接邮箱后，接下来可以收取邮件了。

在命令区域"网络"的"SMTP/POP"分类下，选择并插入一条"获取邮件列表"命令，该命令将输出指定数量的邮件信息清单（结果是一个字典类型的变量，可以获取长度、遍历其中内容等。另外，邮箱服务器一般限制了只收取最近 30 天的邮件，可自行更改此限制）。该命令有几个属性："操作对象"属性填写刚刚在"连接邮箱"命令中提到的邮箱对象 objMail；"邮件数量"填写我们需要收取多少封邮件，如果不希望限定数量，可以填写 0；"输出到"属性填写一个变量名，这个变量会保存"获取邮件列表"命令的执行结果：××封邮件信息。"下载附件""删除邮件"这两个命令，不仅需要结合"连接邮箱"命令返回的邮箱对象，还要结合"获取邮件列表"的返回结果（即从邮件列表中获取一个元素，称为邮件对象，邮件对象实际上是一个字典，包含一封邮件的标题、正文、附件、发送人、日期、大小等字段信息），才可以使用。另外指定邮件对象删除对应邮件，在使用该命令删除邮件后，必须调用"断开邮箱连接"命令，才能真正删除成功。如果邮件服务器设置了"禁止收信软件删除邮件"，则依然无法删除。

2. 邮箱 SMTP 授权码

SMTP 授权码（也称为应用密码或第三方应用密码）是电子邮件服务提供商为了安全起见，允许用户向第三方应用（如 UiBot Creator、电子邮件客户端等）授权访问其邮箱的一种验证方式。它是电子邮件账户设置中的一个重要环节，用于验证第三方应用程序或服务（比如微信、QQ、Outlook 等）与邮箱服务提供商之间的通信是得到用户授权的。

邮箱 SMTP 授权码的作用主要包括以下四个方面：

1）增强邮件传输的安全性。授权码机制的引入，大幅提升了邮件传输的安全门槛。即便黑客或不法分子窃取了用户的邮箱账号和密码，他们仍无法未经授权通过 SMTP 服务器发送邮件，因为正确的授权码是必不可少的。

2）提高账户安全标准。由于授权码是动态生成的，且每次使用后即刻失效，这一机制大大降低了密码泄露所带来的风险。即使授权码不幸被截获，由于其时效性，账户遭受进一步侵害的可能性也被有效遏制。

3）实现多终端邮件同步。用户仅需在终端设备上输入正确的授权码，即可轻松实现邮件服务的无缝连接与操作。这不仅提升了用户操作的便捷性，同时也优化了用户的整体使用体验。

4）促进第三方应用的友好接入。用户仅需向第三方应用分享授权码，即可允许这些应用访问和管理自己的邮件，无须担心密码被第三方不正当使用的风险。这种做法在确保应用安全性的同时，也保留了用户对个人数据控制权的把握。

二、操作准备

软件工具：UiBot Creator、Microsoft Excel。

三、学习准备

访问"云会计数智化前沿"微信公众号，进入"学习"板块后选择"零起点学 UiBot RPA 软件"课程，完成"第三章　UiBot 常规自动化技术"中的"第二节 UiBot E-mail 人机交互自动化"视频的学习。

1. E-mail 人机交互自动化基本命令

在该视频中将会学习 UiBot Creator 中与邮件自动化相关基本命令的概念和原理，以便在实际应用中更好地操作。通过掌握基本命令，我们可以更灵活地实现邮件的读取、发送、回复等功能，满足不同场景下的需求。

2. E-mail 人机交互自动化命令详解

在该视频中将会学习 E-mail 预制件等基本命令的使用方法，从而帮助我们完成各种邮件操作。"发送邮件"命令用于将邮件发送到指定邮箱。"获取邮件"命令用于获取指定邮箱中的邮件，可以填写需要获取的邮件所在的位置，如收件箱、草稿、已发送邮件等文件夹。"移动邮件"命令用于将指定的邮件移动到我们想要的位置，如收件箱、草稿、已发送邮件等文件夹。"回复邮件"命令用于回复邮件，需要确定邮箱的对象和回复内容。"删除邮件"命令用于删除不需要的邮件，下载邮件命令用于将邮件内容保存在本地。

任务要领

1）配置 SMTP 服务器。确定用于发送邮件的 SMTP 服务器的地址，如常见的 smtp. qq. com。

2）设置服务器端口号。理解 SMTP 服务器的端口号是用于建立与服务器的连接。记住常用的 SMTP 端口号，如 587 或 465，具体使用哪个端口号取决于 SMTP 服务器的要求。

3）设置登录密码（授权码）。发送邮件通常需要进行身份验证，涉及提供发件人、收件人和密码。理解登录密码是指邮箱授权 IMAP/SMTP 服务后的授权码。

4）添加邮件附件。邮件附件是指随邮件一起发送的文件。在股票投资分析机器人中，邮件附件为机器人筛选后并给出投资意见的 Excel 文件。

任务实施

一、任务流程

1）在开始"发送邮件"流程块的开发前，登录邮箱完成 SMTP 授权码的申请。

2）在"发送邮件"命令中完成 SMTP 服务器地址、服务器端口号、登录账号、登录密码、发件人、收件人、邮件标题、邮件附件等内容的填写，实现邮件发送机器人的开发。

二、任务操作

步骤一：以 QQ 邮箱为例，完成邮箱 SMTP 授权码获取并设置。打开 QQ 邮箱，单击"设置"，再单击"账户"，滑动网页，找到"POP3/IMAP/SMTP/Exchange/CardDAV/CalDAV 服务"，然后单击"IMAP/SMTP 服务"这一栏的"开启"，具体如图 2-33 所示。（首次使用需要开启服务，后期不需要重复进行本步骤的操作。）

图 2-33　配置邮箱设置界面

步骤二：按照弹出的对话框要求发送短信，发送完成后单击"我已发送"，然后复制"授权码"，如图 2-34 所示。可以提前将授权码粘贴到文档中进行保存，以便后续使用。（填写"发送邮件"的登录密码时会用到这个授权码。）

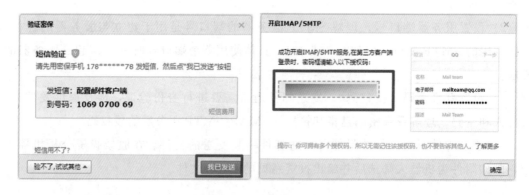

图 2-34　授权码生成

步骤三：利用 UiBot Creator 软件打开"股票投资分析机器人"流程，编辑流程块"发送邮件"，添加 SMTP/POP 下方的"发送邮件"。

步骤四：完成"发送邮件"属性栏中相关内容的填写。在 SMTP 服务器中填写""smtp.qq.com""，并将服务器端口修改为"587"。

步骤五：将生成授权码时使用的邮箱地址和获取的授权码分别填写到登录账号和登录密码中。同时，在发件人和收件人处填写对应的邮箱地址。

步骤六：在邮箱标题处填写自己的姓名，并在邮箱正文处填写""行业股票投资建议""。

步骤七：在邮件附件处，需要选择信息传输、软件和信息技术服务业股票投资意见的Excel文件，即""信息传输、软件和信息技术服务业.xlsx""，具体属性配置见表2-7。

表2-7 步骤七属性配置

活动名称	属性	值
发送邮件	SMTP服务器	"smtp.qq.com"
	服务器端口	587
	SSL加密	否
	登录账号	"上一步的邮箱账号"
	登录密码	"上一步的授权码"
	发件人	"发件人邮箱号"
	收件人	"收件人邮箱号"
	邮件标题	"自己的姓名"
	邮件正文	"行业股票投资建议"
	邮件附件	"信息传输、软件和信息技术服务业.xlsx"

三、任务拓展

业务需求：股票投资分析机器人的最后一步是将生成的股票投资建议表发送至指定收件人的邮箱，并且是通过在属性设置中"收件人"栏直接输入收件人的邮箱号实现，但若想发给多个收件人，如何实现呢？

任务评价

评价内容	评价标准	完成情况评价（0~10分）
投资决策建议邮件发送机器人开发	完成投资决策建议邮件发送机器人开发步骤，能够正确运行机器人程序	
任务拓展	正确修改UiBot机器人程序，实现业务需求	

股票投资分析机器人运用的风险与价值分析

任务情景

在宁静的夜晚,星空下的财经城堡灯火辉煌。位于城堡中的"蛮前沿"实验室,显得格外明亮而宽敞。室内装饰简洁而现代,一排排整齐的计算机工作站排列其中,显示器上闪烁着各种复杂的图表和数据。实验室中央,"数据小侠"家桐正坐在电脑前,身旁

密密麻麻的笔记本错落有致。家桐的目光紧紧锁定在屏幕上，正深入钻研着股票投资分析机器人的运用风险与潜在价值分析，他的眼神透露出无限热爱和坚定决心。

就在家桐深入研究之时，实验室的门被轻轻推开，"数智秘法师"周洛言和"智略师"田佳灵走了进来，融合了科技与智慧的魔法气息悄然弥漫。田佳灵走到家桐身边，看着屏幕上的数据分析，说道："家桐，你这个元小蛮 RPA 机器人的应用价值是非常显著的。它不仅能够提高工作效率，减少人为错误，还能提高股票投资价值。"家桐点头回答道："确实如此。而且，随着人生成式人工智能技术的发展，RPA 机器人的应用深度也将不断拓展，从简单的数据录入、计算和分析，到更智能的股票投资推荐，RPA 机器人的潜力巨大。"周洛言站在一旁，深思片刻后接着说："但是家桐，我们不能忽视 RPA 机器人的风险分析。我们要识别流程设计风险、技术风险、安全风险和人员风险，并制订相应的预防措施和应急响应计划。"家桐严肃地回答："是的，风险管理是关键。我们需要确保机器人的引入不仅能提高效率，还要保证数据的安全和准确性。"三人之间的对话在实验室中回响，每一个字都透露出他们对技术应用的深思熟虑和坚定应对未来挑战的决心。

任务布置

1）分析股票投资分析机器人的运用风险。研究股票投资分析机器人的功能和运行流程，识别可能存在的数据风险、模型风险和技术风险。

2）评估股票投资分析机器人的价值。对股票投资分析机器人的价值进行评估，包括其提高投资效率、准确性的潜在价值，以及对投资决策的支持程度。

任务准备

一、知识准备

（一）业务知识

1. 投资回报率（ROI）的概念

投资回报率（Return on Investment，ROI）是衡量投资盈利能力的重要财务指标。它表示投资者从投资中获得的回报与投资本金之间的比例。

计算投资回报率的公式如下：

$$投资回报率（ROI）＝ \frac{净收益}{投资本金}$$

一般来说，投资回报率越高，投资的风险性和潜在盈利可能也越大。

2. 投资回报率（ROI）的内涵

在对于 RPA 机器人运用的 ROI 分析中需要考虑到初始投资成本，包括定制开发、License 许可、培训和部署的成本，可以节省的人工成本，以及估计通过更准确的分析和及时的投资决策，每年可能增加的投资收入，以及机器人维护和更新的年度成本。

因此，针对 RPA 机器人的 ROI 计算公式如下：

$$ROI = \frac{（节省的人工成本 + 增加的投资收入）- 维护成本}{初始投资成本} \times 100\%$$

（二）技术知识

1. RPA 机器人风险管理流程

（1）风险识别　RPA 机器人风险管理流程的首要流程是风险识别，主要识别流程风险、使用风险、安全风险、人员风险。

流程风险：流程选择与优化是实施 RPA 机器人的关键。企业在组织实施 RPA 机器人时，需要注意以下问题，以避免流程风险：

1）是否针对不合适的流程规划 RPA 机器人。

2）是否针对一个流程过于自动化。

3）是否低估流程自动化所带来的影响。

4）是否采取传统方法实施 RPA 机器人。

5）是将 RPA 机器人作为业务主导，还是由 IT 作为主导。

6）是否忽略 IT 系统设施。

7）是否对 RPA 机器人的投资回报率期望过高。

使用风险：包括操作风险、财务风险、监管风险、组织风险和技术风险。

安全风险：识别可能对 RPA 机器人运行安全产生威胁的因素，如恶意攻击、数据泄露等。

人员风险：评估操作 RPA 机器人的人员可能带来的风险，如操作失误、恶意操作等。

（2）风险分析　风险分析主要包括风险概率分析、风险影响分析、风险优先级排序。

风险概率分析：评估每个风险发生的可能性。

风险影响分析：分析风险发生对业务流程、数据安全等方面的影响程度。

风险优先级排序：根据风险概率和影响程度对风险进行排序，以便针对性地制定应对策略。

（3）风险应对　风险应对包括预防措施、应急响应、监控与检测、持续改进。

预防措施：针对可能发生的风险，提前采取措施，如加强安全防护、优化流程设计等。

应急响应：制定应急预案，明确风险发生时的应对流程和责任人，确保能够迅速有效地应对风险。

监控与检测：建立监控机制，实时检测机器人运行状态，一旦发现异常，立即采取措施，如警告、暂停任务等。

持续改进：根据风险应对的效果不断优化流程、技术和人员管理，降低风险发生的可能性。

2. RPA 机器人价值分析

（1）效率提高

1）减少数据录入、计算和分析所需时间。RPA 机器人通过自动化处理，减少了人工进行数据录入、计算和分析的时间。RPA 机器人可以快速准确地执行这些任务，而不受疲劳、情绪等因素的影响，从而大幅度缩短了处理时间。对于大量数据处理的需求，RPA 机器人能够在短时间内完成任务，提供了优于人工的处理效率。

2）加快数据处理速度。RPA 机器人可以批量处理数据，这意味着在相同的时间内，RPA 机器人可以处理更多数据，从而提高了数据处理的速度。RPA 机器人还可以与其他系统无缝集成，实现数据的实时处理和分析，进一步加快决策过程和工作流程的流转。

（2）效益提高

1）节约人工成本。RPA 机器人可以 7×24 小时不间断工作，避免人工在这些任务上的时间投入，直接节约了人工成本。

2）减少不必要损失。RPA 机器人能够提高业务流程的准确性和一致性，减少因错误操作导致的损失。机器人还可以减少因人工操作失误而产生的损失，如避免输入错误、计算错误等，这些错误往往会导致额外的成本和时间损失。

3）释放人力资源。RPA 机器人将员工从重复性、低价值的任务中解放出来，使员工能够专注于更有价值、更需要人工判断和创造性的工作。同时，还意味着企业可以更好地利用其人力资源，提高员工的满意度和留存率。

（3）质量提升

1）降低错误率。RPA 机器人能够严格按照预设的规则和流程执行任务，可以精确地抓取和处理数据，确保各步骤的准确执行，从而降低了错误率。并且机器人还可以执行复杂的计算和分析任务，提供准确的结果，减少了因计算错误导致的数据偏差。

2）提高数据的准确度和满意度。由于 RPA 机器人能够提供一致和准确的结果，增强了数据和报告的可信度和权威性。

3. ROI 分析

ROI 分析是衡量投资 RPA 机器人经济回报的财务指标。目前 ROI 的评定做得相对简单，主要还是通过对业务流程在 RPA 实施的前后数据进行比对，即对比人工执行和机器人执行的数据形成 ROI。评估指标通常包括业务流程的执行时间、业务处理的出错率、业务流程的人员投入等方面。

RPA 机器人的投入主要包括 RPA 软件授权费、场景开发费用和维护成本。软件授权费可能按年收取或按项目收取，在 ROI 计算中占有较大比例。场景开发费用涉及前期对流程数量和复杂度的评估以及开发工时的计算。维护成本则包括日常维护、需求变更和 IT 设施运营，这些成本在整个使用周期中持续发生。RPA 机器人的收益主要体现在减少相关岗位耗时、降低成本和增加收入等方面。通过这些收益，可以评估 RPA 机器人的长期价值，并在 ROI 分析中进行量化。

二、操作准备

软件工具：UiBot Creator。

任务要领

一、掌握股票投资分析机器人的原理和功能

1) 机器人工作原理和功能。深入了解机器人的工作原理、分析功能、数据来源等，以便在后续任务中准确评估其风险与价值。

2) 制定风险策略。制定相应的风险控制策略，针对出现的错误给出应对措施，例如，在股票投资分析机器人运行时出现邮件发送失败或文件未找到时，需要检查发送邮件的属性以及判断文件路径是否改变，如果文件路径改变则需要设置文件的相对路径。

二、分析股票投资分析机器人的风险与价值

1) 识别和评估风险：识别股票投资分析机器人运用中可能存在的各种风险，如数据风险、模型风险、技术风险、市场风险等，并对这些风险进行评估，分析它们对投资决策的可能影响。

2) 机器人价值分析：分析机器人在提升投资效率、增强分析准确性以及增加盈利潜力方面的作用，评估其对投资决策的实际贡献。

任务实施

一、任务流程

1) 识别和分析股票投资分析机器人存在的风险，并提出风险的应对措施。

2) 从效率、效益、质量以及 ROI 四个方面分析股票投资分析机器人的运用价值。

二、任务操作

（一）机器人风险管理流程

步骤一：风险识别

（1）数据抓取失败　股票投资分析机器人在进行网页录制和数据抓取时，可能因为网络不稳定性、系统响应时间过长或电脑运行缓慢等因素，导致股票信息抓取失败，从而使 RPA 机器人运行报错和中断，无法正常继续其分析任务，从而影响整个工作流程的连续性。

（2）文件未找到　股票投资分析机器人在完成股票信息的采集、处理和分析之后，需要将处理后的股票信息文件"信息传输、软件和信息技术服务业.xlsx"发送到指定收件人的邮箱。然而，在执行邮件发送操作时，机器人可能会遇到文件找不到的情况，这种情况会导致邮件发送过程失败，从而终止程序的运行。

步骤二：风险分析

（1）数据抓取失败　外部设备的卡顿，如网络不流畅、电脑系统运行缓慢等问题可能导致数据抓取失败。此外，由于机器人需要在浏览器网页与 UiBot 软件之间进行交互，如果网页响应时间过长而机器人的响应速度较快，两者之间的不匹配可能会导致协调失效，进而引发运行错误。

（2）文件未找到　股票投资分析机器人在运行过程中，可能会在发送邮件时遇到文件未找到的错误，这通常是因为机器人需要发送的文件名称与 UiBot 中配置的文件名称不匹配。这种不一致会导致机器人无法定位到正确的文件，进而导致程序终止。

步骤三：风险应对

（1）数据抓取失败　针对该风险点，首先需要优化网络环境，确保网络连接稳定，提高数据传输速度，避免因网络不流畅导致的抓取失败。其次，提升电脑系统性能，定期进行系统维护，确保系统运行顺畅，减少因电脑卡顿导致的抓取失败。此外，通过添加"延时"命令调整 UiBot 反应时间，使其与网页响应速度相匹配，提高两者之间的协调性。同时，可以增加数据抓取重试机制，在机器人运行过程中，如果遇到数据抓取失败，可以自动进行多次抓取，直到成功为止。

（2）文件未找到　针对股票投资分析机器人发送邮件时可能出现的文件未找到风险，可以采取一系列风险应对措施。首先，在运行前检查文件路径是否正确，并确保文件存在于指定的位置。其次，确认机器人发送文件时使用的文件名称与实际文件名称一致，可以通过预先创建一个工作簿并指定文件名的方式，然后将抓取的数据直接导入到这个Excel 工作簿中，以避免错误发生。此外，应在机器人中实现一套完善的错误处理机制，一旦文件找不到，机器人应能记录错误信息，并采取必要措施，比如及时通知管理人员。

（二）机器人价值分析

步骤一：效率分析

（1）加快数据处理速度　股票投资分析机器人能够快速登录网页并定位到所需数据，自动抓取股票信息，相较于人工操作，可以大幅减少数据处理时间，加快数据处理速度。

（2）缩短分析时间　股票投资分析机器人可以 7×24 小时不间断运行，持续工作，而人类分析师的工作时间受限，且面对大量数据时分析速度有限。机器人可以在更短的时间内完成更多的数据收集和分析工作，从而缩短整个分析过程所需的时间。

步骤二：效益分析

（1）节约成本　通过自动化地对股票数据进行处理，股票投资分析机器人可以减少对人力资源的依赖，从而节约人力成本。

（2）释放人力　股票投资分析机器人承担了重复性和耗时的任务，使人类员工可以将时间用于更有价值的决策支持和工作，提高了劳动力的利用效率。

步骤三：质量分析

（1）提高准确度　股票投资分析机器人按照既定逻辑对抓取的股票数据进行自动化的判断和修正，可以减少人为错误，确保所选数据的准确性和相关性，提高投资决策分析结果的准确度。

（2）降低错误率　自动抓取和处理数据可以减少数据录入和处理过程中的错误，降低错误率，从而提高整个投资决策分析过程的可靠性。

步骤四：ROI 分析

股票投资分析机器人的应用，使原来需要两人耗时 32h 完成的股票投资分析，现在只需一人 4h 就可完成，耗时缩短了 7/8。

ROI 计算：

1）原来的人工成本。两人耗时 32h，假设每小时人工成本为 100 元，则原来的总成本为 3200 元。

2）现在的成本。只需一人耗时 4h，总成本为 400 元。

3）节省的成本。原来的成本减去现在的成本，即 $3200 - 400 = 2800$（元）。

4）ROI 分析。节省的成本除以原来的成本，即 $2800/3200 = 0.875$，这意味着 ROI 提高了 87.5%。

三、任务拓展

（一）业务拓展

业务需求：对于机器人价值的分析除了质量、效益、效率以及 ROI 分析，还可以从哪些方面进行机器人价值分析？

（二）技术拓展

技术需求：针对股票投资分析机器人的自动化流程设计一个 RPA 机器人的异常处理机制，以应对可能的流程异常和使用风险。

任务评价

评价内容	评价标准	完成情况评价 （0~10分）
机器人风险分析	判断机器人部署时可能存在的风险点，能针对性地解决问题	
机器人价值分析	能掌握机器人在效率、效益以及质量方面的价值分析方法	
业务拓展	能够准确、完整地阐述业务需求的解决思路	
技术拓展	能够准确、完整地阐述技术需求的解决思路	

项目三
打败邪恶的金融巨兽
——商品销售数据分析与可视化

项目
目标

知识目标

1）理解并描述数据可视化的基本概念、核心特征及其在财经数据分析领域的应用价值。

2）理解可视化图表设计的基本原则、各类图表的特点及适用场景。

3）学习 Tableau 可视化软件的基础知识，包括软件安装、工作区结构及基本操作方法。

4）阐释商品销售数据可视化的需求分析技巧，明确可视化的目的和内容。

能力目标

1）熟练使用 Tableau 软件进行数据连接与可视化操作，包括设置工作区和创建基本图表。

2）具备商品销售数据可视化需求分析能力，依据实际业务需求确定可视化目标和内容。

3）熟练运用可视化图表设计原则，针对财经数据分析的不同业务场景选择恰当的图表类型，创作出既美观又实用的可视化作品。

4）使用 Tableau 软件进行商品销售数据分析，并将分析结果以可视化报告形式呈现。

素质目标

1）培养对财经数据分析与可视化的深入理解与评估能力，能够识别和批判性地分析可视化过程中的问题与不足。

2）培养在 Tableau 软件使用和工作区设计中的创新思维，善于创造性地解决问题，提出有价值的财经数据分析与可视化解决方案。

3）增强在商品销售数据分析与可视化项目中的团队合作精神，实现有效沟通、协调合作，共同完成项目任务。

4）培养面对数据可视化工具和技术时的主动学习与探索能力，持续提升专业素养。

思政目标

1）在意识层面，提升在数据分析与可视化过程中对数据真实性和可靠性的深刻认识，确保可视化结果的准确性与可信度，强化诚信与责任意识。

2）在精神层面，激发在执行数据分析与可视化任务时的进取心、创新思维和解决问题的能力，不断探求新方法与技巧，提升专业素养。

3）在感观层面，在不误导的前提下，重视可视化图表的美观性和易读性，让观众能直观获取信息，增强数据可视化的吸引力与影响力。

项目
场景

在财经城堡的深处，阳光透过古老的石窗洒落在尘封的书籍上。"数据小侠"家桐站在充满智慧气息的书房内，手中握着一本看似普通却蕴含无尽知识的宝典——《数据之光：商品销售分析与可视化指南》。近期，有一只无形的邪恶金融巨兽，以其狡猾的手段操控着市场，用精心编织的数据迷雾掩盖真相，吞噬着无数投资者的希望与信任。于是，一个宏大的构想在他心中悄然成形——他要设计一个前所未有的项目，以科技为剑，数据为盾，揭开金融巨兽的伪装，让商品销售的真实面貌在光天化日之下无所遁形。

第一幕：财经会议沉思

【元小蛮财经会议室，黄昏】

暮色笼罩下的会议室，灯光柔和而专注，映照出一张张凝重的脸庞。"魔数大师"程教授端坐首席，眉头微蹙，眼神中透露出深邃的洞察力，他正细细审视着摊开的各类报表，每一条数据似乎都在他心中勾勒出一幅幅错综复杂的市场画卷。

在程教授身旁，"洞察师"钱子艺轻敲着"蛮好用"电子平板，指尖滑动间，市场销售趋势图在屏幕上灵活跳动，她那锐利的目光捕捉到了产品销售中的微妙差异，为接下来的市场策略埋下了伏笔。"调度师"张雨洁则紧随其后，展示着精心策划的供应链优化方案，图表与数据交织，清晰地展现了成本控制与效率提升的蓝图。"铸造师"王骥菱则以一系列创新生产流程的演示，诠释了如何通过技术革新，将生产效率推向新的高度。

角落里，"数据小侠"家桐静静地坐着，双眸在听取汇报的同时闪烁着思考的光芒。他内心的齿轮已经开始转动，构思着如何将这些宝贵信息转化为行动的指南。会议结束，当众人散去，家桐携带着手中的笔记，走向了数智魔法实验室。

第二幕：智慧之光映射

【数智魔法实验室，深夜】

实验室里，只有家桐与闪烁的屏幕为伴。夜色深沉，却挡不住这里散发出的智慧之光。家桐身前，Tableau 软件在屏幕上铺展开来，宛若一张即将被填满的魔法地图。他轻车熟路地连接起各个数据源，销售事实表、客户维度表、区域维度表和商品维度表，在他的操作下逐渐融为一体，形成了一个复杂而精妙的数据模型。

随着家桐的指尖在键盘上跳跃，数据在屏幕上幻化为一幅幅生动的图表与仪表盘。不同区域的商品销售情况，逐渐变得清晰可见，宛如夜空中最亮的星，指引着企业前行的方向。家桐露出了满意的笑容，他知道自己正运用数据魔法，为元小蛮财经描绘一片璀璨的未来。

任务十

商品销售业务需求分析与数据导入

任务情景

商品销售市场上存在着大量繁杂的数据，这些数据纠缠在一起，就像是一头邪恶的金融巨兽，难以捉摸。但"数据小侠"家桐深知，每一个数据背后都隐藏着市场的秘密，每一个细节都可能成为打败这头巨兽的关键。

他走进"蛮先进"数智魔法实验室，这是一个充满科技与智慧的空间。巨大的数据屏幕闪烁着各种图表和模型，它们如同繁星点点，照亮了整个房间。家桐坐到了他的工作台前，打开电脑，将今天的会议笔记和报表——展开。

他开始逐条分析每一条数据，通过 Tableau 工具，洞察到数据背后的深层含义。他注意到，某些产品的销售数据在近期出现了异常的波动，这背后可能隐藏着市场的某种变化。他迅速将这些数据导入模型中，开始进行深度分析。

家桐的心中已经有了清晰的思路。他明白，要想打败这头邪恶的金融巨兽，他们必须紧跟市场的变化，调整自己的策略。他们需要提升产品的品质，增加产品的个性化元素，以满足消费者的需求。同时，他们也需要优化供应链，降低成本……

任务布置

1）理解商品销售业务需求。细致阅读销售事实表以及各维度表的数据信息，以此达到对商品销售业务需求全面而深入的了解。

2）Tableau 数据导入与重命名。启动 Tableau 软件，导入销售事实表及相关的维度表。随后，对导入的每个数据表及其字段进行适当的重命名，确保数据的可识别性和清晰度。

任务准备

一、知识准备

（一）业务知识

1. 商品销售商业理解

商品销售业务是现代商业活动的核心，其复杂性要求从多角度深入理解。市场理解、产品掌握和销售流程是其中的三大关键要素，它们为数据分析和策略制定提供了坚实基础。

（1）市场理解 市场理解是销售战略的基石，要求企业或销售人员深入洞察目标市场。这包括识别和分析潜在消费者的特征、需求和偏好，如年龄、性别、收入水平及购买习惯等，以便更精确地定位产品。同时，持续跟踪并预测市场趋势，如技术革新、消费者偏好的变化以及宏观经济环境的影响，能帮助企业抢占先机，灵活调整市场策略。此外，对竞争对手的细致分析也不可或缺，包括他们的产品特性、市场占有率、营销策略等，这有助于识别自身的差异化优势，制定有效的竞争对策。

（2）产品掌握 深入的产品知识是销售过程中的核心竞争力。销售人员需全面掌握产品的特性和功能，明确其在市场上的优势，如创新技术、卓越性能、独特设计或是品牌影响力等，这些都能成为打动消费者的卖点。了解目标客户群体的需求与期望，将产品特性与客户需求精准对接，是提升销售转化率的关键。此外，产品知识还包括对其应用场景、维护保养方法的熟悉，以提供专业、全面的客户服务，增强顾客满意度和忠诚度。

（3）销售流程　高效的销售流程涉及从产品展示到最终成交的每一个环节。首先，选择合适的销售渠道至关重要，无论是线上电商平台、社交媒体营销还是线下实体店，都需要根据目标客群的消费习惯来决定。销售策略则需要结合产品定位与市场分析，制定个性化推广方案，如 B2B 的大客户销售策略与 B2C 的大众市场策略会有显著不同。其次，定价策略不仅要考虑成本和利润空间，还需要考虑市场竞争状况和消费者的价格敏感度，合理设置价格区间以吸引不同层次的消费者。最后，有效的促销活动能够激发购买欲望，如限时折扣、捆绑销售、会员专享优惠等，这些都需要精心策划与执行，以最大化销售效果并维持品牌形象。

2. 商品销售业务需求分析

可以围绕客户分析、财务分析以及业务目标三个方面，对商品销售业务需求进行剖析。

1）客户分析是商品销售业务需求分析的基础。在进行客户分析时，需要关注客户细分、客户价值和客户保留策略等关键内容。通过客户细分，企业可以根据客户的需求、购买行为和偏好等因素，将客户划分为不同的群体，从而制定更有针对性的销售策略。客户价值分析有助于识别高价值客户，并为他们提供更优质的服务和更优惠的价格，从而增强客户黏性。此外，制定客户保留策略也非常重要，通过定期与客户保持联系，提供个性化的关怀和优惠，可以有效地提高客户满意度和忠诚度，减少客户流失。

2）财务分析在商品销售业务需求分析中也占据着重要地位。企业需要深入理解收入、利润、成本和库存管理等财务概念，以更好地把握自身的财务状况和经营成果。在收入方面，企业需要关注销售渠道和销售策略等因素对收入的影响。利润分析有助于了解企业的盈利能力和成本结构，从而制定合理的定价策略。此外，成本管理和库存管理也是财务管理的关键环节，通过优化采购、生产和销售等环节的成本，降低库存积压和滞销风险，可以提高企业的盈利能力和市场竞争力。

3）业务目标是商品销售业务需求分析的核心。企业需要清楚地了解自身的业务目标和关键绩效指标（KPIs），以及如何通过销售数据分析来支持这些目标的实现。业务目标通常包括销售额、市场份额、客户满意度等方面的指标，而 KPIs 则是对这些目标的具体量化。通过对销售数据的深入分析，企业可以了解销售业务的现状和发展趋势，发现潜在的问题和机会，从而为制定有效的销售策略提供有力支持。

3. 商品销售业务数据理解

企业要想保持竞争优势并实现可持续发展，就必须深入理解和分析销售业务数据。

（1）数据结构与内容　商品销售业务涉及的数据类型多样且复杂，包括销售订单、客户信息、区域信息以及产品数据等。每种数据类型都有其特定的结构和含义，需要深入理解和分析。例如，销售订单数据记录了每笔交易的详细信息，包括订单号、客户、产品、数量、价格以及交易时间等，这些信息对于分析销售趋势、客户购买行为以及产品市场表现至关重要。客户信息数据则涵盖了客户的基本信息、购买历史以及偏好等，有助于进行客户细分和制定个性化的销售策略。

（2）数据质量评估　数据质量直接影响分析结果的准确性和可靠性。因此，在理解商品销售业务数据时，需要对数据质量进行全面评估，包括检查数据的完整性、准确性、一致性和时效性等。例如，需要确保销售订单数据中的每一条记录都完整无缺，避免出现关键信息缺失的情况。同时，还需对数据进行清洗和预处理，以消除异常数据、重复数据以及错误数据对分析结果的影响。

（3）数据关联分析　商品销售业务数据之间存在多种关联关系，这些关系对于深入理解业务模式和发现潜在商机具有重要意义。通过关联分析，可以发现不同数据之间的相关性、趋势以及异常情况。例如，可以分析销售订单数据与库存数据之间的关联关系，了解库存水平对销售业绩的影响；还可以分析客户信息数据与购买历史数据之间的关联关系，发现客户的购买偏好和行为模式，为制定精准的销售策略提供依据。

（二）技术知识

1. 软件安装

（1）Tableau 软件简介　Tableau 软件起源于 1997—2002 年斯坦福大学的学术研究，由 Pat Hanrahan 教授和其博士生 Chris Stolte 共同开发，专注于关系数据库和数据多维可视化技术。

Tableau 是一款强大的数据分析与可视化工具，支持业务人员通过拖拽式操作独立完成数据联机分析处理和即时查询。它能够生动分析结构化数据，生成图表、坐标图、仪表盘和报告，用户可通过拖放自定义视图和布局，无须编码。Tableau 支持多个数据源连接和融合，无须编码基础即可创建交互式视图和仪表板，适合各种编程水平的用户。

Tableau 产品线包括 Tableau Desktop、Tableau Public、Tableau Prep、Tableau Server、Tableau Online 和 Tableau Reader，以满足不同用户需求。Tableau Desktop 是桌面端分析工具，支持多种数据源类型，提供个人版和专业版，适用于 Windows 和 Mac 操作系统。

（2）Tableau 软件的下载与安装　Tableau 软件的下载与安装步骤如下：

步骤一：在官方网站（http://www.Tableau.com/zh-cn/products/trial）可以下载最新的免费试用版本，单击"产品"，单击"Tableau"选项进行下载，具体如图 3-1 所示。

图 3-1　Tableau Desktop 官网下载提示

步骤二：单击"免费试用"按钮，如图 3-2 所示。

图 3-2　单击"免费试用"按钮

步骤三：进入"开始免费试用 Tableau"软件的过程界面，然后鼠标向下滚动至页尾，单击"下载免费试用版"按钮，具体如图 3-3、图 3-4 所示。

图 3-3　免费试用软件页面

图 3-4　软件选择下载页面

步骤四：跳转信息填写界面后，填写相关信息，单击"下载免费试用版"，如图 3-5 所示。

图 3-5　下载 Tableau Desktop 免费试用版界面

步骤五：勾选"我已阅读并接受本许可协议中的条款"，单击"安装"按钮，如图 3-6所示。

步骤六：软件安装进度界面如图 3-7 所示；安装完成之后将会自动跳转 Tableau Desktop 开始界面，如图 3-8 所示。

2. 主键和外键的作用

关系型数据库是一种用于存储和管理数据的系统，它通过表格的形式组织数据，每个表格由行和列组成，行代表数据记录，列代表数据字段。数据库中的不同表格通过共同的字段相互关联，便于数据的查询和管理。常见的操作语言是 SQL。

在关系型数据库的设计中，主键（Primary Key）和外键（Foreign Key）是两个至关重要的概念，它们共同确保了数据的完整性和一致性，并构建了表与表之间的关联。

图 3-6　安装 Tableau Desktop 免费试用版界面

图 3-7　软件安装进度界面

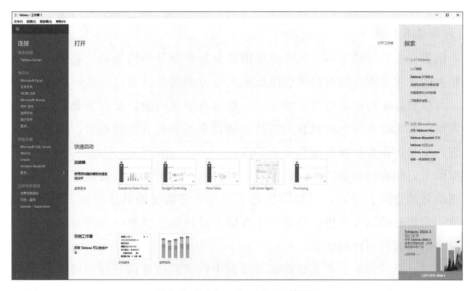

图 3-8　Tableau Desktop 开始界面

在数据库中，当两个表之间存在外键关系时，那个被其他表所参照的表，则被称为父表（Parent Table）。具体来说，如果一个表中的某字段（或字段组合）是另一个表中外键字段的数据来源，那么这个表就被称为父表。在关系型数据库中，父表通常包含主键，而子表则包含外键，这个外键指向父表的主键。

（1）主键（Primary Key）　主键是表中一个或多个列的组合，其值能够唯一标识表中的每一行记录。主键的值必须是唯一的，并且不允许有空值（NULL）。它是确保数据实体完整性的关键机制。

主键的作用如下：

1）唯一标识：为主表中的每一行数据提供一个独一无二的标识符。

2）数据完整性的维护：防止插入重复数据，确保每条记录的唯一性。

3）作为索引：通常数据库会自动为主键创建索引，加速数据查询速度。

4）外键参照：作为其他表中外键的参照对象，建立表间关系。

（2）外键（Foreign Key） 外键是一个表中的一个或多个列，其值对应并引用另一个表的主键值。它建立了两个表之间的关联，表明了这两个表之间的某种联系或关系。

外键的作用如下：

1）关联数据：通过引用另一表的主键，外键将两个表的数据在逻辑上连接起来，实现数据之间的关联查询。

2）维护引用完整性：确保引用的主键值在被引用表中实际存在，防止出现孤立数据，即保持数据的一致性。

3）级联操作：数据库可以配置外键约束以支持级联操作，如当父表的记录被修改或删除时，自动修改或删除子表中相应关联的记录，进一步维护数据的一致性。

3. 商品销售数据表

（1）销售事实表 销售事实表是商品销售业务数据分析的核心，它集中了与销售活动直接相关的各项数据，能够提供全面而深入的业务洞察。通过深入剖析销售事实表中的数据，可以更好地理解销售业务的特点、趋势及潜在机会，从而为企业制定更为精准的市场策略，并为销售计划提供有力支持。销售事实表包含单据编号、商品编号、业务日期、客户编号、销售数量和销售金额字段。

单据编号，作为销售事实表中的主键，它为每一笔销售活动提供了唯一的标识。通过对单据编号的追踪和分析，可以清楚地了解每一笔销售的具体情况，包括销售时间、销售对象、销售商品以及销售金额等。这有助于发现销售过程中的异常或问题，并及时采取相应的措施进行纠正或优化。

商品编号，是销售事实表关联商品维度表中的商品信息的外键。通过商品编号，可以快速定位到具体的商品，并了解该商品在销售过程中的表现。例如，可以分析某一商品在不同时间段内的销售数量和销售金额变化，以判断市场需求的变化趋势。同时，还可以比较不同商品之间的销售差异，从而发现潜在的畅销商品或滞销商品，为库存管理和产品优化提供指导。

业务日期，记录了销售活动的具体时间，它对于分析销售业务的季节性、周期性以及趋势变化至关重要。通过按日期对数据进行汇总和分析，可以发现销售业务在不同时间段内的表现差异，如节假日、促销活动期间等，从而制定相应的销售策略。

客户编号，是销售事实表关联客户维度表中的客户信息的外键。通过对客户编号的分析，可以了解客户的购买行为、购买偏好以及客户价值等信息。例如，可以分析某一客户的购买频率、购买金额以及购买的商品种类等，以判断其忠诚度和潜在价值。同时，还可以将客户进行细分，针对不同客户群体的特点制定个性化的销售策略。

销售数量和销售金额，是销售事实表中最为直观的数据指标，它们直接反映了销售业务的规模和效益。通过对销售数量和销售金额的分析，可以了解销售业务的整体趋势和变化情况，如销售额的增长率、销售数量的波动等。同时，还可以结合其他字段进行多维度的分析，如按商品、按客户、按时间段等进行分析，以发现更多有价值的业务信息和洞察。

（2）客户维度表　客户维度表通过结合销售事实表进行深入分析，企业可以更加全面地了解客户的需求和行为模式，制定更为精准的市场营销策略，从而提升销售业绩和客户满意度。客户维度表中包含客户ID、客户名称、地域编码、客户评级和赊销金额字段。

客户ID，作为客户维度表的主键，为每一位客户提供了唯一的标识。这个字段的重要性在于，它能够将客户信息与销售事实表进行精确匹配，从而进行深入的客户分析。通过客户ID，可以追踪客户的购买历史、购买偏好以及消费能力，为个性化营销和精准服务提供数据支持。

客户名称，记录了客户的具体名称，它有助于更直观地了解客户的身份和背景。通过客户名称，可以识别出重要客户或潜在的大客户，进而加强与他们的关系维护，提升客户满意度和忠诚度。

地域编码，是客户维度表关联区域维度表区域信息的外键。这一字段在商品销售业务数据分析中尤为重要，因为它有助于分析不同地域市场的消费特点、需求差异以及竞争态势。通过对地域编码的分析，可以制定出针对不同地域市场的销售策略和推广方案，以提高市场占有率和销售业绩。

客户评级，是对客户价值的一种量化评估。通过对客户的购买历史、购买金额、购买频率等多个维度进行综合分析，可以对客户进行评级，从而识别出高价值客户和潜在客户。针对不同评级的客户，可以采取不同的服务策略和销售策略，以最大化客户价值和提升客户满意度。

赊销金额，记录了客户当前的赊销情况。这一字段有助于了解客户的信用状况和支付能力，为制定信用政策和风险控制提供重要参考。同时，通过监控赊销金额的变化，可以及时发现潜在的信用风险，并采取相应的措施进行防范和应对。

（3）商品维度表　商品维度表提供了商品的详细信息以及与销售活动密切相关的属性。通过结合销售事实表和商品维度表进行深入分析，企业可以更加清晰地了解商品的特点和市场需求，从而制定更为精准的商品策略。商品维度表包含商品ID、商品名称和计量单位字段。

商品ID，作为商品维度表的主键，为每一件商品提供了唯一的标识。这个字段的重要性在于它能够将商品信息与销售记录进行精确匹配，以便对每一件商品的销售情况进行追踪和分析。通过商品ID，可以了解商品的销售数量、销售金额以及销售趋势，为商品库存管理和销售策略制定提供有力支持。

商品名称，记录了商品的具体名称，它有助于更直观地了解商品的类型和特点。通过商品名称，可以对商品进行分类和归档，从而方便进行商品的比较和分析。

计量单位字段，记录了商品的计量方式，通常包括件、个、箱和台等。这一字段在商品销售业务数据分析中同样重要，因为它能够帮助准确计算商品的销售数量和库存量，避免因为计量单位不统一而导致的误差和混乱。通过对计量单位的分析，还可以发现不同商品之间的计量差异，从而制定相应的销售策略。

（4）区域维度表　区域维度表提供了关于销售区域的关键信息，有助于企业更好地理解市场分布和区域差异。通过深入分析区域维度表中的数据，企业可以制定更具针对性的区域销售策略，优化资源配置，提升市场竞争力。区域维度表包含区域 ID 和区域名称字段。

区域 ID，作为区域维度表的主键，为每一个销售区域提供了唯一的标识。这一字段使企业能够精确地追踪不同区域的销售数据，进而分析各区域的销售特点和趋势。通过对区域 ID 的分析，企业可以识别出高销售潜力的区域，以及需要加大投入或改进销售策略的区域。

区域名称字段，直观地展示了各个销售区域的名称，如"华北片区"和"华东片区"。通过区域名称，企业可以更加清晰地了解销售区域的地理分布和覆盖范围，有助于企业在制定区域销售策略时考虑地域文化和消费习惯等因素。

（5）时间维度表　时间维度表包含了详细的时间信息，它可以帮助企业从不同的时间尺度分析数据，从而揭示销售、生产和财务等活动的周期性模式。通过对时间维度表的数据进行深入分析，企业能够把握市场动态，预测未来趋势，并据此制定更为精准的短期和长期策略。时间维度表包含日期、年、季度、月和日字段。

主键是日期字段包含了年、月、日的信息，如"2023 年 1 月 1 日"，这一设计使企业能够轻松地与事实表中的时间戳相连接，从而进行多维度的时间序列分析。此外它为日常运营分析提供了精确的时间点，使企业能够监测每日的销售情况和运营效率。

年字段简单记录了年份，如"2023 年"，它为企业提供了年度业绩的概览，支持长期趋势分析和年度预算编制。

季度字段标识了季度，如"第 1 季度"，它对于分析季节性变化和季度业绩考核尤为重要，帮助企业调整季度销售策略和资源配置。

月字段记录了月份，如"1 月"，它允许企业评估月度业绩，对比不同月份的销售表现，以及规划月度目标和预算。

日字段记录了日期，如"1 日"，它为日常运营分析提供了精确的时间点，使企业能够监测每日的销售情况和运营效率。通过时间维度表，企业不仅能够追踪历史数据，还能预测未来趋势，为决策提供强有力的数据支持。在财经数据分析中，时间维度表是不可或缺的，它帮助企业在不断变化的市场环境中保持竞争力。

二、操作准备

软件工具：Tableau Desktop。

三、学习准备

1. 数据源连接与数据表导入的准备工作

在开始数据源连接与数据表导入的任务之前，需要确保已经安装了 Tableau 数据分析软件，并且熟悉其基本操作界面。此外，应当了解不同数据源的特点及其连接方法。同时，准备好需要导入的数据表清单，以及相应的数据源信息，确保在操作过程中能够顺利进行。

2. 数据表及字段名称重命名的准备工作

在进行数据表及字段名称重命名的任务之前，应当理解重命名的目的和重要性。准备一份字段名称的映射表，列出原始字段名称及其对应的重命名后的名称，以便在操作时能够快速准确地完成重命名工作。同时，确保对 Tableau 中重命名功能的熟悉，以便在软件中高效地执行重命名操作。

任务要领

一、确立数据源连接与数据表导入方法

依次建立与各数据源的连接，并导入相关数据表至 Tableau 数据分析软件中。此过程要求精确无误地完成每个数据源的连接，并确保数据表的完整导入。

二、执行数据表及字段名称的重命名操作

在数据表成功导入之后，应立即对不同数据表的表名及其字段名称进行重命名。此操作的目的是增强数据表的可读性，使其更易于在后续的数据分析和报告编制过程中被理解和操作。在进行重命名时，务必保持名称的简洁性与描述性，以便于清晰识别数据内容。

任务实施

一、任务流程

1）打开 Tableau Desktop 软件，依次连接到各数据源并导入各数据表。

2）对数据表的表名和字段名称进行重命名。

二、任务操作

步骤一：连接数据源文件。打开 Tableau Desktop 软件，单击"文本文件""选择 1sale_fact.txt"文件，如图 3-9 所示。选择"1sale_fact.txt"文件之后，同目录的 txt

文件将全部导入 Tableau 软件之中。

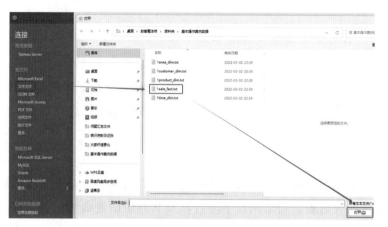

图 3-9　Tableau 连接 1sale_ fact. txt 文件

步骤二：对"1sale _ fact. txt"销售事实表各字段进行重命名。鼠标左键双击"1sale _ fact. txt"，并依次双击进行重命名，如图 3-10 所示。

图 3-10　1sale_ fact. txt 销售事实表各字段重命名过程及结果展示

步骤三：对"1customer _ dim. txt"客户维度表各字段进行重命名。鼠标左键双击"1customer _ dim. txt"，并依次双击进行重命名，如图 3-11 所示。

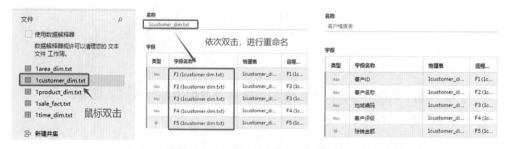

图 3-11　1customer_ dim. txt 客户维度表各字段重命名过程及结果展示

步骤四：对"1product _ dim. txt"商品维度表各字段进行重命名。鼠标左键双击"1product _ dim. txt"，并依次双击进行重命名，如图 3-12 所示。

图 3-12　1product_ dim. txt 商品维度表各字段重命名过程及结果展示

步骤五：对"1area_ dim. txt"区域维度表各字段进行重命名。鼠标左键双击"1area_ dim. txt"并拖拽，依次双击进行重命名，如图 3-13 所示。

图 3-13　1area_ dim. txt 区域维度表各字段重命名过程及结果展示

步骤六：对"1time_ dim. txt"区域维度表各字段进行重命名。鼠标左键双击"1time_ dim. txt"并拖拽，依次双击进行重命名，如图 3-14 所示。

图 3-14　1time_ dim. txt 时间维度表各字段重命名过程及结果展示

步骤七：保存当前 Tableau 文件，命名为"商业销售数据分析与可视化"。

三、任务拓展

（一）业务拓展

业务需求：在现有任务的基础上，需要进一步探索和连接更多的数据源，包括数据库、API 接口、文本文件等，以满足数据源连接的多样性和复杂性。

（二）技术拓展

技术需求：在现有任务的基础上，设计一套数据表及字段名称重命名的策略和方法，以便能够更有效地提高数据表的可读性和易于理解性。

任务评价

评价内容	评价标准	完成情况评价（0~10分）
连接数据源	能够识别企业商品销售业务相关的数据，而后正确地导入指定的数据源	
数据表和字段重命名	能够准确无误地对表和字段进行重命名	
业务拓展	能够熟练地掌握各类数据源的连接	
技术拓展	能够规范和统一数据表名和字段名，提高其可读性和易于理解性	

商品销售数据分析 Tableau 模型搭建

任务情景

深夜的"蛮先进"数智魔法实验室里，只有"数据小侠"家桐与闪烁的屏幕为伴。夜色深沉，却挡不住这里散发出的智慧之光。家桐身前，Tableau 软件在屏幕上铺展开来，宛若一张即将被填满的魔法地图。他轻车熟路地连接起各个数据源，销售事实表、客户维度表、区域维度表和商品维度表，在他的操作下逐渐融为一体，形成了一个复杂而精妙的数据模型。

接着，随着家桐的指尖在键盘上跳跃，数据在屏幕上幻化为一幅幅生动的图表与仪表盘。不同区域的商品销售情况，逐渐变得清晰可见，宛如夜空中最亮的星，指引着企业前行的方向。家桐的脸上露出了满意的笑容，他知道，自己正运用数据的魔法，为"元小蛮"财经描绘出一片璀璨的未来。

任务布置

1）构建商品销售数据分析模型。利用 Tableau 软件选择适当的字段，执行事实表与维度表的连接操作，构建一个比较完整且全面的销售数据分析模型。

2）选择商品销售数据分析方法。在获取商品销售数据的基础上，根据分析目标（如销售额、销售量、销售增长率等）选择恰当的分析方法，要求所选方法能够有效地揭示数据背后的销售业务洞察。

任务准备

一、知识准备

（一）业务知识

Tableau 中数据表的连接是指通过关联字段的匹配，将一个或多个数据表在同一数据源内或不同数据源之间进行整合。这种连接有助于在数据分析时，高效地利用来自不同数据表或数据源的信息。数据表连接首先需要在数据源页面双击所选数据源的逻辑表，以进入数据源联接界面。Tableau 支持内联接、左联接、右联接以及完全外部联接四种连接方式。

1. 内联接

使用内联接时，得到的结果表将包含两个表中均匹配的数据，不匹配的数据将不在结果中显示。打开"商品信息"工作表的物理表后，双击"销售订单"工作表，两张表将自动根据相同的字段进行联接，如图 3-15 所示。

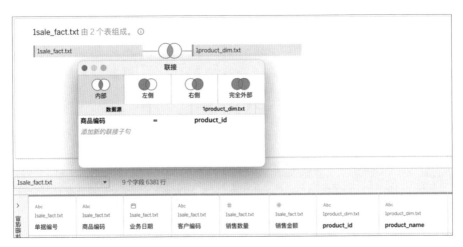

图 3-15 "销售订单"与"商品信息"内联接

当两个表的联接出现错误，无法找到相同字段进行匹配时，则会出现如图 3-16 所示的提示。

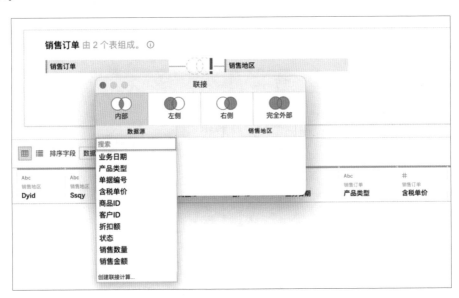

图 3-16 联接错误提示

2. 左联接

使用左联接时，得到的结果表将包含左侧数据表中的所有数据以及右侧数据表中匹配的数据。单击两个表之间的连接处，可选择要更改的联接类型，如图 3-17 所示。

销售订单和商品信息两个数据表中分别包含了"商品编码"和"product_id"字段，两个字段均可用于识别某一种特定的商品，故联接条件可设置为"商品编码 = product_id"。成功联接后，每一条数据都会包含销售订单表的所有字段，以及与其相匹配的商品信息表中的数据。

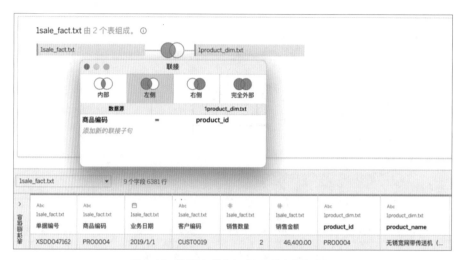

图 3-17 "销售订单"与"商品信息"左联接

3. 右联接

使用右联接时，得到的结果表将包含右侧数据表中的所有数据以及左侧数据表中匹配的数据，如图 3-18 所示。

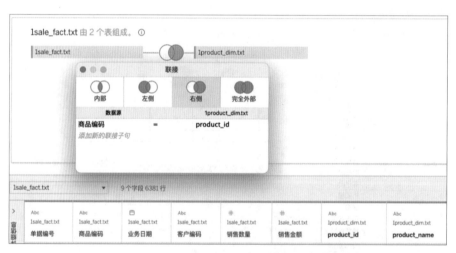

图 3-18 "销售订单"与"商品信息"右联接

此处的联接条件设置与左联接相同，成功联接后，每一条数据都会包含与商品信息表中匹配的销售订单信息和商品信息表的所有数据。与左联接不同，右联接后的表中包含商品信息表的所有数据，如果某些商品没有对应的销售订单，则销售订单相应字段数据为空。

4. 完全外部联接

使用完全外部联接时，得到的结果表将包含联接的两个表中所有数据，如图 3-19 所示。

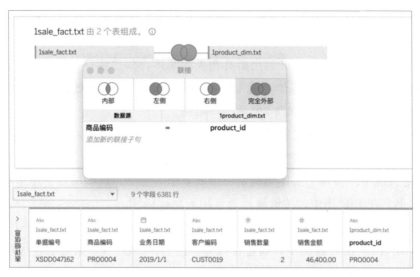

图 3-19 "销售订单"与"商品信息"完全外部联接

此处的联接条件与前面的左联接相同，成功联接后，结果包含销售订单表和商品信息表的所有数据。

（二）技术知识

1. 数据模型

数据模型是连接现实世界与信息世界的桥梁，它将现实生活中的对象和关系抽象为计算机可以理解的形式。概念模型是数据模型的第一步，它不依赖于任何具体的数据库管理系统（DBMS），而是存在于概念层面，用于描述业务需求和信息结构。

简而言之，概念模型是在理解客户需求和业务流程的基础上，通过分析和总结得出的，用以描述业务概念的结构。例如，在销售业务中，概念模型可能会包含"客户""订单""商品"等元素，以及它们之间的相互关系，如"业务员"与"客户"之间的订单签订。

概念模型通常用 E-R 图（Entity-Relationship diagram）来表示。E-R 图由实体、属性和联系三个基本要素构成。实体用矩形框表示，并在框内注明实体名称。属性用椭圆形框表示，并将属性名称记入框中。主属性在其名称下划线标注。联系用菱形框表示，注明联系名称。实体与属性、实体与联系、联系与属性之间用直线连接，并在直线上标注联系的类型。例如，一对一联系表示为 $1:1$，一对多联系表示为 $1:N$，多对多联系表示为 $M:N$。E-R 图的组成元素如图 3-20 所示。

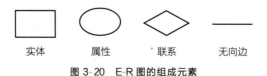

图 3-20　E-R 图的组成元素

创建 E-R 图应遵循以下五个步骤，以确保图形能够准确地反映出数据实体和它们之间的关系：

1）确定实体集。首先识别并列出所有相关的实体，如"客户""订单""商品"等。

2）选择属性。对于每个实体，确定哪些属性是必要的，以便描述实体的特征，如"客户"可能包含"姓名""地址""电话"等属性。

3）确定联系。分析实体之间的关系，如"客户"与"订单"之间可能存在"下单"联系，而"订单"与"商品"之间则有"购买"联系。

4）确定关键字。为每个实体集确定一个或多个关键字，这些关键字用于唯一标识实体集中的实例。在 E-R 图中，关键属性通常用下划线标注。

5）确定联系类型。定义实体集之间的联系类型，如一对一（1:1）、一对多（1:N）或多对多（M:N）。在 E-R 图中，通过在线旁标注"1"或"N"来表示这些联系类型。

2. 商品销售数据分析方法

（1）对比分析法 对比分析法是将两个或多个数据集进行比较，以量化地揭示它们之间的差异或变化，并分析这些数据所代表的事物的变化情况和规律。此方法可分为横向对比和纵向对比。横向对比涉及在不同时间点比较不同事物的数据，而纵向对比则涉及在同一段时间内比较同一事物的数据。对比分析可以从时间、空间、目标等多个维度进行。

在财经数据分析应用场景中，对比分析法广泛应用于评估企业的销售目标实现情况、成本费用的变动、与行业标准的差异等。以下通过三个实例说明对比分析法的应用。

1）不同的时间周期对比。选择不同时间的指标作为对比标准。与上一年同期进行对比称为同比，主要考虑季节周期和淡旺季的影响。与前一时期的对比称为环比，了解相邻时间周期是进步了或是退步了，以便及时分析原因。

2023 年第 4 季度的销售额与 2022 年第 4 季度的销售额相比，2023 年第 4 季度的销售额比去年同期增加了 120985.9 元，称之为同比。2023 年第 4 季度的销售额与 2023 年第 3 季度的销售额相比，增加了 155114.477 元，称之为环比。2020—2023 年各季度销售额如图 3-21 所示。

年	季度	销售额（元）
2020	1	503707.715
2020	2	668913.493
2020	3	818938.792
2020	4	948103.331
2021	1	485707.544
2021	2	902377.987
2021	3	926133.859
2021	4	1129156.945
2022	1	577631.971
2022	2	1063430.256
2022	3	1130734.633
2022	4	1474245.92
2023	1	914388.678
2023	2	1538727.946
2023	3	1440117.343
2023	4	1595231.82

图 3-21　2020—2023 年各季度销售额

2）与不同的空间指标对比。在同一个时间周期内选择不同空间指标数据进行比较。既可以与相似空间比较，如与同级单位、部门、地区对比，找出自身与同级别部门的差距或优势，分析自身的发展方向。又可以与优势空间比较，如与优秀企业、标杆部门、行业领袖进行对比，了解自身的发展在行业内所处的位置，有哪些不足，确立发展目标。

2023 年各区域销售额如图 3-22 所示。对不同片区的总销售额进行对比，可以看出华东片区的销售额最高，西北地区的销售额最低，进一步可分析差别如此大的原因。

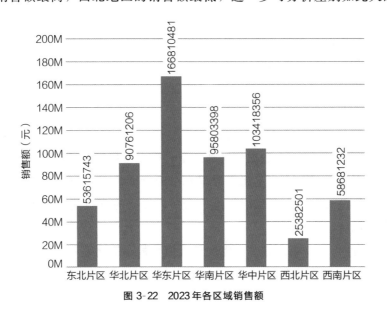

图 3-22 2023 年各区域销售额

3）与不同的计划标准对比。与计划标准对比即与计划数、定额数、目标数对比。如与全年计划目标、活动计划目标对比，通过对比了解自身的发展进度和完成率，分析目标完成的预期和策略是否需要调整。

折线表示各商品的计划销售量，条形表示各商品的实际销售量。通过计划销售量与实际销售量对比，2023 年所有商品都未达成目标，进一步可分析是销售策略问题，还是计划制订得过高，从而为下年制订合适的战略和计划提供意见。2023 年各商品实际销售量与计划销售量如图 3-23 所示。

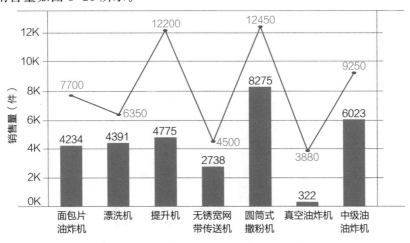

图 3-23 2023 年各商品实际销售量与计划销售量

（2）分组分析法　分组分析法是一种将数据根据特定标准划分为不同组别的方法，旨在便于比较和分析。通过将具有相似特征的对象归入同一组，将不同特征的对象分到不同组，这种方法能够保持组内属性的一致和组间属性的差异，从而便于深入挖掘各组间的数量关系。

在实施分组分析时，关键步骤是确定组数和组距。组限是分组中各组之间的界限，下限是组的最小值，上限是组的最大值。组距是指上限与下限之间的差值，而组中值是组上下限的平均值，代表了一组数据的中心位置。通过精确的分组，分析者更容易识别数据中的模式和趋势。

采用等距组距分组需要经过以下几个步骤：

1）确定组数。这个可以由数据分析师决定，根据数据本身的特点（数据的大小）来判断确定。由于分组的目的之一是观察数据分布的特征，因此确定的组数应适中。如果组数太少，数据的分布就会过于集中，组数太多，数据的分布就会过于分散，这都不便于观察数据分布的特征和规律。

2）确定各组的组距。组距是一个组的最大值与最小值之差，可根据全部数据的最大值和最小值及所分的组数来确定，即

$$组距 = \frac{（最大值 - 最小值）}{组数}$$

3）根据组距大小，对数据进行分组整理，划归至相应组内。

完成分组后，就可以进行相应信息的分组汇总分析，从而对比各个组之间的差异以及与总体间的差异情况。

除了上面所介绍的等距分组，也可以进行不等距分组。具体的选择取决于所分析对象的性质特点。在各单位数据变动比较均匀的情况下比较适合采用等距分组；在各单位数据变动很不均匀的情况下比较适合采用不等距分组，此时不等距分组更能体现现象的本质特征。

对某公司的职工年龄进行分组，组距为10，共7组，具体分布如图3-24所示。可看出该公司的职工年龄在20~39岁之间的人数较多，由此得出职工群体较年轻，充满活力，有利于公司发展。

年龄段	职工人数
20岁以下	22
20~29岁	3580
30~39岁	4306
40~49岁	1622
50~59岁	409
60~69岁	57
70及70岁以上	3

图 3-24　某公司不同年龄段职工人数分布

（3）结构分析法　结构分析法是指被分析总体内的各部分与总体之间进行对比的分

析方法,即总体内各部分占总体的比例,属于相对指标。一般某部分的比例越大,说明其重要程度越高,对总体的影响越大。结构相对指标的计算公式为

$$结构相对指标=\frac{总体某部分的数值}{总体总量}×100\%$$

在数据分析中对某超市销售的家具销售量采用结构分析法,该超市销售的家具种类包括桌子、用具、书架和椅子四种,具体销售量占比如图 3-25 所示。通过分析哪一种家具销量较好,管理者可在下个期间对销量好的家具准备更多的库存。

(4)交叉分析法 交叉分析法是一种旨在揭示变量之间关系的数据分析方法。它结合了纵向分析法和横向分析法的特点,通过将两个或更多变量及其值交叉排列在一个表中,形成交叉结点,从而直观地展示变量间的相互关系。这种方法适用于探究两个以上变量间的联系,并且可以根据分析目的决定交叉表的维度数量。

在实施交叉分析时,首先需要确定要分析的变量,然后将这些变量按照一定的顺序交叉排列,创建交叉表。交叉表中的每个单元格都代表了不同变量组合的关系,通过这种结构,可以清晰地看出变量间的相互影响和关系。

交叉分析可以分为两项关系的交叉和多项关系的交叉。在实际应用中,根据分析需求的不同,可以选择适当的维度进行交叉,以得到更丰富和深入的数据洞察。维度越多,交叉表的结构就越复杂,但同时也能提供更为全面的数据关系视图。通过交叉分析法,分析者能够发现数据中隐藏的模式和关联,为决策提供有力的数据支持。

在职工分配情况分析中,对职工按性别和部门进行交叉分析,以获取各部门的职工人数,以及职工的性别结构,体现职工特征,便于做出合理的后续规划。职能部门与性别交叉表如图 3-26 所示。

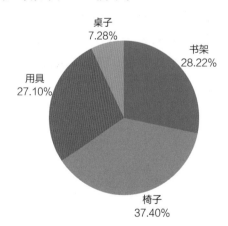

部门	性别		合计
	男	女	
财务部	722	699	1421
产品研发部	622	629	1251
规划部	248	261	509
国际	629	611	1240
技术部	666	659	1325
客服中心	576	591	1167
其他	115	134	249
人事部	371	404	775
销售部	1032	1031	2063
合计	4981	5019	10000

图 3-25 某超市家具种类销售量占比   图 3-26 职能部门与性别交叉表

(5)因素分析法 因素分析法是一种旨在揭示指标与其影响因素之间关系的数据分析技术。通过分析各因素间的数量关联,它可以评估特定因素对综合指标变动的影响程度,进而识别影响指标变化的关键原因。这种方法能够全面评估多个因素对某一指标的

总体影响，也能够单独考察某个因素的作用，有助于清晰地了解各因素间的相互关系，并在数据分析中找到问题的根本原因。

因素分析法运用的一般步骤如下：

1）确定分析目标指标，并计算实际值与目标值之间的差异。

2）确定影响目标指标的各个因素，并按照它们之间的相互关系进行排序。排序时，通常先考虑实物量，后考虑价值量；先考虑绝对值，后考虑相对值。

3）计算各个因素对指标影响的具体数额。

例如，对财务指标数据进行杜邦分析（如图 3-27 所示），确定该指标是由各个指标计算得来的，并按其连接关系区分层次。

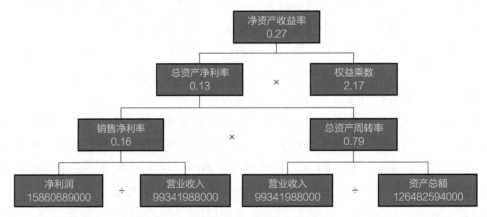

图 3-27 财务指标数据的杜邦分析

（6）趋势分析法 趋势分析法，亦称趋势预测法，旨在通过对比不同期间的数据变化趋势，评估财务或非财务信息在时间序列上的增减变动情况。这种方法涉及比较两个或多个连续时期的数值，以确定变化的趋势和幅度，从而帮助分析者掌握数据的发展趋势或识别异常变动。在趋势分析中可使用绝对值或比率形式的相对值来表示数据。

对 2023 年 1～12 月差旅费的增减情况进行分析，变动趋势如图 3-28 所示，可以分析是否存在季节性差旅费增减。

图 3-28 2023 年差旅费变动趋势

二、操作准备

软件工具：Tableau Desktop。

三、学习准备

1. 了解数据模型构建

了解如何探索数据关联，并设计数据模型。这包括审查商品销售业务的基础数据，识别不同数据表之间的潜在关联，以及确定销售事实表作为核心，并通过外键关联整合客户、区域和商品维度表，搭建整体数据模型。

2. 了解数据分析方法

了解如何获取所需的商品销售数据，并根据需要分析的目标（如销售额、销售量、销售增长率等）选择合适的数据分析方法进行分析。

任务要领

一、构建商品销售业务的数据模型

1）探索数据关联。审查商品销售的基础数据，识别不同数据表之间的潜在关联。

2）设计数据模型。以销售事实表为核心，通过外键关联的方式整合客户、区域和商品维度表，构建一个完整的数据模型。

二、在 Tableau 中完成数据模型的搭建

1）构建表间连接。在 Tableau 中执行事实表与维度表之间的表连接操作，确保数据表之间的正确关联。

2）外键配置。将数据表拖拽至 Tableau 的右侧工作区域，单击连接线上的感叹号，为相关表配置外键字段，以实现精确的数据对应。

任务实施

一、任务流程

1）针对销售数据的特点，设计出一个合适的数据模型来进行数据分析。

2）将事实表与相应的维度表进行匹配，确保每个表之间建立正确的连接关系。

3）为连接的表之间设置外键字段，保证数据的一致性和准确性。

二、任务操作

总体描述： 在理解商品销售业务数据、将其导入 Tableau 并重命名字段名称后，结

合销售数据的特点及业务需求，可以从客户、商品、区域、时间等维度对销售数据事实进行深入分析，从而构建起一个销售数据分析的数据模型。

步骤一：使用 Tableau Desktop 软件打开"商业销售数据分析与可视化"文件，通过鼠标拖拽建立"销售事实表"与"客户维度表"之间的关系，鼠标左键单击惊叹号编辑"关系"，选择"客户编号"＝"客户 ID"为匹配字段，具体如图 3-29 所示。

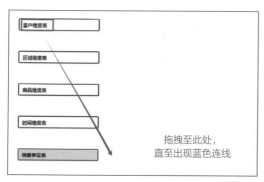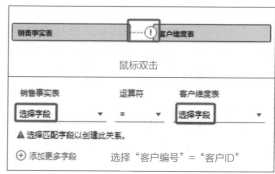

图 3-29　建立"销售事实表"和"客户维度表"的关系

步骤二：通过鼠标拖拽建立"销售事实表"与"商品维度表"之间的关系。鼠标左键单击惊叹号编辑"关系"，选择"商品编号"＝"商品 ID"为匹配字段，具体如图 3-30所示。

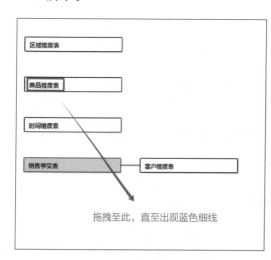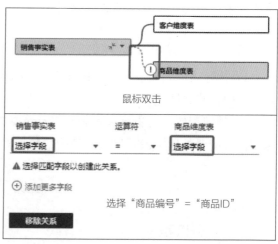

图 3-30　建立"销售事实表"和"商品维度表"的关系

步骤三：通过鼠标拖拽建立"客户维度表"与"区域维度表"之间的关系。鼠标左键单击连线编辑"关系"，选择"地域编码"＝"区域 ID"为匹配字段，具体如图 3-31所示。

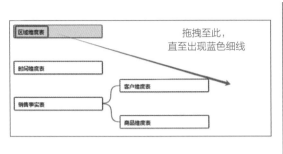
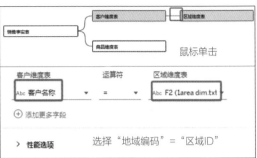

图 3-31　建立"客户维度表"和"区域维度表"的关系

步骤四：通过鼠标拖拽建立"时间维度表"与"销售事实表"之间的关系。鼠标左键单击连线编辑"关系"，选择"业务日期"＝"时间"为匹配字段，具体如图 3-32 所示。

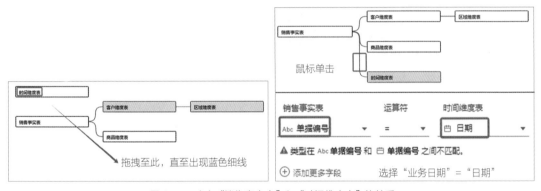

图 3-32　建立"销售事实表"和"时间维度表"的关系

步骤五：查看最终搭建的商品销售数据分析模型，如图 3-33 所示。

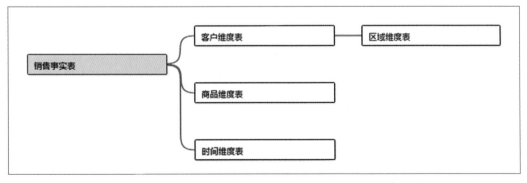

图 3-33　商品销售数据分析模型

步骤六：保存"商业销售数据分析与可视化"Tableau 文件。

三、任务拓展

（一）业务拓展

业务需求：如何更全面地探索和分析商品销售数据？

（二）技术拓展

技术需求：如何提高数据模型的准确性和可扩展性？

任务评价

评价内容	评价标准	完成情况评价（0~10分）
事实表与维度表的连接	能够在 Tableau 软件中，对销售事实表和各维度表进行正确的表连接操作	
业务拓展	能够完整、准确的阐述业务需求的解决思路	
技术拓展	能够完整、准确的阐述技术需求的解决思路	

任务十二

商品销售数据分析 Tableau 图表实现

任务情景

　　财经城堡的清晨，温柔的阳光穿透巍峨的塔尖，如同细丝般轻轻拂过，最终汇聚成一束璀璨的金光，悄然降落在"数据小侠"家桐那宽敞明亮的办公桌上。家桐正全神贯注于一场即将开启的重要会议的筹备，晨光仿佛为他即将展示的智慧结晶——精心雕琢的销售数据分析可视化作品，镀上了一层耀眼的光辉。这幅作品，是他日夜不懈努力的结晶。

　　家桐的计算机屏幕工具栏熠熠生辉，他正熟练地操作着这个强大的 Tableau 软件，目的是将杂乱无章的销售数据，转化为一幅幅清晰、直观、富有洞见的可视化图表。通过这些图表，他希望能揭示出销售数据背后的故事，为经营决策层提供有力的数据支持。

　　家桐轻轻移动着鼠标，Tableau 迅速响应，生成的图表让他眼前一亮。他满意地点点头，心中暗自鼓励自己："家桐，你能行的，今天的展示一定能成功！"

　　此时，门被轻轻推开，公司决策层的成员们鱼贯而入。家桐立刻收敛心神，开始他的成果展示。他指着屏幕上的图表，用自信而清晰的声音讲解道："这些图表展示了团队近半年的销售数据，通过它的强大功能，成功地揭示了销售数据的趋势和规律……"

"魔数大师"程教授说道:"家桐,你为我们的团队带来了新的数据魔法力量,你的贡献对我们打败'金融巨兽'至关重要!"

团队成员们欢欣雀跃,信心满满地离开了会议室。随着会议的结束,财经城堡内再次恢复了宁静。家桐望着窗外晴朗的天空,心中充满了对未来的期待。他知道,这只是他财经数据分析道路上的一个新的起点,未来,还有更多的挑战和机遇等待着他。而他,也将带着 Tableau,勇往直前,迎接新的挑战。

任务布置

1)选择销售数据分析角度。针对企业销售数据,从多个维度进行综合考量,包括时间序列、地域分布、产品类别、客户群体等关键因素,以确保分析的全面性和深入性。

2)完成 Tableau 可视化操作。运用 Tableau 的拖放功能,将销售数据转化为各类图表,如柱状图、折线图等。在可视化操作过程中,务必保证数据的准确性和图表的清晰度,以便于信息的有效提取和解读。

任务准备

一、知识准备

(一)业务知识

1. 销售数据可视化分析的切入点

(1)时间分析

1)按日、周、月、季度、年展示销售趋势,观察销售额的周期性波动和季节性变化。

2)分析特定节假日或促销活动期间的销售表现,评估促销活动的效果。

3)对比不同年份或季度的销售额增长或下降,找出销售额变化的趋势和原因。

(2)地区分析

1)按地理位置划分销售数据,了解各地区市场潜力和销售表现。

2)分析不同地区的销售差异,找出高增长区域和需要改进的区域。

3)对比不同地区的人口结构、消费习惯等因素,分析其对销售的影响。

(3)产品分析

1)按产品类别、品牌、型号等维度分析销售情况,识别畅销产品和滞销产品。

2)分析产品销售的生命周期,了解产品的市场接受度和消费者需求变化。

3)对比不同产品的利润贡献,优化产品组合和定价策略。

（4）价格分析

1）分析不同价格区间的销售情况，了解消费者的价格敏感度和购买力。

2）调整价格策略对销售的影响，如折扣、捆绑销售、优惠券等。

3）分析竞争对手的价格策略，制定有针对性的价格竞争策略。

（二）技术知识

1. Tableau 相关概念

（1）连接数据　Tableau 具备强大的数据连接能力，能够支持与多种数据源的连接，包括本地文件（如 Excel、CSV）和数据库（如 SQL、Oracle、MySQL 等），同时也支持云服务中的数据（如 Google Analytics、Salesforce 等）。在连接数据后，Tableau 会自动将这些数据解析为字段和行，用户可以对这些字段进行拖拽和配置，以创建所需的图表和仪表板。

（2）工作表　Tableau 的工作表是数据可视化的主要工作区域。在新建一个 Tableau 工作区时，默认会创建一个空白工作表。用户可以在工作表中添加数据源，并通过拖拽字段来创建图表。工作表可以包含多个标记，这些标记可以是一系列点、线、柱状图等，用于展示数据的不同方面。

（3）字段　数据源中的每一列都称为一个字段。字段是 Tableau 中数据的最基本单位，可以包含数值、文本、日期等多种类型的数据。在 Tableau 中，字段分为度量和维度两种类型。度量字段通常用于进行计算和聚合，如销售额等；而维度字段则用于分类和分组，如日期、地区、产品类别等。

（4）标记　在 Tableau 中，标记是可视化数据的最小单元，用于展示数据点。用户可以为标记选择不同的形状、颜色和大小，以反映数据的不同特征。通过组合和配置不同的标记，用户可以创建丰富多样的图表，如条形图、折线图、饼图等。

（5）维度和度量　维度和度量是 Tableau 中对数据进行组织和分析的两种主要类型。维度字段通常用于过滤、分组和标记数据，如日期、地区、产品类别等。度量字段则用于计算和聚合数据，如总销售额、平均销售额等。度量和维度字段在 Tableau 软件中的使用非常灵活，可以进行各种交叉分析、趋势分析等。

（6）滤镜　滤镜是一种强大的工具，用于根据特定条件筛选和显示数据。用户可以通过拖拽维度字段到滤镜区域，然后设置相应的过滤条件，以查看满足条件的数据。滤镜可以应用于整个工作表，也可以仅应用于特定标记或区域。

（7）参数　参数是 Tableau 中的特殊字段，允许用户在不同的视图中动态控制图表的显示。参数通常用于设置一系列的值，然后在这些值之间进行切换，以查看数据的不同视角。例如，用户可以创建一个参数来表示不同的季度，然后通过更改参数的值来查看每个季度的销售数据。

（8）故事　Tableau 的故事是一种序列化的视觉表示，可以帮助用户讲述数据故事。

用户可以通过拖拽不同的图表和仪表板到故事中，并设置它们之间的过渡效果和顺序，以创建一个连贯的数据叙事。故事可以用于报告、演示和分享数据洞察。

2. Tableau 常见操作

Tableau 是一款数据可视化软件工具，它允许用户通过拖拽方式来操作数据和设计图表。常见的 Tableau 操作是理解如何构建和定制图表的关键。

（1）选择数据源　［数据源名称］.［字段名称］。Tableau 的工作表是由数据源构成的，数据源可以是 Excel 文件、数据库、云服务等。在 Tableau 中，首先需要连接到一个或多个数据源。一旦连接成功，数据源会出现在左侧的"数据"窗格中。数据源中的每一列都有唯一的名称，称为"字段"。要引用数据源中的某个字段，需要使用其名称，通常是单击拖拽字段到工作表的不同区域，如"行""列""标记"区域。例如，如果有一个名为"销售数据"的数据源，并且该数据源中有一个名为"销售额"的字段，就可以通过拖拽"销售额"字段到行区域来创建一个以销售额为指标的图表。

（2）创建计算字段　［字段名称］: =［计算表达式］。Tableau 允许用户创建计算字段，以便结合或转换现有的字段值。计算字段非常有用，可以进行数据聚合、创建新的数据集、复杂的计算等。可以在"度量"窗格中创建计算字段，或者直接在视图顶部输入计算表达式。例如，如果想要创建一个新字段"折扣后销售额"，可以输入如下计算表达式：［销售额］*［折扣比例］，这里的［销售额］和［折扣比例］都是现有的字段。

（3）设置参数值　［参数名称］: =［参数值］。Tableau 参数是一种特殊的计算字段，它允许用户在不同的视图中动态控制图表的显示。参数可以绑定特定的字段，并且可以设置为范围或单个值。用户可以在工作表中使用参数来过滤数据或作为计算字段的输入。例如，创建一个名为"季度"的参数，就可以设置其值为"第一季度""第二季度""第三季度""第四季度"。

（4）应用过滤器　［维度名称］: =［过滤条件］。维度通常用来分类或标签数据，如日期、地区、产品类别等。在 Tableau 中，可以对维度字段应用过滤器，以便只显示满足特定条件的数据。例如，如果想要在工作表中只显示"产品 A"的销售数据，可以将"产品类别"维度设置为只包含"产品 A"。

（5）配置视觉元素　使用"设置"菜单中的选项来定制图表的外观和行为。Tableau 的视觉元素可以通过多种方式进行自定义，包括颜色、字体、大小、形状、轴标题、图例等。这些设置都在工作表右上角的"设置"菜单中，称为"格式"设置。用户可以通过"标记"菜单来设置特定标记的格式，也可以通过"工作表"菜单来设置整个工作表的格式。例如，可以更改标记的颜色、大小和形状，或者设置背景色、网格线、轴标题和图例的格式。

二、操作准备

软件工具：Tableau Desktop。

三、学习准备

1. 软件熟悉与数据准备

确保已经安装了 Tableau 软件，并且对其基本操作界面有基本的了解。同时，熟悉如何连接不同的数据源，并将相关数据表导入到数据分析软件中。了解不同数据源的特点及其连接方法，为后续的数据分析工作打下基础。

2. 数据模型与分析方法

了解如何探索数据关联，并设计数据模型。这包括审查商品销售的基础数据，识别不同数据表之间的潜在关联，以及确定销售事实表作为核心，并通过外键关联整合客户、区域和商品维度表，搭建整体数据分析模型。了解如何获取所需的商品销售数据，并根据需要分析的目标（如销售额、销售量等）选择合适的分析方法。

3. Tableau 可视化技能

了解如何利用 Tableau 的拖拽功能将数据转化为图表，如柱状图、折线图等。确保熟练操作数据的可视化，以保证数据的准确性和图表的清晰度，以便从中提取有价值的信息。

任务要领

一、明确销售业务数据分析需求

1) 明确分析目标和内容：例如，确定哪些产品的销售额最高，哪些地区的销售表现最佳，或者哪个时间段的销售量最大。

2) 收集、处理和分析销售数据。采用多种数据分析方法，如采用描述性统计分析，对数据进行深入分析。

二、利用 Tableau 软件对销售数据进行可视化

1) 创建数据分析模型：通过拖拽字段到"维度"和"度量"区域来构建数据模型。维度通常用于分类（如产品类别、地区、时间等），度量通常用于数值计算（如销售额、销售量等）。

2) 设计可视化视图：在画布上拖拽各种可视化元素（如柱状图、折线图、饼图等）。双击字段将其拖到视图的相应部分，Tableau 会自动生成图表。

任务实施

一、任务流程

在构建商品销售数据分析模型和了解商品销售数据分析方法后，本任务是选择合适的销售数据分析方法，并利用 Tableau 软件将数据转化为可视化图表，具体流程如下：

1）在完成销售事实与不同维度数据表的连接后，创建一个新的工作表。

2）将"区域名称"字段拖拽到数据表的行区域，将"商品名称"字段拖拽到到列区域。

3）将"销售数量"字段分别拖拽到"颜色标签"和"文本标签"区域，以便对销售数据进行分类和展示。

4）单击"智能显示"选项，从中选择"突显表"功能，以优化数据的可读性和视觉呈现。

5）双击当前工作表，进入表名编辑状态，将其更名为"2023 年各地区销售数量情况"，确认修改后，单击"确定"保存更改。

二、任务操作

步骤一：使用 Tableau Desktop 软件打开"商业销售数据分析与可视化"文件。创建工作表。单击"工作表 1"，如图 3-34 所示。

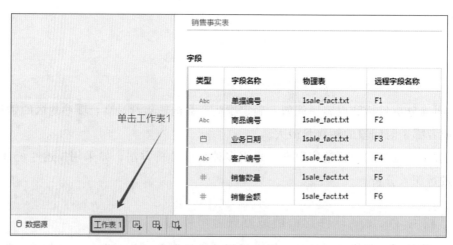

图 3-34 创建"工作表 1"

步骤二：突显表基础设置。将"区域名称"和"商品名称"分别拖拽至行和列，如图 3-35 所示。将"销售数量"拖拽至"颜色"标签和"文本"标签处，如图 3-36 所示。

步骤三：突显表选择。单击右上角"智能显示"，在弹出的选项卡中单击选择第三个图形，如图 3-37 所示。

图 3-35 设置行和列

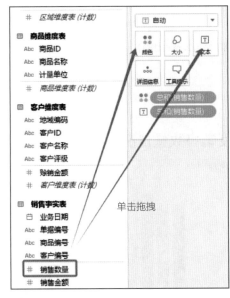

图 3-36 设置标签

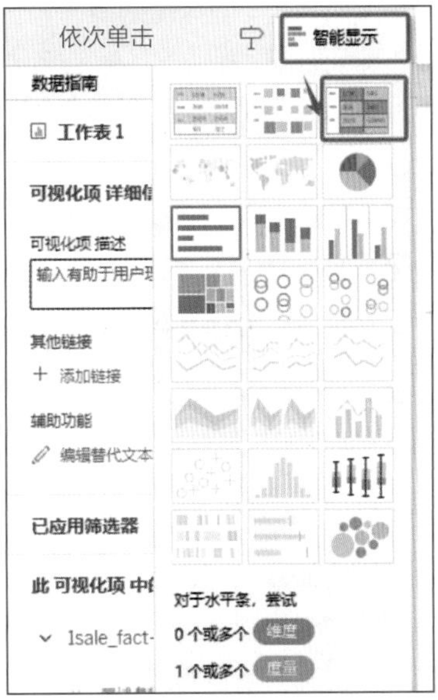

图 3-37 选择智能显示

步骤四：更改表名。双击"工作表 1"更改表名
为"2023 年各地区商品销售数量情况"，如图
3-38所示。

步骤五：除了从区域角度进行分析外，接下来从
时间角度（如年、季度、月份等）对商品销售数据进
行深入分析，饼图、柱状图、折线图分别如图 3-39、
图 3-40、图 3-41 所示。

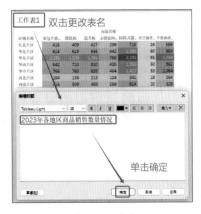

图 3-38 更改表名

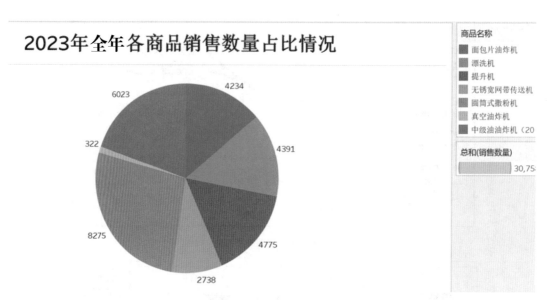

图 3-39　2023年全年各商品销售数量占比情况　（饼图）

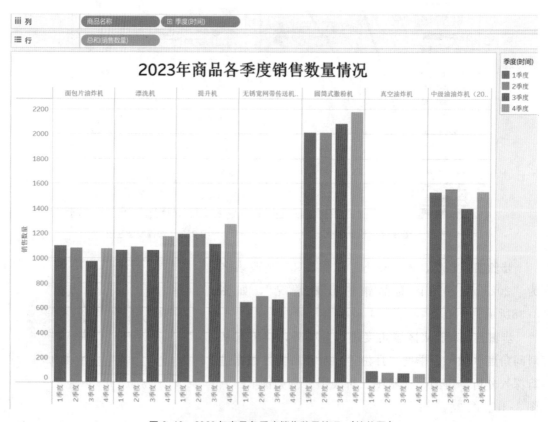

图 3-40　2023年商品各季度销售数量情况　（柱状图）

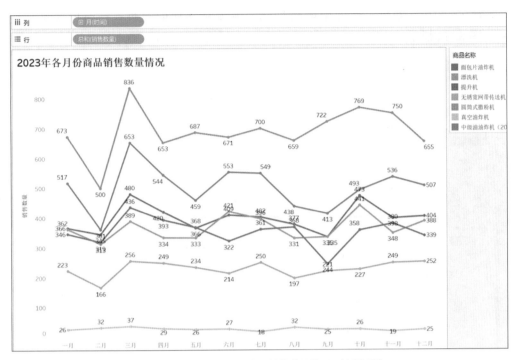

图 3-41 2023年各月份商品销售数量情况 （折线图）

从客户角度对商品销售数据进行分析，得到的条形图如图 3-42 所示。

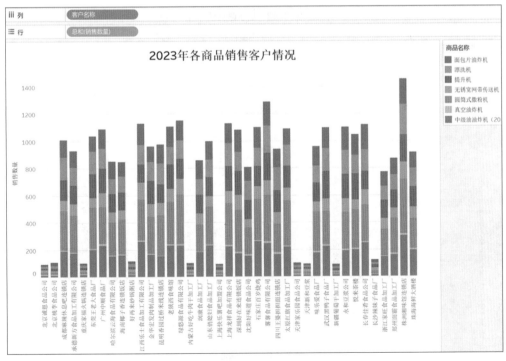

图 3-42 2023年各商品销售客户情况 （条形图）

步骤六：利用"分析"功能中的趋势线、筛选器等辅助分析，具体情况分别如图 3-43、图 3-44 所示。

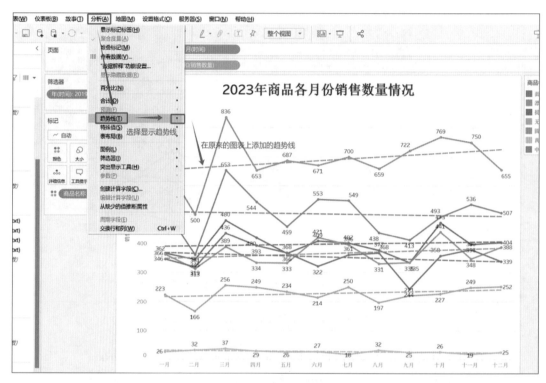

图 3-43　显示趋势线

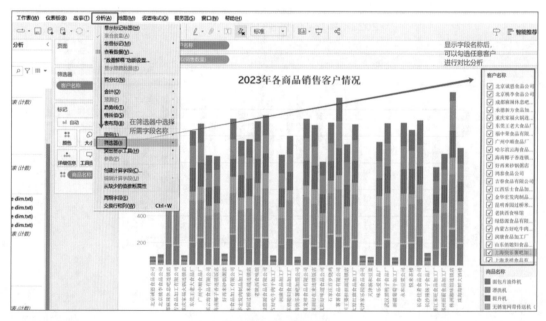

图 3-44　添加筛选器

三、任务拓展

（一）业务拓展

业务需求：本任务要求分析 2023 年的商品销售数据地域分布，假若要分析 2020—2023 年商品销售数据的演变趋势，应如何使用 Tableau 软件进行操作实现？

（二）技术拓展

技术需求：如何运用 Tableau 软件将销售数据以动态形式展示，增强用户体验？

任务评价

评价内容	评价标准	完成情况评价（0~10分）
创建工作表	能够准确地完成各个维度表的数据连接并创建工作表	
选择表内字段	能够正确地选择字段名称并拖拽至相应的行和列	
设置表内标签	能够根据可视化图表呈现的需要将字段拖拽至对应的标签	
更改表名	能够对生成的可视化图表进行重命名，并设置合适的字体大小、颜色和位置等	
业务拓展	使用 Tableau 软件，能够完整、准确地实现业务需求	
技术拓展	使用 Tableau 软件，能够完整、准确地实现技术需求	

项目四
拯救陷入危机的股市
——企业基本情况数据采集与处理自动化

项目目标

知识目标

1）描述企业基本情况数据采集与处理的核心概念、特点及其作用。

2）说明企业内部与外部竞争分析的方法与目的，以及行业分析的基本框架。

3）理解 E-R（实体—关系）模型在企业基本情况分析中的应用，包括主要实体如上市公司、财务报表、行业的属性及关系。

4）理解 RPA 技术在数据采集、筛选、转换、合并、计算等环节的具体实施逻辑。

能力目标

1）掌握企业基本情况数据采集与处理方法，为数据分析提供高质量的数据来源。

2）熟练使用绘图工具，根据需求绘制 RPA 自动化流程，明确各流程块的功能与关联。

3）能够运用 UiBot Creator 软件，完成数据采集与处理机器人的框架搭建与开发实现。

素质目标

1）深化基于企业基本财务数据情况进行商业理解的批判思维，分析商业问题本质，评估数据源可靠性，解释分析指标深层含义。

2）构建数据关系结构化逻辑思维，通过优化数据表设计，形成清晰的数据架构。

3）塑造全局视角和系统思维，将复杂的分析任务分解为子任务，并理解其逻辑关系。

4）培养流程化工作习惯，深入学习自动化流程设计，理解各环节的作用和关系。

思政目标

1）在意识层面，通过不断关注 RPA 财经数据分析的发展迭代，提升自动化分析能力、拓展财经领域专业知识，增强对该领域的兴趣和归属感，形成持续学习的习惯，紧跟行业发展的步伐。

2）在精神层面，将社会主义核心价值观内化于心，外化于行。在利用流程自动化技术进行企业基本情况数据分析时，充分认识到数字经济时代数智技术对于经济发展的推动作用，并努力在追求经济效益的同时，兼顾社会责任，实现两者的平衡与共赢。

3）在感官层面，树立正确的职业道德观，将流程自动化技术的应用视为发展新质生产力，促进企业发展、提升财经数据分析工作效率的重要手段。同时，将这份技术力量融入企业基本面分析中，助力企业做出更加明智的决策。

项目
场景

第一幕：数据守卫之夜

在遥远的财经数据王国，辉煌的城堡实验室里，两位非凡的数据守护者"数据小侠"家桐和"数据精灵"蒋佳正并肩作战，为迎接新春前的关键项目倾注心血。他们的指尖在键盘上轻盈跳跃，编织出一篇篇数据交响乐章，如同夜空中温柔的魔法旋律。

"家桐，这份报告终于完成了！"蒋佳兴奋地喊道。家桐回应道："佳姐，太好了，报告的完成是个大工程！不过，我还需要微调一下PPT 的格式。"家桐兴奋地说："你知道吗，我好怀念我上大学时校门口的胖哥烧烤，那里的美味在数据王国里是找不到的。"蒋佳听了，两眼发光，舔了舔嘴唇说："好饿啊，我也想去尝尝。那我们先各自检查一下报告，然后就出发去享受美食吧！"

就在两人准备离开的时候，一阵紧急的卡农铃声打破了实验室的宁静。"魔数大师"程教授的声音从电话中传来："蒋佳，你的报告完

- 心：蒋佳
- 岗位：中级商业数据分析师
- 角色：数据精灵

成得怎么样了？还需要多久？"蒋佳回答道："报告程教授，已完成大半，还需要半小时左右。"程教授满意地说："很好，效率很高。完成后还有一件小事，现代人财务公司正计划进军我们的行业，你们去调查一下，明天上午交一份报告给我。"家桐和蒋佳心中虽然无奈，但也明白这是保护财经数据王国的必要行动。

夜幕低垂，星辰悄然点缀天际，家桐与蒋佳缓缓步入那充满科技氛围却又不失温馨的实验室。家桐轻轻叹了口气："看来，这漫漫长夜，我们又要与数据为伴了。"蒋佳的眼神中闪过一丝忧虑，她深知这份报告涉及之广，从企业内部到市场风云，再到政策变动，无一不考验着他们的耐心与智慧。

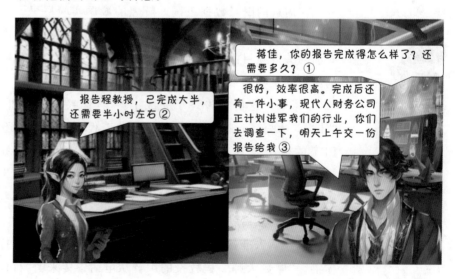

正当两人思考着这份沉重的任务时，电梯门缓缓开启，"幻数大师"徐业成踏着轻盈的步伐走入实验室。他敏锐地捕捉到了两人脸上的愁云，随即关切地询问起来。得知原委后，徐业成爽朗地哈哈大笑："别担心，你们的好帮手来了！RPA财经数据分析与可视化机器人元小蛮正是为此类挑战而生。它能自动搜集、整理数据，深度分析并直观呈现结果，甚至能自动生成详尽报告。"

家桐和蒋佳眼中顿时闪烁起希望的火花，他们迫不及待地请求徐业成传授元小蛮的使用之道。徐业成欣然应允，引领他们步入一间充满科技感的房间。随着他轻触屏幕，一个名为"智慧洞察"的界面跃然眼前，他笑道："欢迎来到元小蛮的世界，这里将是你们在财经数据海洋中遨游的神奇之舟。"

第二幕：数据战士觉醒

在财经数据王国，"蛮先进"实验室的灯火如同数据分析的魔法源泉，"数据小侠"家桐和"数据精灵"蒋佳正在为即将到来的战略决策会议而忙碌。作为项目组的财务精灵，蒋佳已经连续多个夜晚未能安眠，她的双眼布满了血丝，但她的精神依然坚韧。

一阵急促的电话铃声骤然响起，如同紧急的号角，引起蒋佳的注意。她迅速接听电话，耳畔传来的是"魔数大师"程教授的声音："蒋佳，公司基本情况的数据整合进展如何？董事会急切地想了解更多信息。"

　　挂断电话，蒋佳轻轻叹了口气，身体不由自主地往后一靠，椅背仿佛成了她暂时的避风港。她的眼神中闪过一丝疲惫，但更多的是面对即将到来的挑战的坚定与不屈。她在心中默默期待着会有某种奇迹般的救赎，帮助她完成这项艰巨的任务。

　　就在这时，"幻数大师"徐业成手持一杯"蛮好喝"咖啡，如同"救世主"般出现在实验室门口。他的目光穿透了财务数据的迷雾，带着一丝悠闲的微笑。

　　徐业成轻松地说："蒋佳，看起来你需要的不仅仅是咖啡。"

　　蒋佳疑惑地问："业成，你总是在关键时刻出现，这次又带来了什么法宝？"

"没错，财经数据王国的未来战士——RPA 财经数据分析与可视化机器人，它能够自动化地采集和处理数据，将我们从烦琐的工作中解放出来。"徐业成微笑着说。

家桐："那快让我们见识一下这位'战士'的神奇之处吧！"

徐业成点头应允，随即展开了一场关于 RPA 技术的演示。从如何设定自动化流程，到如何精准捕捉企业核心指标——从公司架构、资本实力到经营绩效，乃至市场动态与政策导向，RPA 机器人以它那不可思议的速度与精确度，逐一解析。

在徐业成的悉心指导下，家桐与蒋佳迅速掌握了 RPA 的操作精髓，三人仿佛组成了一支无敌的数据分析战队。实验室的空气中弥漫着前所未有的活力与信心，他们知道，有了 RPA 的加持，任何数据分析难题都将迎刃而解。

而远在高层的"魔数大师"程教授，通过屏幕远程见证了这一切，心中满是欣慰与自豪。他知道，有了这样一支敢于创新、善于利用先进技术的团队，财经数据王国的未来，将更加璀璨。

第三幕：股市拯救之旅

在财经数据王国中，股市受到一股神秘力量的干扰，股价暴跌，整个王国的经济陷入了危机。"数据小侠"家桐肩负起了解决危机的重任。他需要通过"魔数大师"程教授的协助，从企业的基本面分析股市数据，找出危机的根源，制定出挽救股市的策略。

在这个数据魔法的世界里，一切事物都受到数据的影响。"数据小侠"家桐拥有着数智魔法的天赋，他能够运用数智魔法解读财经数据，揭示股市的奥秘。在他的导师"幻数大师"徐业成的指引下，家桐开始了一段拯救股市的冒险之旅。

在数据探索的征途上，家桐正致力于公司基本情况的全面剖析，然而却遭遇了数据处理的瓶颈。尽管在徐业成的指引下，他已掌握利用"元小蛮"RPA 机器人自动化采集数据的技能，但面对海量且复杂的上市公司数据，如何高效筛选与清洗成了新的难题。

正当家桐陷入沉思之际，蒋佳带着轻松的笑容步入房间："家桐，瞧你眉头都快打成结了。别怕，咱们自有妙计应对。"

"程教授需要的数据，不仅量大而且要求精细。我知道你在为数据清洗和筛选头疼，但别忘了，我们还有'元小蛮'这个强大的后盾。"

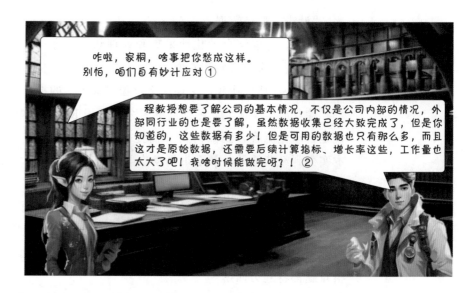

蒋佳的话语温柔而充满力量，拂去了家桐心头的重重阴霾，让他的思绪豁然开朗。她解释道，"元小蛮"不仅限于数据采集，其强大的数据清洗与智能分析功能，正是解决当前困境的关键。

在蒋佳的演示下，"元小蛮"RPA机器人仿佛被赋予了生命，它灵活地穿梭于数据海洋中，自动剔除冗余，精准提取关键信息，并快速计算出各项财经指标。无论是内部经营状况还是外部行业竞争分析，"元小蛮"都游刃有余，将原本烦琐的工作变得轻松高效。

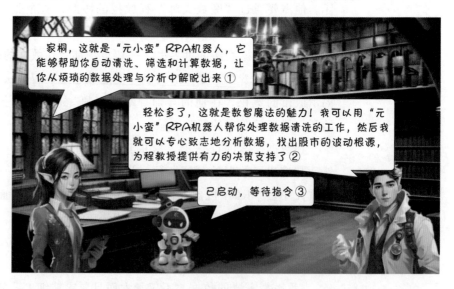

家桐被这一幕深深震撼，他意识到，真正的数智魔法不仅仅在于数据的收集，更在于如何高效地处理与分析。在蒋佳的帮助下，他迅速掌握了"元小蛮"的使用技巧，并开始运用这些技能深入探索股市

的奥秘。

　　随着时间的推移，家桐借助"元小蛮"RPA机器人，成功揭示了股市波动的深层原因，并构建了预测模型，他的成就赢得了财经城堡王国的广泛赞誉，被称为"数智魔法师"，成为数据领域的耀眼新星。

　　而这一切的起点，正是那次与蒋佳的偶遇和那一番关于数智魔法的对话。家桐深知，未来的路还很长，但他已准备好与"元小蛮"RPA机器人一道，继续书写属于财经城堡数据王国的传奇篇章。

任务十三

企业基本情况商业理解与数据理解

任务情景

　　在财经数据王国的"蛮先进"实验室内，"数据小侠"家桐和"数据精灵"蒋佳正围坐在计算机前，两人的眉头紧锁，显然正面临着巨大的挑战。即将到来的战略决策会议要求他们提供一份详尽的企业基本情况分析报告，时间紧迫，任务繁重。

　　"魔数大师"程教授刚刚来过电话，对报告的进度和内容都提出了严格的要求。正当两人感到力不从心时，"幻数大师"徐业成如及时雨般出现，他带来了财经数据王国的秘密武器——"元小蛮"RPA财经数据分析与可视化机器人。

徐业成微笑着向两人介绍："'元小蛮'可以帮助我们自动化地采集、处理和分析企业基本情况的数据。"家桐和蒋佳听后眼睛一亮，他们仿佛看到了救星。徐业成接着说："但在开始之前，我们需要深入理解商业分析的概念、特征和目的，以及需要关注哪些关键的分析指标。同时，也要明确需要哪些数据表来支持我们的分析。"蒋佳点头表示赞同："是的，我们需要先理解业务，再确定数据需求，这样才能更好地利用'元小蛮'来帮助我们。"家桐也跃跃欲试："那我们马上开始吧！幻数大师，请指导我们如何使用元小蛮，并教授大家如何理解企业基本情况数据。"

随后，三人开始了紧张而有序的工作，详细梳理了企业基本情况的分析框架，明确了分析的目的和内容。这让他们对企业基本情况有了更深入的了解，也为数据采集与处理流程设计及机器人框架搭建做好了充分的准备。

任务布置

1）设计并绘制 E-R 模型。将业务需求转化为具体的数据需求，据此设计企业基本情况数据分析的 E-R 模型，包括实体集及其属性、实体集之间的联系，并用软件绘制 E-R 图。

2）建立并绘制物理模型。根据企业基本情况 E-R 模型设计物理模型，在物理模型中简要列出具有代表性的字段标题及其数据类型，以及确定主键和外键，并用软件绘制出来。

3）设计并表达数据表结构。针对公司基本情况进行数据表结构的设计，明确各个数据表的全部字段、数据类型与字段说明，并用软件表达出来。

任务准备

一、知识准备

（一）业务知识

1. 企业基本情况

（1）概念　企业基本情况是指反映企业经营状态、财务状况、市场地位及发展前景的综合信息。

（2）分析内容　分析内容主要包括内部情况分析和外部的同行业竞争分析。在分析企业内部情况时，应关注财务报表如资产负债表、利润表等，以评估企业的财务状况和运营效率。在外部同行业竞争分析中，应选取关键的财务指标数据进行比较，以明确企业在行业中的竞争地位。

2. 公司内部情况分析

（1）分析目的　通过深入了解企业内部情况，可以发现潜在的管理问题、运营风险和财务漏洞，从而及时采取措施进行改进和优化。同时，这些信息也有助于企业制定更合理的发展战略和市场策略，以提升整体竞争力。

（2）分析内容　分析内容主要包括财务状况、盈利能力以及内部管理结构信息。具体而言，财务状况分析是指通过分析资产负债表了解企业的资产、负债和所有者权益结构，评估企业的偿债能力和资产运营效率。盈利能力分析是指通过利润率、投资回报率、营业收入增长率、净利润增长率等关键指标了解企业的盈利状况和投资回报能力。内部管理结构信息则侧重于分析企业内部的组织架构、管理流程、决策机制以及信息系统的有效性。

3. 公司同行业竞争分析

（1）分析目的　通过同行业竞争分析，企业可以明确自身在市场中的定位和竞争优势，为制定有针对性的市场策略提供参考，同时也有助于企业发现行业趋势和潜在机会。

（2）分析内容　分析同行业其他企业的财务状况、市场份额等。通过比较同行业企业的财务报表数据，了解各企业在盈利能力、偿债能力等方面的差异。市场份额分析用于获取市场竞争格局和消费者需求信息。

（二）技术知识

1. 软件安装

（1）PowerDesigner 软件的简介　PowerDesigner 是一款由 Sybase 公司开发的强大的企业建模和设计工具集，广泛用于数据库和应用程序建模。它整合了多种标准数据建模技术，包括 UML、业务流程建模以及市场领先的数据建模。

PowerDesigner 能够创建概念数据模型和物理数据模型。概念数据模型描述的是独立于数据库管理系统（DBMS）的实体定义及其关系，而物理数据模型则考虑真实的物理实现细节，并可以生成特定 DBMS 的 SQL 脚本来创建数据库。这种分层的设计方法不仅优化了数据库结构，还使非技术人员也能直观理解模型设计。

该软件包含多个功能模块，如 Data Architect、Process Analyst、App Modeler 和 ODBC Administrator 等。Data Architect 提供了强大的数据库设计能力，可以从现有的数据库反向生成数据模型及 SQL 脚本。Process Analyst 用于创建功能模型和数据流图，而 App Modeler 则用于为客户/服务器应用程序创建应用模型。ODBC Administrator 允许用户管理系统的各种数据源。

（2）PowerDesigner 软件的下载与安装　该软件下载与安装的具体步骤如下：

步骤一：在官方网站（https://www.powerdesigner.biz/）可以下载 PowerDesigner 试用版，单击 "DOWNLOAD" 按钮，其页面如图 4-1 所示。

步骤二：下载完成后，进入安装过程，找到 "PowerDesigner 16.5" 安装程序，右击选择 "以管理员身份运行" 菜单选项，如图 4-2 所示。

图4-1　官网下载页面

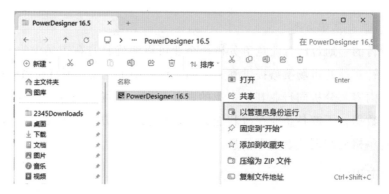

图4-2　安装界面

步骤三：进入PowerDesigner 16.5安装界面后，单击"Next"按钮，如图4-3所示。在选择许可证界面选择"Trial"选项以申请15天试用期，选择完成后，单击"Next"按钮，如图4-4所示。

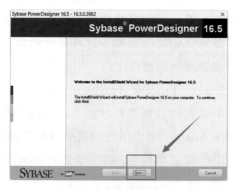

图4-3　安装向导显示界面

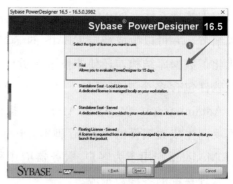

图4-4　许可证类型选择界面

步骤四：在选择本地化界面，选择语言为"Peoples Republic of China（PRC）"，勾选"IAGREE"，再单击"Next"按钮，如图4-5所示。接下来进行安装路径设置，软件默认安装在C盘，可自定义更改软件安装位置，设置完成后单击"Next"按钮，如图4-6所示。

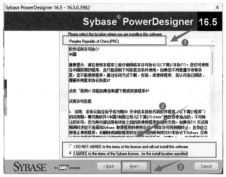

图 4-5 选择本地化界面

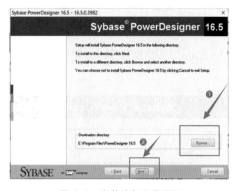

图 4-6 安装路径设置界面

步骤五： 在功能选择界面中，默认选择安装全部功能，然后单击"Next"按钮，如图 4-7 所示。在用户配置文件安装界面中，选择全部用户配置文件，完成后单击"Next"按钮，如图 4-8 所示。

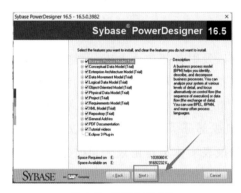

图 4-7 功能选择界面

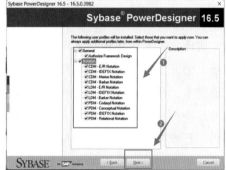

图 4-8 用户配置文件安装界面

步骤六： 接下来新建或选择一个文件夹用于存放程序图标，可以默认为"Sybase \ PowerDesigner 16"，单击"Next"按钮，如图 4-9 所示。进入最终确认界面，核对 "Current Settings"列表，确认配置无误后，单击"Next"按钮，如图 4-10 所示。

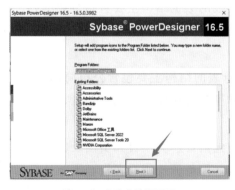

图 4-9 文件夹选择界面

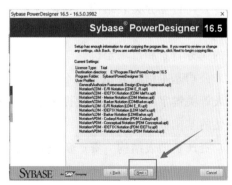

图 4-10 确认界面

步骤七： 进入软件安装过程，出现安装进度条，直至软件安装完成，如图4-11所示。软件成功安装后，会提示"InstallShield Wizard Complete"，单击"Finish"按钮，PowerDesigner 16.5软件就安装完成，如图4-12所示。

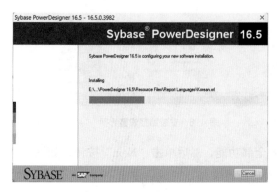

图4-11 软件安装过程界面   图4-12 软件安装完成界面

2. 企业基本情况分析 E-R 模型

（1）实体集 实体集包括上市公司、行业以及财务报表。上市公司实体集代表了在股票市场上公开上市的公司，它具有的属性包括公司名称、股票代码、法人代表、总股本、流通股本、注册地址等，这些都是描述上市公司特征的重要数据。行业实体集代表了不同的经济行业，是公司运营环境的重要组成部分。行业的属性可以包括行业名称、行业编码、行业描述、行业分类标准等。财务报表实体集是记录公司财务状况的重要文档，也是分析公司运营情况的关键数据，其属性可以包括资产负债表、利润表、所有者权益变动表、现金流量表等。

（2）联系 上市公司与财务报表之间的联系、行业与上市之间的联系均是一对多的关系。通过这种联系，可以追踪和分析公司的财务状况变化。

3. 企业基本情况物理模型

（1）公司行业分类表结构 公司行业分类表的数据结构主要包括行业编码、行业名称和行业分类标准等字段。这些字段用于对公司进行行业归类和标识，有助于更好地理解公司的业务背景和市场定位。

（2）公司基本信息表结构 公司基本信息表的结构主要包含公司简称、股票代码、公司法人等关键字段。这些字段提供了识别和了解公司所需的基本信息，是进行公司分析和评估的基础数据。

（3）资产负债表结构 资产负债表的结构包括资产类项目和负债及所有者权益类项目。资产类项目包括流动资产、非流动资产等，而负债及所有者权益类项目包括流动负债、非流动负债和所有者权益等。这些字段共同构成了企业的财务状况全貌。

（4）利润表结构　利润表的结构包括财务报表的利润表中的全部项目，详细记录企业在一定期间内的经营成果和费用支出情况。

二、操作准备

软件工具：PowerDesigner。

三、学习准备

1. 财经分析与数据理解基础

理解财经分析与数据理解之间的紧密联系，掌握从复杂数据中提取关键信息的技术，以及如何从大量财经数据中筛选出对决策具有决定性影响的信息。同时，重视数据的实时性与财经问题的关联性。

2. E-R 模型构建

熟悉 E-R 模型的基本概念，理解实体集及其属性，掌握如何表示实体集之间的联系。确保 E-R 模型能够真实反映企业情况，包括实体集的联系表示。

3. 数据表结构设计

了解关键数据表的结构，如公司基本信息、行业分类、利润表、资产负债表等，并理解关键字段的含义和作用。同时，掌握数据表设计的基本原则，如字段标题、数据类型等。

任务要领

一、认识企业基本情况分析与数据理解的关系

1）掌握关键信息：理解企业基本情况，包括历史、组织、业务、市场定位、竞争环境和财务状况。

2）提取数据的价值：学习如何从海量数据中筛选出对企业决策有重大影响的基本信息，并关注数据的时效性和与企业基本情况分析问题的相关性。

二、学会构建企业基本情况分析的数据模型

1）熟悉 E-R 模型：理解实体集及其属性，掌握如何表示实体集之间的联系。

2）构建实体模型：确保 E-R 模型能够真实反映企业基本情况，包括实体集的联系表示。

3）理解数据表结构：理解关键数据表的结构，如公司基本信息、行业分类、利润表、资产负债表，并掌握关键字段的含义。

任务实施

一、任务流程

1）识别与界定数据。明确需要收集的企业内部和外部数据，包括历史、组织、业务、市场定位、竞争环境和财务状况等关键信息。

2）构建 E-R 模型。构建并描述 E-R 模型，详细描绘企业信息中的实体集及其属性，以及实体集之间的相互关系。

3）设计物理模型。基于 E-R 模型，设计企业基本情况的物理模型，确保数据的有效存储和高效访问。

4）规划数据表结构。具体设计主要数据表的结构，并确定关键字段的含义和作用。

二、任务操作

步骤一：收集企业内部和外部数据。收集企业内部和外部数据是进行企业基本情况商业理解与数据理解的基础。常见的数据收集方法见表 4-1。

表 4-1　常见的数据收集方法

数据来源	数据类型	收集方法
企业内部	财务报表	通过财务部门获取最新的资产负债表、利润表、所有者权益变动表和现金流量表
	内部数据库	访问企业的内部数据库，收集有关公司组织结构、运营情况、人力资源、供应链等方面的数据
	企业文档	查阅企业的战略规划文件、内部报告、会议记录等文档，以获取企业的经营策略和目标信息
企业外部	行业报告	购买或访问行业分析报告，了解行业趋势、市场规模、竞争对手情况等
	政府出版物	查阅政府发布的行业统计数据、政策法规、行业标准等
	市场研究	进行市场调研，收集消费者行为、市场偏好、价格指数等信息
	新闻报道	关注与企业相关的新闻报道，了解企业的公共形象和市场动态
	社交媒体	监控社交媒体上的讨论和反馈，获取公众对企业的看法和评价

步骤二：构建企业基本情况 E-R 模型。企业基本情况数据分析自动化主要对企业内外部情况进行数据分析，内部对公司组织结构、经营情况进行分析，外部对行业竞争情况进行分析。企业基本情况数据分析自动化的 E-R 模型由上市公司、行业、财务报表三个实体集构成，每个实体集有多个属性，它们之间还存在一定的联系。企业基本情况 E-R 模型如图 4-13 所示。

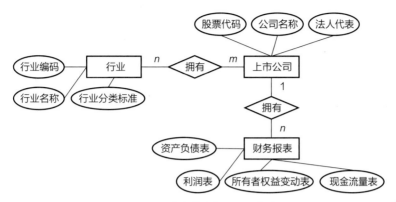

图 4-13 企业基本情况 E-R 模型

1）启动 PowerDesigner 软件，选择 "File" 菜单以创建新的绘图。在 "File" 菜单下，选择 "New..." 选项，如图 4-14 所示。

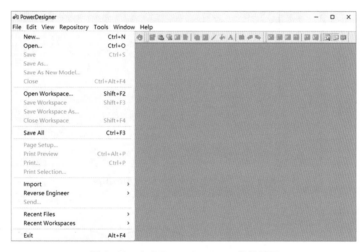

图 4-14 启动 PowerDesigner 软件界面

2）新建一个概念数据模型。单击选择概念数据模型（Conceptual Data Model），修改文件名为 "企业基本情况 E-R 模型"，完成后单击 "确定" 按钮，如图 4-15 所示。

图 4-15 新建概念数据模型界面

3）构建"企业基本情况 E-R 模型"。企业基本情况数据分析自动化的 E-R 模型由上市公司、行业、财务报表三个实体集构成，每个实体集有多个属性，它们之间还存在一定的联系，从左边工具箱中拖入适合的图形放到画布中，实体为矩形，属性为椭圆形，关系为菱形，将它们用直线连接起来，如图 4-16 所示。在图形中编辑文字，可将边框颜色统一设置为黑色，构建结构，如图 4-17 所示。

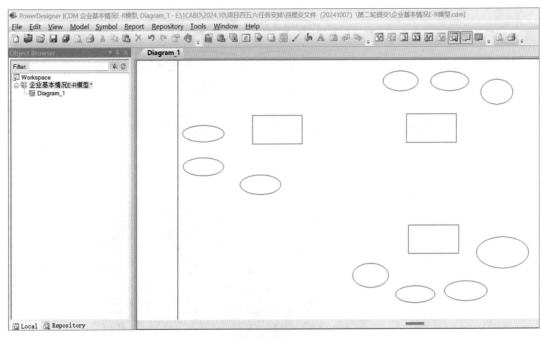

图 4-16　企业基本情况 E-R 模型的构建

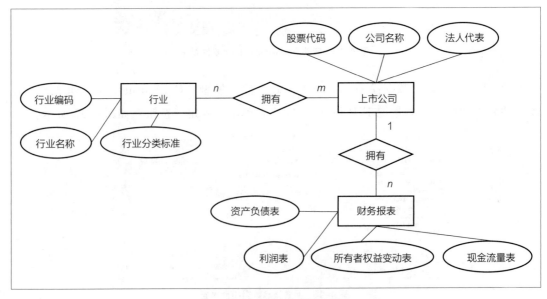

图 4-17　企业基本情况 E-R 模型

步骤三：设计企业基本情况物理模型。分析企业的基本情况，需要采集利润表、资产负债表、公司基本信息表和公司行业分类表的数据，据此建立企业基本情况的物理模型，如图4-18所示。

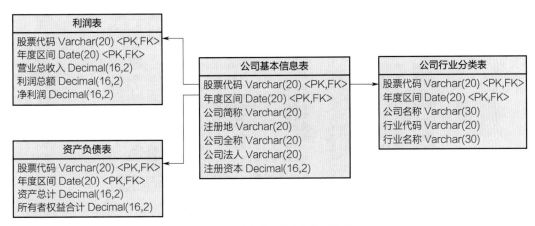

图4-18 企业基本情况的物理模型

步骤四：设计数据表结构。对企业基本情况进行数据分析，主要涉及公司基本信息表、公司行业分类表、利润表和资产负债表，相关表结构如下。

（1）公司基本信息表

1）表结构。公司基本信息表主要设置股票代码（Symbol）和年度区间（Enddate）为联合主键，它们是公司基本信息表的唯一标识。同时，股票代码（Symbol）和年度区间（Enddate）也是公司基本信息表的外键，与公司行业分类表、资产负债表和利润表进行关联，具体结构见表4-2。

表4-2 公司基本信息表结构

序号	字段	数据类型	字段标题	字段大小	字段说明
1	Symbol	Varchar	股票代码	20	主键、外键
2	EndDate	Date	年度区间	0	主键、外键
3	ShortName	Varchar	公司简称	30	公司简称
4	Province	Varchar	注册地	30	公司注册地
5	FullName	Varchar	公司全称	50	公司全称
6	LegalRepresentative	Varchar	公司法人	30	公司法人
7	RegisterCapital	Decimal	注册资本	（16，2）	公司注册资本

2）部分数据示例。公司基本信息表主要包括公司的股票代码、公司简称、注册地、注册资本等信息。公司基本信息表的部分数据如图4-19所示。

图 4-19　公司基本信息表部分数据

（2）公司行业分类表

1）表结构。公司行业分类表主要设置股票代码（Symbol）和年度区间（ImplementDate）作为联合主键做公司行业分类表的唯一标识，以便查询指定记录。同时，股票代码（Symbol）和年度区间（ImplementDate）也是公司行业分类表的外键，与利润表、资产负债表、公司基本信息表进行关联，具体结构见表 4-3。

表 4-3　公司行业分类表结构

序号	字段	数据类型	字段标题	字段大小	字段说明
1	Symbol	Varchar	股票代码	20	主键、外键
2	IndustryClassificationName	Varchar	行业分类名称	50	公司所处行业名
3	ImplementDate	Date	年度区间	0	主键、外键
4	IndustryCode	Varchar	行业代码	30	公司的行业代码
5	IndustryName	Varchar	行业名称	30	行业名称

2）部分数据示例。公司行业分类表主要包括公司的股票代码、行业分类名称、年度区间、行业代码、行业名称。公司行业分类表的部分数据如图 4-20 所示。

步骤五：分析企业财务报表。通过利润表可以清晰地计算企业在一定会计期间内的净利润率等核心财务指标，从而评价企业的盈利能力和经营效率。资产负债表可以帮助我们全面了解企业在某一时点的资产、负债和所有者权益等情况，从而评估企业的财务状况和偿债能力，还可以反映企业的资本结构和资本运作情况，对企业的财务风险评估至关重要。

Symbol	IndustryClassificati	ImplementDat	IndustryCc	IndustryName
000550	中证行业分类2016年	2016-12-12	C36	汽车
000572	中证行业分类2016年	2016-12-12	C36	汽车
000625	中证行业分类2016年	2016-12-12	C36	汽车
000800	中证行业分类2016年	2016-12-12	C36	汽车
000868	中证行业分类2016年	2016-12-12	C36	汽车
000927	中证行业分类2016年	2016-12-12	C36	汽车
000957	中证行业分类2016年	2016-12-12	C36	汽车
002594	中证行业分类2016年	2016-12-12	C36	汽车
600006	中证行业分类2016年	2016-12-12	C36	汽车
600066	中证行业分类2016年	2016-12-12	C36	汽车
600104	中证行业分类2016年	2016-12-12	C36	汽车
600139	中证行业分类2016年	2016-12-12	B09	汽车
600166	中证行业分类2016年	2016-12-12	C36	汽车
600213	中证行业分类2016年	2016-12-12	C36	汽车
600303	中证行业分类2016年	2016-12-12	C36	汽车
600418	中证行业分类2016年	2016-12-12	C36	汽车
600609	中证行业分类2016年	2016-12-12	C36	汽车
600686	中证行业分类2016年	2016-12-12	C36	汽车
600733	中证行业分类2016年	2018-08-29	K70	汽车
601127	中证行业分类2016年	2016-12-12	C36	汽车
601238	中证行业分类2016年	2016-12-12	C36	汽车
601633	中证行业分类2016年	2016-12-12	C36	汽车
601777	中证行业分类2016年	2016-12-12	C36	汽车
601965	中证行业分类2016年	2016-12-12	C36	汽车

图 4-20　公司行业分类表部分数据

（3）利润表

1）表结构。利润表主要设置股票代码（Stkcd）和年度区间（Accper）作为联合主键为公司行业分类表的唯一标识，以便查询指定记录。同时，股票代码（Stkcd）和年度区间（Accper）也是利润表的外键，与公司行业分类表、资产负债表、公司基本信息表进行关联，具体结构见表 4-4。

表 4-4　利润表结构

序号	字段	数据类型	字段标题	字段大小	字段说明
1	Stkcd	Varchar	股票代码	20	主键、外键
2	Accper	Date	年度区间	0	主键、外键
3	B001100000	Decimal	营业总收入	（16，2）	营业总收入
4	B001000000	Decimal	利润总额	（16，2）	利润总额
5	B002000000	Decimal	净利润	（16，2）	净利润

2）部分数据示例。利润表主要包括公司的股票代码、年度区间、营业总收入、利润总额、净利润等。利润表的部分数据如图 4-21 所示。

（4）资产负债表

1）数据表结构。资产负债表主要设置股票代码（Stkcd）和年度区间（Accper）作为联合主键做公司行业分类表的唯一标识，以便查询指定记录。同时，股票代码（Stkcd）和年度区间（Accper）也是资产负债表的外键，与利润表、公司行业分类表、公司基本信息表进行关联，具体结构见表 4-5。

Stkcd 股票代码	Accper 年度区间 元	B001100000 营业总收入 元	B001101000 营业收入 元	Bbd11020 利息净收入 元	Bbd1102101 利息收入 元	Bbd1102203 利息支出 元	B0i110300 已赚保费 元	B0i110310 保险业务 元	B0i110311 其中:分 元	B0i110320 减:分出 元	B0i110330 提取/减 元	B0d11040 手续费及 元	B0d11041 代:其中 元	B0d11042 证券 元
000001	2015-12-31	92705000000		6.61E+10	1.31649E+11	65550000000	0	0	0	0	0	2.64E+10		
000001	2016-03-31	26570000000		1.84E+10	32359000000	13961000000	0	0	0	0	0	8.1E+09		
000001	2016-06-30	52718000000		3.62E+10	63568000000	27372000000	0	0	0	0	0	1.64E+10		
000001	2016-09-30	78824000000		5.46E+10	95575000000	41012000000	0	0	0	0	0	2.42E+10		
000001	2016-12-31	1.04416E+11		7.64E+10	1.31119E+11	54708000000	0	0	0	0	0	2.79E+10		
000001	2016-01-01	92705000000		6.85E+10	1.34153E+11	65692000000	0	0				2.41E+10		
000001	2017-03-31	27081000000		1.89E+10	35045000000	16176000000	0	0				8.15E+09		
000001	2017-06-30	53204000000		3.74E+10	71648000000	34287000000						1.57E+10		
000001	2017-09-30	78773000000		5.55E+10	1.08875E+11	53393000000						2.32E+10		
000001	2017-12-31	1.04869E+11		7.4E+10	1.48068E+11	74059000000						3.07E+10		
000001	2017-01-01	1.04416E+11		7.64E+10	1.31119E+11	54708000000						2.79E+10		
000001	2018-03-31	27357000000		1.87E+10	40944000000	22257000000						8.59E+09		
000001	2018-06-30	55484000000		3.74E+10	82008000000	44572000000						1.79E+10		
000001	2018-09-30	78378000000		5.45E+10	1.21661E+11	67132000000						2.37E+10		
000001	2018-12-31	1.06212E+11		7.47E+10	1.62888E+11	88143000000						3.13E+10		
000001	2018-01-01	1.04869E+11		7.4E+10	1.48068E+11	74059000000						3.07E+10		
000004	2015-12-31	687454	687454	0		0	0	0	0	0	0	0		0
000004	2015-12-31	1204544422.5	1204544422.5	0		0	0	0	0	0	0	0		0
000004	2016-03-31	190500	190500	0		0	0	0	0	0	0	0		0
000004	2016-03-31	13480946.58	13480946.58	0		0	0	0	0	0	0	0		0

图 4-21　利润表部分数据

表 4-5　资产负债表结构

序号	字段	数据类型	字段标题	字段大小	字段说明
1	Stkcd	Varchar	股票代码	20	主键、外键
2	Accper	Date	年度区间	0	主键、外键
3	A001000000	Decimal	资产总计	(16，2)	资产总计
4	A003000000	Decimal	所有者权益合计	(16，2)	所有者权益合计

2）部分数据示例。资产负债表主要包括公司的股票代码、年度期间、资产总计、所有者权益合计等。资产负债表的部分数据如图 4-22 所示。

Stkcd 股票代码	Accper 年度区间	Typrep 报表类型	A0011010 货币资金 元	A0d11011 其中:客户 元	A0d11020 结算备付 元	A0d11021 其中: 元	A0b11030 客户现金及 元	A0b11040 存放同业 元	A0b11050 贵金属 元	A0f11060 拆出资金 元	A0f11070 交易性金 元	A0f11080 衍生金融 元	A0011090 短期投资 元	A0011100 应收票据 元
000001	2015-12-3	A	0	0	0	0	2.92E+11	1.09E+11	6.37E+10	7.66E+10	1.98E+10	8.14E+09	0	0
000001	2016-03-3	A	0	0	0	0	2.96E+11	1.81E+11	6.93E+10	8.72E+10	3.71E+10	7.68E+09	0	0
000001	2016-06-3	A	0	0	0	0	2.78E+11	1.58E+11	9.22E+10	6.71E+10	1.43E+10	1.16E+10	0	0
000001	2016-09-3	A	0	0	0	0	3.04E+11	1.23E+11	1.01E+11	5.02E+10	1.6E+10	5.83E+09	0	0
000001	2016-12-3	A	0	0		0	3.11E+11	1.67E+11	9.38E+10	9.75E+10	5.72E+10	8.73E+09		
000001	2016-01-0	A	0	0		0	2.92E+11	1.09E+11	6.37E+10	7.66E+10	1.98E+10	8.14E+09		
000001	2017-03-3	A					2.7E+11	1.73E+11	1.08E+11	6.9E+10	4.4E+10	4.19E+09		
000001	2017-06-3	A					2.9E+11	1.72E+11	9.46E+10	6.45E+10	4.91E+10	5.88E+09		
000001	2017-09-3	A					2.8E+11	1.67E+11	8.95E+10	7.99E+10	4.13E+10	6.28E+09		
000001	2017-12-3	A					3.1E+11	1.3E+11	8.75E+10	5.9E+10	3.96E+10	1.61E+10		
000001	2017-01-0	A					3.11E+11	1.67E+11	9.38E+10	9.75E+10	5.72E+10	8.73E+09		
000001	2018-03-3	A					2.82E+11	1.06E+11	7.48E+10	7.76E+10	7.68E+10	2.16E+10		
000001	2018-06-3	A					3.07E+11	9.98E+10	6.92E+10	8.2E+10	1.05E+11	2.16E+10		
000001	2018-09-3	A					2.88E+11	9.53E+10	7.2E+10	8.81E+10	1.05E+11	2.57E+10		
000001	2018-12-3	A					2.79E+11	8.51E+10	5.68E+10	7.29E+10	1.49E+11	1.51E+10		
000001	2018-01-0	A					3.1E+11	1.3E+11	8.75E+10	5.9E+10	3.96E+10	1.61E+10		
000004	2015-12-3	B	1320932	0	0	0	0	0	0	0	0	0	0	0
000004	2015-12-3	A	51516820	0	0	0	0	0	0	0	0	0	0	120000
000004	2016-03-3	B	3067533	0	0	0	0	0	0	0	0	0	0	0
000004	2016-03-3	A	50542450	0	0	0	0	0	0	0	0	0	0	100000
000004	2016-06-3	B	24974676	0	0	0	0	0	0	0	0	0	0	0
000004	2016-06-3	A	1.52E+08	0	0	0	0	0	0	0	0	0	0	167202.5
000004	2016-09-3	B	19503721	0	0	0	0	0	0	0	0	0	0	0
000004	2016-09-3	A	1.4E+08	0	0	0	0	0	0	0	0	0	0	0
000004	2016-12-3	B	42013266	0		0								
000004	2016-12-3	A	1.01E+08	0		0								
000004	2016-01-0	B	1320932	0		0								
000004	2016-01-0	A	51516820	0		0								120000
000004	2017-03-3	B	50944730											

图 4-22　资产负债表部分数据

步骤六：绘制企业基本情况模型。

（1）新建概念模型

1）新建模型。打开 PowerDesigner 软件，单击"文件"菜单，选择"新建模型"选项，如图 4-23 所示。

2）选择模型类型。在弹出的"New Model"窗口中，单击"Model types"选择模型类型为"Conceptual Data Model"，并选择"Conceptual Diagram"，将模型名称修改为"企业基本情况模型"，最后单击"OK"按钮确认，如图 4-24 所示。

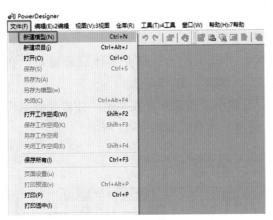

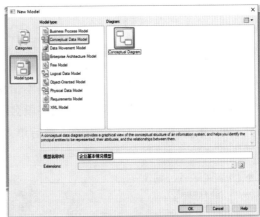

图 4-23 进入新建模型界面　　　　　　　　图 4-24 新建模型界面

3）设置模型属性。单击"工具"菜单，选择"Model Options..."选项，在弹出的窗口中将"Notation"设置为"E/R＋Merise"，取消勾选"Relationship"和"Data Item"中的"Unique code 复选框"，分别如图 4-25 和图 4-26 所示。

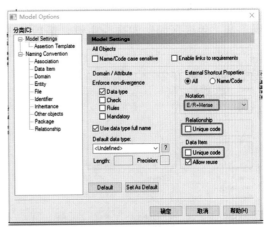

图 4-25 进入模型属性设置界面　　　　　　图 4-26 模型属性设置窗口

（2）添加实体　在工具面板中选择"Entity"，添加 4 个实体，如图 4-27 所示。

图 4-27　添加 4 个实体

（3）设置实体属性

1）设置实体 1（"Entity_1"）属性。双击"Entity_1"打开实体设置窗口，在"常规"设置中将名称修改为"公司基本信息表"，如图 4-28 所示。

打开"Attributes"选项卡添加字段名称，设置字段编码和字段类型。并将"股票代码"和"年度区间"勾选为主键，最后单击"确定"按钮，如图 4-29 所示。

图 4-28　修改实体 1（"Entity_1"）名称窗口

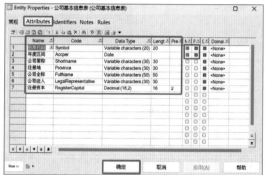

图 4-29　设置实体 1（"Entity_1"）属性界面

2）设置实体 2（"Entity_2"）属性。双击"Entity_2"打开实体设置窗口，在"常规"设置中将名称修改为"公司行业分类表"，如图 4-30 所示。

打开"Attributes"选项卡添加字段名称，设置字段编码和字段类型。并将"股票代码"和"年度区间"勾选为主键，最后单击"确定"按钮，如图 4-31 所示。

图 4-30　修改实体 2（"Entity_2"）名称窗口

图 4-31　设置实体 2（"Entity_2"）属性界面

3）设置实体 3（"Entity_3"）属性。双击"Entity_3"打开实体设置窗口，在

"常规"设置中将名称修改为"利润表",如图 4-32 所示。

打开"Attributes"选项卡添加字段名称,设置字段编码和字段类型。并将"股票代码"和"年度区间"勾选为主键,最后单击"确定"按钮,如图 4-33 所示。

图 4-32　修改实体 3("Entity_ 3")名称窗口

图 4-33　设置实体 3("Entity_ 3")属性界面

4)设置实体 4("Entity _ 4")属性。双击"Entity _ 4"打开实体设置窗口,在"常规"设置中将名称修改为"资产负债表",如图 4-34 所示。

打开"Attributes"选项卡添加字段名称,设置字段编码和字段类型。并将"股票代码"和"年度区间"勾选为主键,最后单击"确定"按钮,如图 4-35 所示。

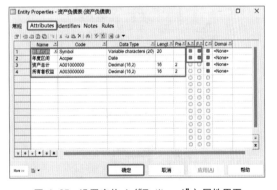

图 4-34　修改实体 4("Entity_ 4")名称窗口

图 4-35　设置实体 4("Entity_ 4")属性界面

(4)添加实体之间的关系　选择工具面板中的"Relationship"选项,单击第 1 个实体"公司基本信息表",按住左键拖动到第 2 个实体"公司行业分类表"上,然后释放左键,默认生成一个一对多关系。用同样的方法,建立公司基本信息表与利润表、资产负债表之间的一对多关系,如图 4-36 所示。

(5)生成物理模型　单击"工具"菜单,选择"Generate Physical Data Model..."复选按钮,在"PDM Generation Options"页面中单击"确定"按钮,弹出空结果列表即表示物理模型生成成功,如图 4-37 和图 4-38 所示。模型最终生成结果,如图 4-39 所示。

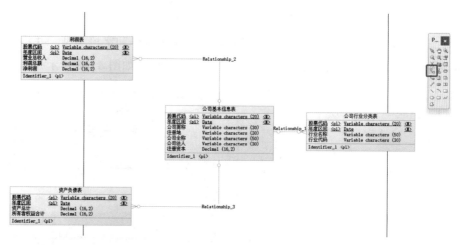

图 4-36 实体之间关系

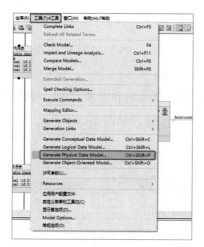

图 4-37 进入物理模型生成界面

图 4-38 物理模型设置界面

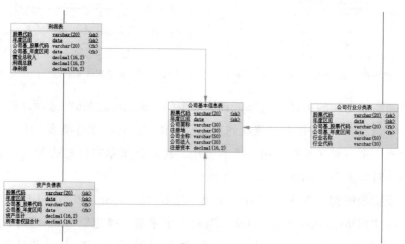

图 4-39 模型最终生成结果

三、任务拓展

(一)业务拓展

业务需求 1：为了更全面地了解企业所处的市场环境，还有哪些数据值得收集和分析？

业务需求 2：在分析企业财务报表时，除了净利润增长率、营业收入增长率，我们还应该关注哪些指标来更全面地评估企业的财务状况和市场表现？

(二)技术拓展

技术需求：如何提高 E-R 模型和数据表结构的准确性和可扩展性？

任务评价

评价内容	评价标准	完成情况评价（0~10分）
绘制 E-R 模型	能够利用 PowerDesigner 绘制企业基本情况 E-R 模型，准确表达公司、行业、财务的实体集、属性及相互关系	
物理模型设计	能够掌握数据结构表不同的数据类型，利用 PowerDesigner 工具，完整、正确地建立物理模型，并准确地描述其表结构信息	
业务拓展	理解实体间的关系，能够利用 E-R 模型完整、准确地改善数据管理，实现模型中的数据一致性和完整性需求	
技术拓展	能够完整、准确地定义清晰的数据结构，实现将逻辑模型转化为数据库结构的技术需求	

任务十四

RPA 数据采集与处理流程设计及框架搭建

任务情景

在财经数据王国的实验室，"数据小侠"家桐和"数据精灵"蒋佳在"幻数大师"徐业成的引领下，已经完成了企业基本情况商业理解与数据理解的梳理。他们明确了分析的目的和内容，对企业基本情况有了更深入的了解。

然而，这只是"万里长征"的第一步，接下来他们将面临更大的挑战。徐业成看着两人，微笑着说："现在将进入下一阶段任务，我们需要设计出一个高效的数据采集与处理自动化流程，并搭建起机器人框架。这将直接影响到后续的数据采集和处理效率，以及分析的准确性。"

蒋佳听后，眼中闪过一丝坚定："我明白了，这就像是为元小蛮打造一个强大的流程骨架，让他能够更好地为我们服务。"

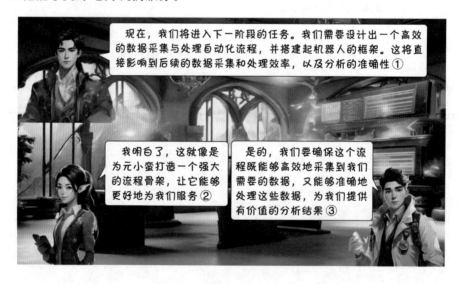

家桐也点头表示赞同："是的，我们要确保这个流程既能够高效地采集到我们需要的数据，又能够准确地处理这些数据，为我们提供有价值的分析结果。"

徐业成赞赏地看着两人："没错，你们理解得很到位。那么，我们就开始吧。首先，我们需要考虑数据输入的设计，确保我们能够从不同的数据源中准确地采集到所需的数

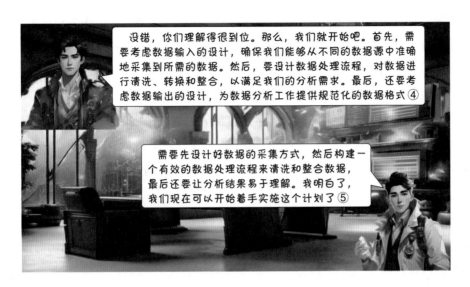

据。然后，我们要设计数据处理流程，对数据进行清洗、转换和整合，以满足我们的分析数据质量要求。最后，我们还要考虑数据输出的设计，为数据分析工作提供规范化的数据格式。"

随着徐业成的指导，家桐和蒋佳投入紧张而有序的流程设计和框架搭建工作中。他们知道，这是打造财经数据王国的秘密武器——元小蛮 RPA 企业基本情况数据分析机器人的关键一步，也是他们迎接新挑战的开始。

任务布置

1）掌握数据采集设计。要求根据企业基本情况数据分析的需求，确定需要采集的关键数据。明确输入数据的文件名、数据来源及主要内容，为后续数据处理打下坚实基础。

2）掌握数据处理设计。确认企业基本情况数据的数据处理方法，并明确各种方法的使用目的与主要内容。

3）规划自动化流程。考虑整体需求，详细规划整个数据采集、处理的流程。用 Microsoft Visio 绘制自动化流程图，明确每个模块的功能，确保流程的高效性和准确性。

4）搭建机器人框架。在 UiBot Creator 中添加企业基本情况数据采集与处理流程块，搭建机器人框架。通过"描述输入框"说明各模块功能，确保机器人框架的搭建准确无误。

任务准备

一、知识准备

（一）业务知识

1. 企业基本情况数据采集

在明确商业理解后，需要识别并采集实现分析所必需的关键数据。对于企业基本情况数据采集而言，数据来源于企业内部系统（如 ERP、CRM 等）、外部数据库，以及网络资源等。应根据后续分析的目标，精确选择需要采集的数据字段。例如，在分析企业盈利能力时，应采集股票代码、注册资本、营业收入、净利润等关键字段。

2. 企业基本情况数据处理

企业基本情况数据处理的完整流程通常包括数据清洗（去除重复、无效数据）、格式转换（统一数据格式以便分析）、数据筛选（根据分析需求提取相关数据）、数据表合并等步骤。为确保数据处理的一致性和准确性，需要设定明确的处理规则。

（二）技术知识

1. 数据处理方法——转换

数据转换涉及将数据从一种格式或类型调整为另一种格式，以满足分析需求。例如，字符串数据可被转换为数字，以便进行数学计算；日期数据可被统一转换为特定格式，以确保数据的一致性和可比性。在企业基本情况数据处理中会将读取出的股票代码转换为文本格式。

2. 数据处理方法——筛选

数据筛选是通过设定特定条件，从大量数据中提取符合这些条件的子集。在企业基本情况数据处理中，这些条件可能包括行业分类、会计报表项目等。筛选过程有助于快速聚焦于关键数据，提升分析的针对性和效率，从而更好地实现分析目标。在企业基本情况数据处理中，会从资产负债表中筛选出资产合计、所有者权益合计等内容。

3. 数据处理方法——删除

在数据处理中，识别并删除重复、无效或异常的数据记录对于保障数据质量至关重要。这些记录可能是由于录入错误或重复提交等原因产生的。通过数据清洗，可以提升数据的准确性和可靠性，为后续数据分析提供一个坚实的基础。在企业基本情况数据处理中，通过删除行操作，删除 Excel 文件中的重复值。

4. 数据处理方法——合并

合并是数据处理中用于整合不同数据集的重要方法。通过将来自多个来源或具有不同结构的数据集进行合并，以形成一个统一、完整的数据集。合并操作涉及数据的对齐、匹配和整合，以确保不同数据集之间的兼容性和一致性。在企业基本情况数据处理中，通过不同数据表之间的连接实现数据合并。

5. 数据处理方法——计算

计算在数据处理中起着核心作用。通过利用各种数学和统计方法对数据进行计算，以得出有意义的结论或预测。计算可以涉及简单的算术运算，如求和、平均等，也可以涉及更复杂的统计模型或机器学习算法。通过计算，能够从数据中提取出有价值的洞察和模式，为企业的决策制定提供有力支持。在企业基本情况数据处理中，会初步计算净利润增长率等指标。

二、操作准备

软件工具：Microsoft Visio 、UiBot Creator。

三、学习准备

访问"云会计数智化前沿"微信公众号，进入"学习"板块后选择"零起点学 UiBot RPA 软件"课程，学习"1-1 UiBot 软件产品功能（上）"视频以及"1-3 UiBot 基本命令"视频中关于 UiBot Creator 机器人框架搭建的内容。

任务要领

一、自动化流程设计与绘制

在进行企业基本情况数据采集与处理自动化流程设计时，要准确识别关键节点和决策点，并运用标准的流程图符号进行规范表达，以保证流程图易于理解且便于后续的实施与维护。

二、机器人框架搭建

在 UiBot Creator 软件中，根据 RPA 自动化流程图创建对应的流程块，这些流程块将代表流程图中的各个环节。确保这些流程块之间的逻辑关系正确，并且数据能够在不同流程块之间正确传递和处理。

任务实施

一、任务流程

1）企业基本情况数据采集与处理自动化流程设计与图形绘制。

2）进入 UiBot Creator 软件，新建流程，然后修改流程名称。

3）根据企业基本情况数据采集与处理自动化流程图，在 UiBot Creator 主界面中添加相应流程块，并描述各流程块的功能，确保流程块之间的逻辑关系正确，数据能够顺利传递和处理。

二、任务操作

该部分主要为自动化流程设计，其任务操作步骤将通过线上方式呈现。请您扫描"云会计数智化前沿"微信公众号二维码，在公众号内

云会计数智化前沿
微信公众号

"学习"板块完成平台账号的注册，登录平台后进入"RPA 财经数据分析与可视化"课程，并根据提示输入本书封底的专用账号和密码，即可获取详细的操作步骤。

三、任务拓展

（一）业务拓展

业务需求：现有业务需求发生变更，需要分析企业员工的构成情况，那么企业基本情况数据采集与处理机器人除了需要整合公司基本信息表、公司行业分类表、利润表、资产负债表数据之外，还需要采集什么数据？该数据的类型、来源和主要内容包括哪些？

（二）技术拓展

技术需求：需求发生变更，需要从企业基本情况数据中筛选出本公司从 2015—2017 年的资产负债表数据，请在原企业基本情况数据采集与处理自动化流程图中添加相应的流程块。

任务评价

评价内容	评价标准	完成情况评价（0~10分）
自动化流程设计	能够涵盖数据读取、重复值删除、数据类型转换、表格合并和指标计算全过程，各个流程功能互不重叠，逻辑清晰，并在 Microsoft Visio 中正确绘制	
整体流程框架搭建	能够在 UiBot Creator 中搭建完整的企业基本数据采集与处理机器人框架，对于各个模块的功能描述准确无误	
业务拓展	能够完整地描述员工构成情况数据的类型、来源以及其主要内容，能够满足"分析企业员工构成情况"的业务需求	
技术拓展	能够在 Microsoft Visio 中正确绘制修改后的自动化流程图，能够满足筛选出本公司 2015—2017 年资产负债表数据的要求，各个流程衔接合理，功能描述清晰	

任务十五

企业基本情况数据采集与处理机器人开发

在财经城堡的幽静庭院里，阳光透过历史的尘埃，洒在"数据小侠"家桐的办公桌上。他的目光专注地落在"蛮好用"电脑屏幕上，仿佛在追踪一道数字的轨迹。这里，每一次敲击键盘都是对未来的探索，每一次代码的编写都是对效率的追求。家桐正准备开发一款机器人，以取代依靠人工方式进行企业基本情况数据采集与处理的现状。

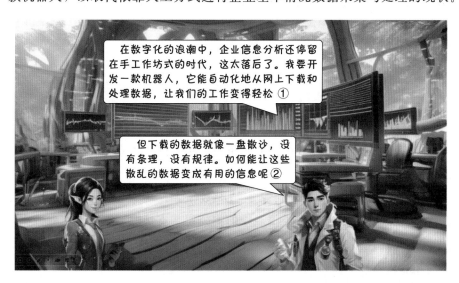

家桐："在数字化的浪潮中，企业信息分析还停留在手工作坊式的时代，这太落后了。我要开发一款机器人，它能自动化地从网上下载和处理数据，让我们的工作变得轻松。"

家桐："但下载的数据就像一盘散沙，没有条理，没有规律。如何能让这些散乱的数据变成有用的信息呢？"

蒋佳："这正是元小蛮机器人亮相的时刻。看，它就像一位数字巫师，能够用魔法治愈数据的杂乱无章。家桐，它将会是你的得力助手，帮你完成数据的清洗、整理和计算，让你的分析更加精准。"

随着蒋佳的话语落下，一束绚烂的科技之光在实验室内绽放，瞬间点亮了整个空间。元小蛮 RPA 机器人的轮廓在这光芒中渐渐清晰，它的存在仿佛是这座古老城堡与现代科技的完美融合。家桐的眼中闪烁着激动的光芒，他深知，这款机器人将会开启一扇通往无限可能的大门。

任务布置

使用 UiBot Creator RPA 软件，实现以下开发任务：

1）筛选本公司的基本情况数据。导入相关文件，根据"公司代码"字段提取本公司的基本情况数据。

2）筛选报表类型为 B 的本公司基本情况数据，报表类型 B 即母公司报表。根据"报表类型"字段进一步筛选出 B 类报表中的本公司基本情况数据，并删除数据冗余。

3）筛选同行业公司的基本情况数据。根据"行业名称"字段筛选汽车行业公司名称，通过合并数据表提取同行业公司的基本情况数据，并删除数据冗余。

4）计算增长率指标。分别计算本公司与同行业公司的营收增长率与净利润增长率。

任务准备

一、知识准备

1. Excel 数据处理自动化

（1）读取命令 包括"读取行""读取列""读取区域"等命令。"读取行"命令可以读取 Excel 工作表中的一行数据。"读取列"命令可以读取 Excel 工作表中的一列数据。"读取区域"命令可以从 Excel 工作表中读取指定区域的单元格数据。

在数据清洗过程中，"读取行"命令可以用于对每一行数据进行特定的操作，如检查数据完整性、识别和处理缺失值或异常值。"读取列"命令可以用于对某一列数据进行特定的处理，如计算统计量、格式转换或数据标准化。"读取区域"命令可以帮助流程从原始数据表中获取所有数据，或者只获取需要处理的部分数据。通过这些读取命令，自动化流程可以高效地获取和处理企业基本情况数据，为后续的数据分析和报告提供准确的数据基础。

（2）写入命令　包括"写入单元格""写入行""写入列""写入区域"等命令。"写入单元格"命令用于将数据写入 Excel 工作表中的单个单元格，"写入行"命令用于将数据写入 Excel 工作表中的一行，"写入列"命令用于将数据写入 Excel 工作表中的一列，"写入区域"命令用于将数据写入 Excel 工作表中的一个指定区域。

在数据处理过程中，如果只需要更新某个特定的单元格，可以使用"写入单元格"命令；如果需要更新一整行数据，可以使用"写入行"命令；如果需要更新某一列的所有单元格，可以使用"写入列"命令；如果需要更新一个特定区域的数据，可以使用"写入区域"命令。通过这些写入命令，自动化流程可以确保处理后的数据被准确无误地写到 Excel 工作表中，有助于确保数据的准确性和及时性。

（3）删除命令　包括"删除行""删除列""删除图片""删除区域""删除工作表"等命令。"删除行"用于从 Excel 工作表中移除选定的行；"删除列"命令用于从 Excel 工作表中移除选定的列；"删除图片"命令用于从 Excel 工作表中移除插入的图片；"删除区域"命令用于从 Excel 工作表中移除选定的一个区域；"删除工作表"命令用于从 Excel 工作簿中移除选定的工作表。

在数据清理过程中，如果发现某些行包含错误或不需要的数据，可以使用"删除行"命令来清除这些行。在数据优化过程中，如果某些列不再需要或包含冗余信息，可以使用"删除列"命令来简化工作表。如果工作表中插入了不需要的图片，可以使用"删除图片"命令来清除它们。在数据清理过程中，如果需要删除一个特定的数据区域，可以使用"删除区域"命令。在工作簿管理中，如果某个工作表不再需要，可以使用"删除工作表"命令来释放空间。通过这些删除命令，自动化流程可以有效地清理和优化 Excel 工作表，可以帮助流程专注于处理有效的数据，确保数据的准确性和整洁性。

2. 数据表处理自动化

（1）构建数据表　数据表是流程中用于结构化数据存储的容器，用户可创建新表并定义字段，随后通过 UiBot Creator 的读取命令，如读取区域、行、列等，从数据源填充数据。数据表填写完毕后，需利用数据筛选、排序等操作进行清洗和处理。

（2）数据筛选　数据筛选命令助力用户根据特定条件快速筛选数据表中的数据。在处理海量数据时，明确筛选标准，如数值范围、特定值、数据类型等，以便有效定位所需数据。通过在 UiBot Creator 工作流程中拖放"数据筛选"组件并配置条件，如"年龄＞20"，可实现数据集的筛选。数据筛选常作为数据处理流程的一部分，后续通常涉及数据输出或深入分析。

（3）合并数据表　数据表合并是将两个或多个数据表的行依据共同特征或关键字整合成一个大表的过程。合并类型包括内连接、外连接、左连接和右连接，每种连接方式适用于不同的数据处理场景。在合并前，对数据进行清洗和格式化，如统一日期格式、清除多余空格等，可提升合并的准确性和效率。处理大量数据时，应选择高效数据结构以减少运行时间。

二、操作准备

软件工具：UiBot Creator。

数据准备：包括公司基本信息表、公司行业分类表、利润表、资产负债表等。

三、学习准备

访问"云会计数智化前沿"微信公众号，进入"学习"板块后选择"零起点学 UiBot RPA 软件"课程，完成"2-4　UiBot 数据处理"视频以及"3-1　UiBot Excel 数据处理自动化"视频的学习，这部分教学内容涵盖了 UiBot Creator 中关于数据表的处理，以及 Excel 数据读取与写入的实现方式。

任务要领

一、利用 UiBot Creator 进行数据采集

1）数据导入。导入企业公司基本信息表、公司行业分类表、利润表、资产负债表等 Excel 文件，读取数据表数据，确保各个表格文件数据准确无误。

2）熟悉数据表结构。熟悉所导入数据表结构，以明确各数据处理命令的目的。

二、利用 UiBot Creator 进行数据处理

1）设定筛选条件。根据需求设定筛选条件，如基于特定值、数值范围、字符模式等字段。

2）数据清洗。根据数据的特点和需求选择填充缺失值或者删除含有缺失值的记录。统一数据格式，如日期、金额等需要特定格式的数据。可以将数据进行转换，如数值型数据标准化等。如果数据分散在多个表格或数据源中，需要将它们整合到一起，以便进行后续分析。最后，确保数据的规范性，如统一名称、去除重复值等。

任务实施

一、任务流程

使用 UiBot Creator RPA 软件开发机器人，具体任务流程如下：

1）在"利润表"Excel 文件中，创建新的工作表，以便进行数据清洗和预处理。

2）筛选出本公司的利润表数据，并填入"公司内部经营情况"工作表中，以便进行后续分析。

3）在"利润表"Excel 文件中，再次创建新的工作表，并将该工作表命名为"筛选后数据"，以区分原始数据和处理后的数据。

4）对"筛选后数据"工作表中的利润表数据进行筛选，删除冗余行数据，确保数据的准确性和一致性。

5）计算净利润增长率和营业收入增长率，以便后续数据分析与可视化使用。

二、任务操作

该部分任务操作步骤将通过线上方式呈现。请您扫描"云会计数智化前沿"微信公众号二维码，在公众号内"学习"板块完成平台账号的注册，登录平台后进入"RPA 财经数据分析与可视化"课程，并根据提示输入本书封底的专用账号和密码，即可获取详细的操作步骤。

云会计数智化前沿
微信公众号

三、任务拓展

（一）业务拓展

业务需求：业务需求发生变更，后续还需要分析本公司的现金流量情况，现已获得全部上市公司的现金流量表 Excel 表格，则对该数据表格可能需要进行哪些数据处理？

（二）技术拓展

技术需求：如何利用 UiBot Creator 筛选股票代码为 600406 的可比公司利润表数据？

任务评价

评价内容	评价标准	完成情况评价 （0~10分）
筛选本公司的 基本情况数据	能够根据公司代码正确提取出 B 类报表中的本公司基本 情况数据，并删除数据冗余部分	

评价内容	评价标准	完成情况评价 （0~10分）
筛选同行业公司的 基本情况数据	能够正确筛选出同行业公司名单，并通过合并数据表提取同行业公司的基本情况数据	
计算增长率指标	能够正确计算本公司和同行业公司的净利润增长率和营收增长率，且计算方法准确无误	
业务拓展	能够根据变更的业务需求，选取合理的数据处理方法，并完整地描述各个数据处理方法的具体作用	
技术拓展	能够在 UiBot Creator 中进行开发，根据需求，选取合适的命令，并设置命令的属性，最终实现筛选可比公司利润表数据的功能	

项目五

重建破败的财经城堡
——企业基本情况数据分析、展现与报告自动化

项目目标

知识目标

1）熟悉 Tableau 在企业基本情况数据分析中可视化设计和实现路径。

2）熟悉企业基本情况数据分析报告的结构规范以及设计流程。

3）掌握应用软件自动化技术，涉及流程块搭建、Word 自动化操作等技能。

能力目标

1）熟练使用 Tableau 进行数据分析和可视化设计。

2）熟练运用 Microsoft Word 软件，设计企业基本情况数据分析报告模板，进行排版，使报告更具可读性和专业性。

3）熟练运用 UiBot Creator 设计和开发数据分析展现与报告生成自动化流程，提高工作效率和数据处理准确性。

素质目标

1）增强团队合作，高效展示数据可视化成果，精准解读图表，促进有效交流，提升团队整体效能。

2）设计标准化、结构化的深度分析报告，融合 Tableau 技术，以创新视角呈现数据，增强信息吸引力。

3）培养流程化思维，学习设计自动化流程，理解各流程环节内在关系。

思政目标

1）在价值塑造的意识层面，通过 Tableau 进行数据分析和可视化设计，培养社会责任感和使命感，认识到数据分析在社会发展中的重要作用。

2）在价值塑造的感观层面，通过 Tableau 可视化设计实现和数据分析结果，直观感受数据分析的价值，培养对数据分析的兴趣和热情。

3）在能力培养方面，通过 UiBot Creator 自动化技术的应用操作，培养科技强国意识。

项目场景

在数智魔法的奇幻领域里，家桐，这位怀揣梦想的年轻"数据小侠"，踏上了一场前所未有的冒险之旅，誓要成为那驾驭数据洪流、编织未来图景的"数智魔法师"。

第一幕：复兴之路

在财经数据世界中，有一座城市，它曾是经济繁荣的璀璨明珠，却因一场突如其来的金融风暴而黯然失色，宛如被遗忘的废墟。家桐，这位怀揣着数据魔法梦想的年轻人，听闻此讯，心中涌起一股不可遏制的冲动——他要用自己的双手，以数据为引，重新点燃这座城市的光芒。

家桐深知，这不是一场简单的数据之旅，而是一次心灵的救赎，

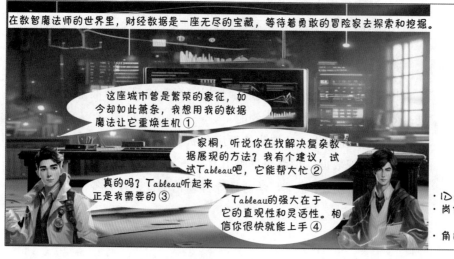

是对知识与勇气的终极考验。他回忆起自己在学习 RPA 技术时的夜以继日，那些汗水与努力，如今都成了他手中最锋利的剑。然而，面对这座城市的复杂经济脉络，他意识到，自己需要更加精妙的工具来揭开迷雾。

就在这时，"财务幻影师"杨文宇如同一位智者，悄然出现在他的世界。在财务办公室的灯光下，两人的对话如同星辰下的低语，充满了智慧与启迪。只见杨文宇轻轻一点，便将 Tableau 这款神奇软件的秘密展现给了家桐。家桐的眼中闪烁着惊奇与兴奋，他仿佛看到了通往城市复兴之路的钥匙。

于是，家桐开始了他的数据魔法表演。在 Tableau 的舞台上，他将那些看似杂乱无章的数据编织成一幅幅精美的图表，每一根线条、每一个色块都蕴含着城市的经济脉动。折线图如河流般蜿蜒，讲述着城市收入与支出的起伏；环状图则像一轮轮明月，映照出产业结构的变迁；而气泡图，则如同夜空中最亮的星，引导着人们寻找经济增长的希望之光。

家桐不仅满足于数据的呈现，更致力于深入剖析其背后的故事。他夜以继日地沉浸在数据的海洋中，学习城市经济学、数据分析理论，甚至涉足机器学习等前沿领域。他用自己的智慧，构建了一个个预测模型，为城市的未来描绘出了一幅幅可能的蓝图。

在这个过程中，家桐不再孤军奋战。他结识了城市规划师、经济学家、金融专家等各路精英，他们共同为城市的重建出谋划策。家桐的数据魔法成为他们手中的利器，帮助他们精准定位问题、制定方案、评估效果。

终于有一天，当第一缕阳光再次照耀在这座城市上时，人们惊讶地发现，它已不再是那个破败的废墟，而是重新焕发出了新的生机与活力。家桐站在城市高处，望着这片由自己亲手创造的奇迹，心中无比自豪与满足。他知道，这只是一个开始，未来的路还很长，但他已经准备好了用数据魔法继续书写属于自己的传奇故事。

第二幕：迷雾幻境

在数据的迷雾与光影交错间，"数据小侠"终于驾驭着数据洪流，初步绘制出了财经城堡重建的蓝图。然而，新的挑战如晨雾般悄然降临——如何编织一张自动化的网，让分析报告如晨曦般自动洒落，照亮城市的复兴之路？

　　家桐心中涌起一股不屈的斗志，他回忆起了"魔数大师"程教授传授的 RPA 秘技，那是能穿梭于数字丛林，自动捕获信息的魔法棒。他决心要将这份力量注入报告生成的每一个细节，让效率与精准并肩同行。

　　在财经城堡重建的殿堂内，一场关乎未来的辩论风暴即将来袭。"算法巫师"夏会对家桐的创意投以赞许的目光，但一旁的"数据守护者"黄靖川，却如岩石般坚定，他担忧自动化的浪潮会冲刷掉分析的细腻与深度。

　　辩论场上，智慧与谨慎的火花四溅。家桐以编程的精密与 RPA 的魔力为剑，誓要证明自动化非但不会削弱分析的力量，反而能如鹰击

长空，直击要害。而黄靖川则以独有的洞察与谨慎为盾，坚守着每一份报告都应承载的思考与责任。

夏会深知，这场辩论不仅是技术的较量，更是对未来道路的探索。于是，她巧妙地设下了一场试炼，让家桐与黄靖川并肩作战，一探自动化与人工智慧的边界。

家桐的自动化方案，如同一位精准的舞者，指挥着元小蛮 RPA 机器人穿梭于数据之间。元小蛮优雅地打开报告模板，如同晨曦初照，封面缓缓显现，主题、时间、撰写人，一一就位。随后，它轻盈地跳跃于目录之间，摘要、背景、目的、思路……每一步都精准无误。而当财经数据可视化图表如繁星般点缀在报告之中时，整个报告仿佛被赋予了生命。

而黄靖川，则以她深厚的专业底蕴，为传统方法注入了灵魂。她的每一笔、每一划，都蕴含着对数据的敬畏与尊重。

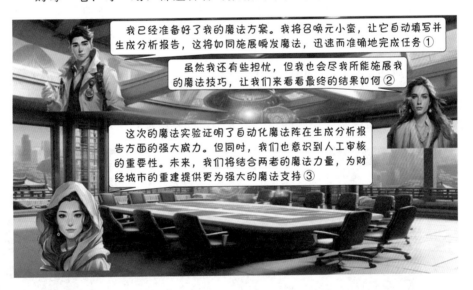

在这场试炼中，家桐与黄靖川从最初的针锋相对，逐渐成为相互学习、相互尊重的伙伴。他们共同面对挑战，分享智慧，最终，在团队的支持与鼓励下，他们不仅证明了自动化技术的价值，也重拾了对人类判断力的信心。

当两份报告并排放置，无论是效率、准确性还是深度，都达到了前所未有的高度。家桐与黄靖川相视一笑，他们知道，这场试炼不仅让他们找到了财经城堡重建的钥匙，更让他们学会了如何在技术的浪潮中，保持人性的温度与深度。而财经城堡的未来，也将在他们的共同努力下，绽放出更加夺目的光芒。

任务情景

在财经城堡会议室的聚光灯下，"魔数大师"程教授站在大屏幕前，沉稳地鼓舞着团队成员，准备用 Tableau 开启企业基本情况数据分析可视化之旅。"数据小侠"家桐满怀热情与决心，准备施展他的数据分析魔法；"算法巫师"夏会，则以智慧为引，确保项目的创新方向；"数据守护者"黄靖川，则在一旁严阵以待，确保每一个数据准确无误。

程教授的一声令下，团队成员迅速行动起来，键盘敲击声与讨论声交织成一首激昂的协作乐章。他们共同努力，将烦琐的数据转化为直观易懂的可视化图表，不仅展示了数据的力量，也凝聚了团队的智慧，为企业的发展描绘出更加清晰的蓝图。

任务布置

1）企业基本情况 Tableau 数据分析可视化设计。首先需要深入理解企业基本情况数据的特点和结构。这包括了解不同数据表之间的关系，诸如主键与外键等连接字段如何将信息关联起来，同时识别出数据中的维度（如时间、区域、行业类别等）和度量（如金额、数量等），然后确立数据分析的目标。

2）企业基本情况 Tableau 数据分析可视化实现。基于数据特性，选择适合的图表类型：柱状图比较数值，折线图展示趋势等。围绕分析主题创建仪表板，整合多图表提供全面视角。依据分析目标，采用描述性分析概述状况，诊断性分析解释原因，在 Tableau 中设计清晰图表，确保信息传递有效、逻辑清晰，从而呈现企业基本情况并为决策者提供洞察。

任务准备

一、知识准备

1. Tableau 工作表操作

在 Tableau 中，可以通过对工作簿进行创建、复制、删除和导出等操作来管理数据。

（1）工作表创建　工作表创建方法有如下几种：

方法一：打开 Tableau，通过工作簿底部的"新建工作表""新建仪表板""新建故事"按钮来创建新的工作表、仪表板或故事。

方法二：打开 Tableau，选择"工作表"选项卡，单击"新建工作表""仪表板"选项卡，选择"新建仪表板""故事"选项卡，选择"新建故事"。

方法三：打开 Tableau，右键单击工作簿中已打开的标签，从弹出菜单中选择"新建工作表""新建仪表板""新建故事"。

方法四：打开 Tableau，在工具栏中找到"新建工作表"按钮，通过下拉箭头选择"新建工作表""新建仪表板""新建故事"。

（2）工作表复制　打开 Tableau，右键单击工作表标签，选择"复制"，即可完成复制操作。若需创建交叉表，可以选择"复制为交叉表"，或在"工作表"菜单中选择"复制为交叉表"。请注意，交叉表格式仅适用于工作表，不适用于仪表板和故事。

（3）工作表删除　打开 Tableau，右键单击工作表标签，选择"删除"。注意，工作簿中必须至少保留一个工作表。另外，一旦仪表板或故事中引用的工作表将无法删除，但可以将其隐藏。

（4）工作表导出　在 Tableau 中导出工作表时，右键单击工作表标签，选择"导出"。接下来，设置导出后的工作表存储位置和名称，单击"存储"完成导出操作。

2. 趋势线与参考线

（1）趋势线　在 Tableau 中，可以通过向可视化项中添加趋势线来使图表的变化趋势更加明显，具体操作步骤如下：

1）选择"分析"窗格。

2）单击"趋势线"，选择"编辑所有趋势线"，然后将其放在"线性""对数""指数""多项式""幂"模型类型上。趋势线选项界面如图 5-1 所示。

图 5-1　趋势线选项界面

注意：若要向视图添加趋势线，两个轴必须包含一个可解释为数字的字段。

对于多维数据源，数据分层结构实际上包含字符串而不是数字。因此，不允许使用趋势线。此外，所有数据源上的"m/d/yy"和"mmmm yyyy"日期格式都不允许使用趋势线。

如果启用趋势线并以不允许使用趋势线的方式修改视图，则将不显示趋势线。将视图更改回允许趋势线的状态后，趋势线会重新显示。

（2）参考线　在Tableau中，可以通过向可视化项中添加参考线来使数据更具参考标准，帮助使用者更好地理解图表的数据。添加参考线的具体步骤如下：

1）单击"设置格式"窗格，下拉框单击参考线，Tableau将显示一个对话框，如图5-2所示。添加的参考线如图5-3所示。

图 5-2　对话框界面

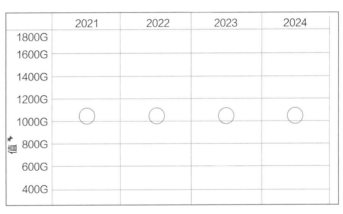

图 5-3　参考线

2）从"值"字段中选择一个连续字段用作参考线的基础。除此之外还可以选择参数。

不能选择当前不在视图中的连续字段作为参考线的基础。如果要使用此类连续字段，请执行以下操作：

①将连续字段从"数据"窗格拖到"标记"卡上的"详细信息"目标。

②如有必要，更改连续字段的聚合。

③在视图中单击参考线，并选择"编辑"重新打开"趋势线选项"对话框。

3）选择一个聚合。显示的聚合取决于选择的连续字段，常见的聚合有以下类型：

①合计：在单元格、区或整个视图的所有值的聚合值位置放置一条线。在计算平均值的加权平均值而不是平均值时，此选项特别有用。当使用的计算采用自定义聚合时，

它也非常有用。合计使用基础数据计算，其结果与在"分析"菜单中选择一个合计选项相同。

②总计：在单元格、区或整个视图的所有值的总计位置放置一条线。

③常量：在轴上指定值位置放置一条线。

④最小值：在最小值位置放置一条线。

⑤最大值：在最大值位置放置一条线。

⑥平均值：沿轴在平均值位置放置一条线。

⑦中位数：在中位数值位置放置一条线。

4）选择线的标记方式，主要有以下几种：

①无：如果选择此选项，则不为参考线显示标签。

②值：如果选择此选项，则在轴上显示与线的值对应的标签。

③计算：如果选择此选项，则显示作为参考线基础的连续字段的名称以及执行的任何计算。

④自定义：如果选择此选项，则在文本框中生成自定义标签。可使用文本框右侧的菜单插入值（如计算或值）。也可以直接在框中键入文本，以便可以创建一个值，如 ＜Field Name＞＝＜Value＞。

5）选择工具提示的显示方式，主要有以下几种：

①无：如果选择此选项，则不为参考线显示工具提示。

②自动：如果选择此选项，则为参考线显示默认工具提示。

③自定义：如果选择此选项，则在工具提示中生成自定义标签。可使用文本框右侧的菜单插入值（如计算或值）。也可以直接在框中键入文本，以便可以创建一个值，如 ＜Field Name＞ ＝ ＜Value＞。

6）指定是显示带有置信区间的线、只显示线还是只显示置信区间。

7）指定线的格式设置选项，如图 5-4 所示。

8）根据需要在线的上方和下方添加填充色。

9）指定是否"为突出显示或选定的数据点显示重新计算的线"。

3. 仪表板

通过 Tableau 将数据处理成图表之后，可以将成果整合为一张或多张仪表板，使各个分离的图表能够直观地展现他们的内在关系。

（1）仪表板简介。仪表板类似于工作表，都可以通过工作簿底部的标签进行访问。工作表和仪表板中的数

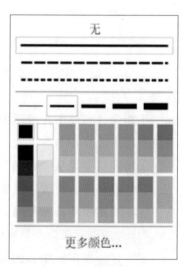

图 5-4　设置指定线格式

据是相互关联的；当修改工作表时，包含该工作表的任何仪表板也会相应地更改，反之亦然。工作表和仪表板都会随着数据源中的最新可用数据一起更新。仪表板的界面主要分为三个部分：视图区、仪表板窗口和布局窗口。仪表板界面如图 5-5 所示。

仪表板窗口包括设置大小式等内容；布局窗口包括设置"位置""边界""背景""边距"等内容。

图 5-5　仪表板界面（1）

（2）仪表板操作

1）新建布局。仪表板的创建方式与新工作表的创建方式大致相同，在工作簿的底部，单击"新建仪表板"图标，如图 5-6 所示。

图 5-6　仪表板界面（2）

若要替换工作表，请在右侧的仪表板中选择该工作表。在左侧的"工作表"列表中，将鼠标光标悬停在替换工作表上，并单击"交换工作表"按钮。

2）添加内容并调整格式。将所需要内容的工作表，从左侧依次拖拽入放置区域，如图 5-7 所示。通过位置的调整、图像大小调整、设置标注的格式等，可以使仪表板更利于使用，如图 5-8 所示。

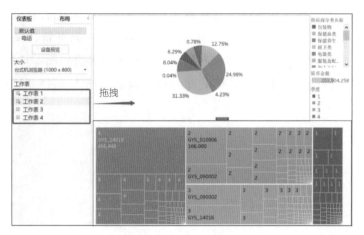

图 5-7 添加仪表板内容

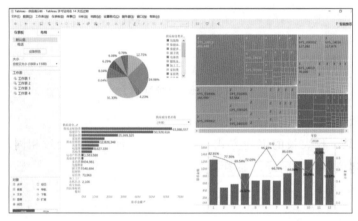

图 5-8 调整仪表板

3）添加交互操作。Tableau可以通过添加交互操作向数据中添加上下文和交互性。使用者通过选择标记、悬停鼠标指针或单击菜单来与可视化项交互，而设置的动作可以使用导航和视图中的变化来进行响应。以下是使用不同类型仪表板交互操作的方式：

①筛选器：使用一个视图中的数据来筛选另一个视图中的数据，从而帮助引导分析。

②突出显示：通过为特定标记着色，灰显其他所有标记，引起对感兴趣的标记的注意。

③转到 URL：创建指向外部资源（如网页、文本或另一个 Tableau 工作表）的超链接。

④转到工作表：简化导航到其他工作表、仪表板或故事的操作。

⑤更改参数：能够通过直接与可视化项上的标记交互来更改参数值。

⑥更改集值：能够通过直接与可视化项上的标记交互来更改集中的值。

二、操作准备

软件工具：Tableau Desktop。

三、学习准备

1. 安装 Tableau Desktop 软件及前置知识

下载并安装好 Tableau Desktop 软件。接下来，识别企业基本情况数据集，探索各数据表间的潜在联系。确定以企业情况信息作为核心事实表，通过外键将其与包含年份、区域和行业分类等维度表连接起来。同时，要能够区分数据中的维度信息（如时间、地点）和度量信息（如销售额）。

2. 学习 Tableau 可视化高级功能

深入了解 Tableau 各种图表的特点及其适用场景，并掌握 Tableau 的一些高级功能，如参数设置、计算字段的创建及混合使用多个数据源。根据具体的分析目标（如分析公司的运营表现或近年来的规模变化），选择最能传达信息的可视化图表类型，并在 Tableau 中实际创建这些图表。此外，根据业务需求选择适当的分析方法，将分析结果以仪表盘的方式呈现出来，使信息传递更加直观易懂。

任务要领

一、Tableau 可视化设计

1）数据类型确认。细致审查企业基本情况数据集，准确识别并分类数据集中的不同数据类型，如数值、日期、类别等。

2）数据结构分析。确定企业基本情况事实表为核心数据源，深入理解并分析各数据表之间的关联，特别是主键与外键的连接逻辑。

3）数据分析目标明确化。明确界定数据分析的目标，即解决的具体业务问题或期望达成的业务目标，并定义衡量企业绩效的关键指标。

二、Tableau 可视化实现

1）数据表连接操作。在 Tableau 中执行精确的数据表连接，确保企业基本情况事实表与相关维度表之间的正确关联。

2）外键配置。在 Tableau 工作区中，通过拖拽数据表并配置连接线上的外键字段，确保数据表之间的字段匹配准确无误。

3）数据处理与预处理。在 Tableau 的数据源界面进行数据类型更改等操作，优化数据质量，为后续分析打下坚实基础。

4）可视化图表选择与呈现。根据分析目标和业务需求，精心选择并设计合适的可视化图表，清晰展现分析对象的特征和趋势。

5）仪表盘构建与叙述。有逻辑地排列工作表中的图表，形成仪表盘，从全局视角逐步深入到细节分析，提升信息传达的效果。

任务实施

一、任务流程

1）打开 Tableau 软件，依次导入数据文件，连接数据源。

2）新建工作表，将度量字段拖至"行"，将维度字段拖入到"列"。

3）将维度字段拖入到筛选器、标签、详细信息。

4）新建仪表盘，合理布局。

二、任务操作

步骤一：打开 Tableau Desktop 软件，在新窗口页面左侧"连接"中单击"Microsoft Excel"，然后单击"公司基本信息．xlsx"创建一个 Tableau 工作簿，单击"打开"，具体如图 5-9 所示。

图 5-9　选择数据源文件界面

步骤二：单击"添加"，通过同样的方式将"公司行业分类表""利润表""资产负债表"也添加进工作簿，如图 5-10 所示。单击"公司基本信息表"，在页面左侧"工作表"中，将"gsjbxxb"拖入页面中间"将工作表拖到此处"，如图 5-11 所示。然后将"公司行业分类表"的"ssgshyflb"拖到"gsjbxxb"数据后面，在"联结"页面的数据源下方输入框中填入"Symbol"，后方填入"利润表"要联结的字段名称"Stkcd"。同理将

"利润表"和"资产负债表"也通过字段"Symbol"进行内连接，如图 5-12 所示。

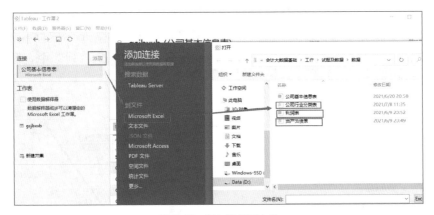

图 5-10　添加数据源文件

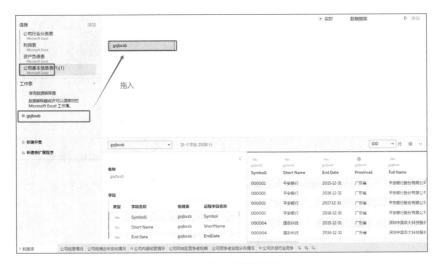

图 5-11　拖入工作表页面

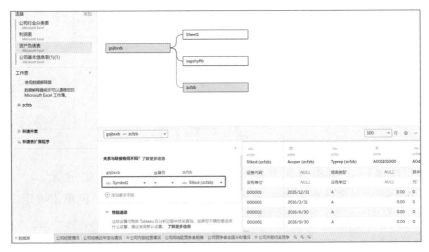

图 5-12　数据源连接页面

步骤三：单击页面下方"工作表1"，重命名为：公司经营情况。将维度字段"Symbol"拖入到筛选器中，在筛选器对话框中勾选"600418"，再单击确定，如图5-13所示。将度量字段"B001000000""B001100000""B002000000"拖至"行"，如图5-14所示。将维度字段"ShortName""Accper""度量名称"拖入到"列"中，最终呈现结果如图5-15所示。

图 5-13 编辑筛选器界面　　　　　　　　　图 5-14 编辑行界面

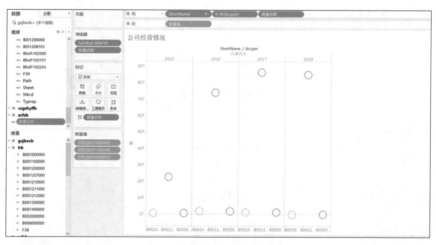

图 5-15 公司经营情况分析结果

步骤四：新增一张工作表，重命名为"公司规模近年变化情况"。将维度字段"Symbol"拖入到筛选器中，在筛选器对话框中勾选"600418"，再单击确定。将度量字段"A001000000""A003000000"拖至"行"。将维度字段"Accper"拖入"列"中。最终呈现结果如图5-16所示。

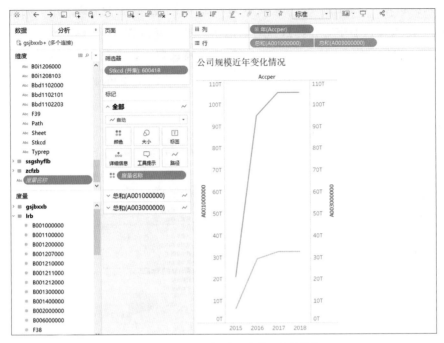

图 5-16　公司规模近年变化情况分析结果

步骤五：新增一张仪表板，重命名为"公司内部经营情况"。将工作表"公司规模近年变化情况"与"公司经营情况"拖入页面中间，在左下角的"对象"处，勾选"显示仪表板标题"，如图 5-17 所示。最后，再将各工作表进行合理布局。最终展示结果如图 5-18 所示。

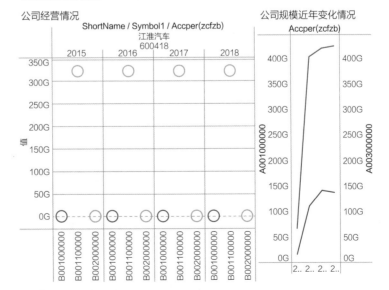

图 5-17　勾选"显示仪表板标题"　　　　图 5-18　公司内部经营情况仪表板分析结果

步骤六：新增一张工作表，重命名为"公司同地区竞争者规模"。将维度字段"Province"拖入筛选器中，在筛选器对话框中勾选"安徽省"，再单击确定，如图5-19所示。同理，将维度字段"IndustryName"拖入筛选器中，在筛选器对话框中勾选"汽车""汽车零部件""汽车零部件III""汽车零配件""汽车制造业"，再单击确定，如图5-20所示。

图 5-19 筛选公司同地区公司窗口　　　　图 5-20 筛选公司同行业窗口

步骤七：将维度字段"Province""Accper""ShortName"拖至"列"；将度量字段"RegisterCapital"拖拽至"行"，最终呈现结果如图5-21所示。

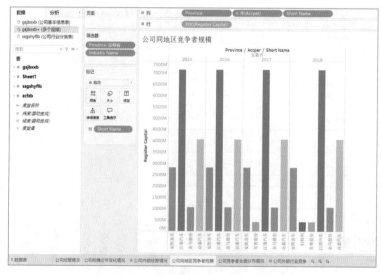

图 5-21 公司同地区竞争者规模分析结果

步骤八：新增一张工作表，重命名为"公司竞争者全国分布情况"。将维度字段"IndustryName"拖入筛选器中，在筛选器对话框中勾选"汽车""汽车零部件""汽车零部件 III""汽车零配件""汽车制造商""汽车制造业"，再单击确定，如图 5-22 所示。将维度字段"ShortName"拖至"标签"处，单击右键选中度量中的"计数（不同）"，如图 5-23 所示。将维度字段"Province"拖入"详细信息"中。在智能显示中单击"填充气泡图"。最终呈现结果如图 5-24 所示。

图 5-22　筛选公司同行业窗口　　　　图 5-23　各地区同行业公司数量窗口

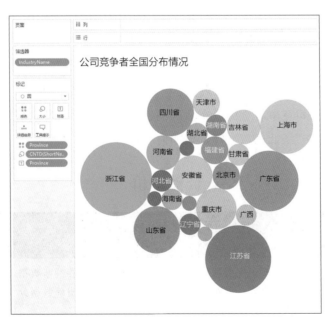

图 5-24　公司竞争者全国分布情况

步骤九：新增一张仪表板，重命名为"公司外部行业竞争"。将工作表"公司同地区竞争者规模"与"公司竞争者全国分布情况"拖入页面中间，在左下角的"对象"处，勾选"显示仪表板标题"。最后，再将各工作表进行合理布局。最终呈现结果如图 5-25所示。

公司竞争者全国分布情况

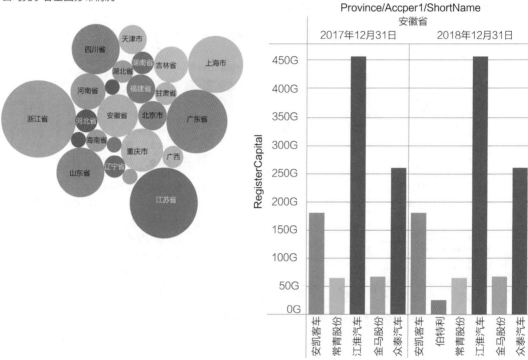

图 5-25　公司外部行业竞争仪表板结果

三、任务拓展

业务需求：在公司竞争者全国分布情况的图表中，需要对特定区域的竞争者情况进行更细致地分析，如"华北区域"等，该如何进行操作？

任务评价

评价内容	评价标准	完成情况评价 （0~10分）
数据分析可视化设计	能够准确识别数据集中包含的数据类型；能够判断数据结构是否合理，表间关系是否正确无误；能够明确数据分析解决的具体业务问题或达到的目标	

评价内容	评价标准	完成情况评价 （0~10分）
数据分析可视化实现	能够在 Tableau 软件中，对企业基本情况事实表和各维度表进行正确的表连接操作，包括正确配置外键、匹配字段等；能够正确使用数据处理方法得到准确的数据；能够呈现合适的可视化图表，并配合恰当的数据分析方法进行分析；能够构建仪表板，引导观众从整体概览到细节分析	
任务拓展	能够准确理解业务需求，并进行解决方案设计；能够明确知道需要哪些具体的数据来进行分析；能够创建计算字段"Region"，并使用了正确的逻辑来根据省份字段"Province"将数据划分为不同的区域	

任务十七

RPA 数据分析、展现与报告流程设计及框架搭建

任务情景

宽敞明亮的会议室里，阳光斑驳地洒在洁白无瑕的白板上，"数据小侠"家桐正手握马克笔，如同指挥家挥舞着指挥棒，在白板上演绎着一场关于未来工作流程的交响乐。他笔下生花，一个个流程图跃然纸上，它们不仅仅是简单的图形，更是 RPA 自动化流程中智慧与效率的化身。

家桐的声音里充满了激情与自信，他细致地描绘着每一个环节的逻辑与关联。夏会，作为团队中的智囊与稳健派代表，坐在家桐的对面，全神贯注地聆听着每一个细节。她的眼神时而凝重，时而闪烁着光芒，每当家桐讲到关键之处，夏会总会适时地点头。

然而，夏会并未止步于简单的赞同。随着讨论的深入，她开始从她独有的敏锐视角，提出自己对数据安全性和流程灵活性的独到见解，指出了潜在的风险与挑战，又提出了建设性的解决方案，让家桐的构想更加完善与坚实。

家桐听后，眼中闪过惊喜与敬佩。他迅速调整思路，将夏会的建议融入自己的方案中。当最后一笔落下，一个高效、安全、灵活的自动化流程框架赫然呈现在众人眼前。两人相视一笑，他们仿佛已经看到了那座由 RPA 技术构建的未来财经城堡，在晨曦中熠熠生辉，等待着他们去探索、去征服。

任务布置

1）RPA自动化流程设计。依据Tableau数据分析模板，设计一套自动化流程。该流程应详细规划从Tableau中自动导出分析图表的步骤，以及将这些分析图表导入到分析报告模板的步骤。通过此流程设计，实现从数据采集与处理、数据分析与展现，直至报告生成的全流程自动化。

2）机器人框架搭建。在现有的UiBot企业基本情况数据分析机器人流程框架基础上，增添企业基本情况数据分析、展现与报告的相关流程块。确保这些新增流程块与原有框架有机融合，构建出一个完整且高效的企业基本情况数据分析流程框架。

任务准备

一、知识准备

Word自动化是指使用UiBot对Word应用程序进行操作，以实现一系列自动化任务，如文档的创建、编辑、格式设置、内容填充等。UiBot提供对Word文件处理的命令，可归纳为三种类型，分别为Word文档类命令、Word文本处理类命令和Word格式类命令。

1. Word文档类命令

Word文档类命令在UiBot的Word文本处理自动化中扮演着至关重要的角色，它们涵盖了从文档打开到关闭，以及文档内容的基本管理操作。具体而言，这类命令包括："打开文档"命令，即允许自动化地启动并载入Word文档；"读取文档"命令，用于提取文档中的文本内容，便于后续处理或分析；"重写文档"命令，能够将新的内容直接写入Word文档中，此操作会覆盖掉原有的内容，适用于需要完全替换文档内容的场景；"保存文档"命令，用于保存对文档的修改，确保工作的持续性；"文档另存为"命令，提供了更为灵活的保存方式，允许将文档保存到指定位置，便于文件管理和版本控制；"关闭文档"命令，用于关闭当前已打开的Word文档，释放系统资源；"退出Word"命令则更进一步，用于直接关闭Word应用程序，结束所有相关的自动化任务；最后，"获取文档路径"命令，能够自动获取当前已打开的Word文档的文件路径，便于在自动化流程中进行路径引用或操作。

2. Word文本处理类命令

Word文本处理类命令在UiBot中提供了丰富而强大的文本操作能力。可以通过"设置光标位置"和"查找文本后设置光标位置"等命令精准定位文档中的编辑点，配合

"选择行"或"全选内容"功能，灵活选择文本区域进行"剪切""复制""粘贴"等操作。同时，"退格键删除"和"插入回车"等命令使文本的修改和调整变得更为便捷，"插入图片"命令能够轻松将多媒体元素融入文档中，丰富其表达形式。而"读取选中文字"和"写入文字"命令则让用户能够轻松提取和编辑文档内容，提升工作效率。此外，"文字批量替换"命令是一个强大的工具，也是我们本任务的核心指令，它能够快速、准确地替换文档中的指定文本，节省了大量的时间和精力。

3. Word 格式类命令

Word 格式类命令在 UiBot 中提供了细致入微的文档格式调整能力。通过"设置字体"命令，可以轻松改变文档中选中文字的字体类型，以满足不同的排版需求。"设置文字大小"命令允许调整选中文字的大小，确保文字在不同场景下的可读性。为了增强文档的可视效果，"设置文字颜色"命令能够为选中文字指定颜色，使文档内容更加丰富多彩。

此外，"设置文字样式"命令进一步扩展了格式化的可能性，可以为文字添加加粗、倾斜、下划线等样式，以突出显示重要信息。最后，"设置对齐方式"命令则能够调整文字的对齐方式，如左对齐、居中对齐、右对齐或两端对齐，使文档的整体布局更加整洁、专业。

二、操作准备

软件工具：UiBot Creator。

三、学习准备

访问"云会计数智化前沿"微信公众号，进入"学习"板块后选择"零起点学 UiBot RPA 软件"课程，完成"第三章　UiBot 办公自动化技术　第四节　UiBot Word 文本处理自动化"视频的学习。视频将深入剖析 Word 文档在自动化处理中的独特优势，全面介绍 Word 文本处理自动化的基本原理、用户界面布局以及核心功能模块。

任务要领

一、理解 RPA 在数据分析、展现与报告中的作用

1）自动化数据分析。掌握如何利用 RPA 技术与 Tableau 等数据分析软件的无缝集成，实现数据自动化处理，并导出与企业需求相匹配的可视化图表。

2）自动化报告展现。学习通过 RPA 自动生成和插入图表，构建直观的报表展示，以便非技术背景人员轻松解读分析结果。

3）自动化报告发送。实现报告的自动发送功能，通过电子邮件等渠道高效传达信息给相关人员。

二、掌握数据分析、展现与报告流程设计

1）数据分析准备。根据既定分析目标，搜集并整理相关数据文件，将企业基本情况数据分析报告等文档放置于指定文件夹，并进行必要的格式预处理。

2）数据展现实施。运用 UiBot Creator 结合第三方可视化工具 Tableau，自动将分析结果填充至报告模板，实现数据展现的自动化。

3）流程设计优化。根据企业基本情况数据分析的需求，设计详尽的数据分析流程，涵盖内外部分析、报告编制到邮件发送等关键环节，确保流程逻辑性和完整性。

三、机器人框架搭建

1）操作逻辑设计。基于确定的流程，规划 RPA 机器人的操作逻辑，明确各流程节点上的具体执行任务。

2）任务执行细化。详细定义机器人需要执行的任务，如自动导出图表、插入图片、文本替换、发送邮件等，确保每个步骤精确无误。

任务实施

一、任务流程

1）启动 UiBot Creator。启动 UiBot Creator 并打开命名为"企业基本情况数据分析机器人"的流程项目。

2）添加、重命名并连接流程块。在 UiBot Creator 的流程图设计主界面中，首先拖入与数据分析、展现与报告相关的流程块，并根据需要对其进行重新命名。接着，将这些流程块连接到数据采集与处理流程块之后，构建出一个完整的企业基本情况数据分析流程框架。

3）配置流程图变量。在流程图界面右侧，添加必要的全局变量，并为其设置相应的初始值。这样做的目的是确保流程中数据处理的灵活性和可管理性。

二、任务操作

该部分任务操作步骤将通过线上方式呈现。请您扫描"云会计数智化前沿"微信公众号二维码，在公众号内"学习"板块完成平台账号的注册，登录平台后进入"RPA 财经数据分析与可视化"课程，并根据提示输入本书封底的专用账号和密码，即可获取详细的操作步骤。

云会计数智化前沿
微信公众号

三、任务拓展

（一）业务拓展

业务需求：基于现有"公司基本信息表""公司行业分类表""利润表""资产负债表"中的数据，还能够从哪些维度进行数据分析与展现的补充？

（二）技术拓展

技术需求：如何使用 UiBot Creator 相关指令，提升企业基本情况数据分析机器人的图片处理能力，以及加强错误处理与日志记录的功能？

任务评价

评价内容	评价标准	完成情况评价（0~10分）
RPA 数据分析、展现	能够通过 UiBot Creator 准确从 Tableau 中下载指定的可视化图表，确保图表数据的完整性和准确性	
流程设计	能够全面、系统地规划 RPA 流程图框架，其框架设计直观易懂、结构完整且逻辑清晰，同时每个流程块的命名能够准确反映出流程的各个环节，便于理解与实施	
业务拓展	数据分析能够覆盖财务健康、成长能力、创新能力等多个关键维度；数据展现直观易懂，能够通过图表、仪表板等形式有效传达分析结果	
技术拓展	通过 UiBot 处理后的图片能够满足报告模板的精确要求，确保报告的专业性和美观性；日志记录功能够准确记录错误、警告及调试信息，便于进行问题追踪和性能优化	

任务十八

企业基本情况数据分析、展现与报告机器人开发

任务情景

家桐的手指在键盘上飞快地跳跃,一行行代码如同魔法般涌现,他专注的神情透露出对技术的热爱与执着。夏会则在一旁默默观察,时而点头,时而眉头紧锁,似乎在思考着如何将这些数据转化为更有价值的洞见。

突然,家桐兴奋地转向夏会,脸上洋溢着成功的喜悦。他指着屏幕上的数据分析结果,眼中闪烁着自信的光芒。夏会见状,微微一笑,仿佛已经预见到了未来的成功。

紧接着,两人开始讨论起"流水潺潺式"报告机器人的开发计划。家桐激动地描绘着心中的愿景,希望这份报告能够像溪水般流畅地传达关键信息,为决策者提供有力支持。夏会则认真倾听,不时提出自己的见解和建议,两人的思维碰撞出新的火花。

随着讨论的深入,他们逐渐明确了开发的方向和目标。家桐再次投入机器人开发工作中,而夏会则开始协调团队资源,为项目的顺利进行铺平道路。整个实验室弥漫着一种紧张而又充满希望的氛围,每个人都能感受到财经城堡重建的脉搏正在加速跳动。

任务布置

1）开发实现数据分析与展现流程功能。依据"企业基本情况数据分析可视化 . twb"Tableau 工作簿，使用 UiBot Creator 软件，开发一个功能模块。该模块能自动地将报告中需要展示的工作表依次从 Tableau 软件中导出为 PNG 图片格式，并将这些图片存储于指定的"res"文件夹内，以便后续的集成与分享。

2）开发实现报告生成流程功能。使用 UiBot Creator 软件，根据既定的企业基本情况数据分析报告 Word 模板，自动生成报告。应涵盖封面和目录的生成、摘要和分析背景的填写、分析内容和建议的整合，并最终将报告作为邮件附件发送给指定的相关人员。

任务准备

一、知识准备

1. Word 自动化

Word 作为 Office 办公软件的重要组成成员。Word 格式的文档几乎是办公文档的事实标准，因此对 Word 实现自动化，也是 RPA 流程中的重点。

（1）打开文档　在 UiBot Creator 的命令列表中，选中"软件自动化"并展开，再选中"Word"并打开，排在第一位的就是"打开文档"命令，用这条命令可以打开一个Word 文档。"打开文档"命令有五个属性。

首先是关于"文件路径"属性，这里需要指定一个 Word 文件的路径，文件可以是doc、docx 等格式。

其次是"访问时密码"和"编辑时密码"两个属性。有时候，出于隐私的考虑，有些文档不希望他人能够打开，或者打开后不能修改，因此就需要给 Word 文档设置密码，密码分为两个：一个叫"访问密码"，输入正确的访问密码就可以打开这个文档；一个叫"编辑密码"，输入正确的编辑密码就可以修改这个文档。这里的"访问时密码"和"编辑时密码"两个属性就是用来自动化访问带密码的 Word 文档的。如果所操作的 Word文档没有设置密码，那么这两个属性保持为空即可。

再次是"是否可见"属性与"打开 Excel"的"是否可见"属性含义相同，表示在进行 Word 文档自动化操作时，是否显示 Word 软件界面。

最后是"输出到"属性，与"打开 Excel"的"输出到"属性含义类似，这里必须填写一个变量名，这个变量指代了打开的 Word 文档，后面在对该文档进行各种读取、修改操作的时候，仍然需要把这个变量填入到相应命令的"文档对象"属性中，表明操作是针对这个打开的文档进行的。

（2）读取文档　在"打开文档"命令之后，插入一条"读取文档"命令，"文档对象"属性和"打开文档"的"输出到"属性一致，都为 objWord，表明是从刚才打开的文档中读取内容。"输出到"属性填写了一个变量名 sRet，表示把读取到的内容输出到变量 sRet 之中。

需要注意，如果原始 Word 文档包括文字、表格和图片，且文字带格式信息，"读取文档"命令会将文档中的文字内容全部读取出来，但是不支持读取文字的格式、表格的状态和图片。

（3）设置光标位置　这条命令可以将光标焦点设置到指定位置。这条命令有三个属性："文档对象"属性，就是上文所述的文档对象 objWord；"移动次数"属性需要与可选属性中的"移动方式"属性配合使用，指的是光标按照"移动方式"移动多少次，"移动方式"属性有三个选项，分别是"字符""行""段落"，分别代表光标向右移动一个字符、向下移动一行和向下移动一个段落。需要注意的是，移动次数不能为负数，也就是说，光标不能向左移动和向上移动。

（4）查找文本后设置光标位置　这条命令可以将光标设置在文本的指定位置。这条命令有三个属性："文档对象"属性，就是上文所述的文档对象 objWord；"文本内容"属性，即在该文档中找到具体的文本内容，从而将光标精确地定位在需要的位置；"相对位置"属性，选择需要的光标位置，可以把光标设置在选中文本之前，也在可设置在选中文本之后，还可以直接选中文本。

（5）文字批量替换　插入一条"文字批量替换"命令，在"文档对象"属性中输入需要使用的 Word 文档，并在"输出到"属性中输入变量名，这个变量指代了打开的 Word 文档；在"匹配字符串"属性中输入需要替换文字位置的原内容，目的是对新内容的替换位置进行定位，然后在"替换字符串"属性中输入替换文字的新内容。需要注意的是，目前该命令只适用于 Word 文档。

2. 鼠标键盘

（1）模拟点击　"模拟点击"是一个用于自动化图形用户界面操作的功能，它允许模拟用户的点击行为。插入"模拟点击"命令，其中在"鼠标点击"属性中可以选择对鼠标的左键、右键、中键进行点击；还可以在"点击类型"属性中设置单击、双击、按下、弹起这几种类型；此外还可在单击的同时在"辅助按键"属性中添加键盘按键，如 Alt、Ctrl、Shift、Win，这样便能使点击的功能更多样化。在可选属性里还可以对该命令在执行前和执行后进行延时（毫秒）。

（2）模拟滚轮　"模拟滚轮"命令是用于模拟用户滚轮操作的自动化功能，这在处理需要滚动浏览内容的界面时非常有用。插入"模拟滚轮"命令，在"滚动次数"属性中输入滚轮需要滚动的次数，如果需要连续滚动，可以输入相应的数字；在"滚动方向"中选择滚动的方向，通常根据实际情况选择"向上"或"向下"；与"模拟点击"命令类似，可在滚动的同时在"辅助按键"属性中添加键盘按键，如 Alt、Ctrl、Shift、Win，使滚动的功能更多样化。在可选属性里还可以对该命令在执行前和执行后进行延时（毫秒）。

二、操作准备

软件工具：UiBot Creator。

三、学习准备

访问"云会计数智化前沿"微信公众号，进入"学习"板块后选择"零起点学UiBot RPA 软件"课程，完成"第三章　UiBot 办公自动化技术　第四节　UiBot Word 文本处理自动化"和"第五章　UiBot 社交网络自动化技术　第三节　UiBot 网络技术"视频的学习。

针对邮件自动化，需要准备好邮箱授权码。通过浏览器，登录 QQ 邮箱，单击"设置"按钮，再单击"账户"标签页，找到"POP3/IMAP/SMTP/Exchange/CardDAV/CalDAV 服务"，开启"POP3/SMTP 服务"和"IMAP/SMTP 服务"（服务默认是关闭的），这个时候 QQ 邮箱系统会生成一串授权码，将这串授权码保存好（只会显示 1 次），后续的邮件收取和邮件发送操作都使用这串授权码，而不是使用邮箱的原始密码。生成授权码界面如图 5-26 所示。

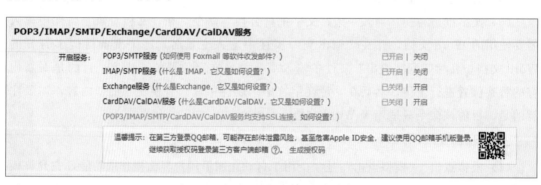

图 5-26　生成授权码界面

任务要领

一、数据准备与分析图表导出

1）在进行本任务流程之前，确保所有必要的资源，包括"企业基本情况数据分析可视化"Tableau 数据分析模板和"企业基本情况数据分析报告"Word 数据分析报告模板等，已经正确导入和配置。这些资源应保存在易于访问且安全的文件夹中，以便于机器人读取和处理。

2）使用 UiBot Creator，自动从 Tableau 工作簿中提取需要的分析图表，并导出到指定的文件夹，以满足数据分析报告生成的图表要求。

二、分析图表等内容自动化填充到报告模板

1）自动化操作实现。使用 UiBot Creator，通过编写脚本自动实现对 Word 数据分析报告模板文档内容的自动化替换与插入操作。这包括自动打开文档、光标定位、模拟用户操作（如点击、拖拽）、内容替换等，以确保流程的顺畅执行。

2）报告内容填充。将导出的分析图表和相关的数据自动填充到报告模板中，根据企业名称和实时数据动态替换报告主题、撰写人、时间等信息，生成内容完整的企业基本情况数据分析报告，以增强报告的个性化和时效性。

三、邮件配置与分析报告分发

1）邮件配置。获取邮箱授权码，正确配置 SMTP 服务器，选择合适的邮件附件，并设置发件人与收件人信息。这些设置应根据实际使用邮箱的配置要求进行调整。

2）报告发送。使用 UiBot Creator 实现企业基本情况数据分析报告的自动化发送，将完成的分析报告作为附件，高效地分发至指定邮箱。在发送前，应进行测试以确保邮件发送的成功率和报告附件的完整性。

任务实施

一、任务流程

1）在开始任务流程之前，请确保已经完成任务十七中任务操作的流程图变量配置的相关步骤，并做好数据准备工作，包括 Tableau 软件中的可视化工作表、企业基本情况数据分析报告模板 Word 文件等。这些资源应保存在易于访问且安全的文件夹中，以便于 UiBot Creator 的读取和处理。

2）通过 UiBot Creator 命令，自动从 Tableau 软件中导出可视化工作表，形成 PNG 格式的图片。同时，将企业基本情况数据分析报告模板 Word 文件放置于指定文件夹中。

3）通过 UiBot Creator 命令，自动填写报告内容，包括封面与目录、摘要和分析背景、分析内容与建议等。

4）获取邮箱授权码，正确配置 SMTP 服务器，选择合适的邮件附件，并设置发件人与收件人信息。

二、任务操作

该部分任务操作步骤将通过线上方式呈现。请您扫描"云会计数智化前沿"微信公

众号二维码，在公众号内"学习"板块完成平台账号的注册，登录平台后进入"RPA财经数据分析与可视化"课程，并根据提示输入本书封底的专用账号和密码，即可获取详细的操作步骤。

云会计数智化前沿
微信公众号

三、任务拓展

（一）业务拓展

业务需求：仪表板能够更加多维度、直观地展示企业基本情况数据，如何通过企业基本情况数据分析机器人在Tableau中自动导出仪表板，实现多维度的数据分析与展现，从而为企业决策提供更强有力的支持？

解决思路：通过更新企业基本情况数据分析机器人中企业内外部分析流程块内的"模拟按键"命令，通过Tableau内置的快捷键Alt＋B和快捷键X实现企业基本情况数据分析报告的自动化生成与导出，确保分析结果的准确性和展示的多维性，为企业决策提供更加坚实的数据支持，具体如图5-27、图5-28所示。

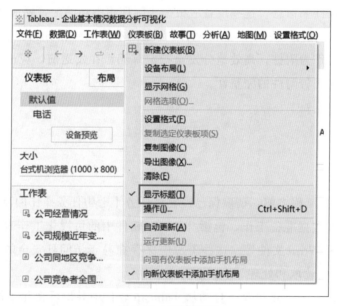

图5-27 仪表板导出

图5-28 更改"模拟按键"命令

（二）技术拓展

技术需求：如何增强企业基本情况数据分析机器人在 Tableau 中的稳定性和流畅度？

任务评价

评价内容	评价标准	完成情况评价（0~10分）
机器人开发实现	开发实现企业基本情况数据分析、展现与报告机器人，运行结果准确无误	
业务拓展	能够举一反三将仪表板导出为 PNG 格式，并另存于指定文件夹中，比对选中的仪表板与导出的图片是否一致，确保自动化导出过程中数据的准确无误	
技术拓展	"移动到目标上"指令的坐标设置合理，RPA 机器人能够准确点击到相应模板；能够合理设置各流程块延时命令的时长，确保给予 Tableau 以及 Word 软件足够的时间完成操作	

项目六
揭示隐藏的财经秘密
——企业销售收入财经数据自动化分析

项目目标

知识目标

1）掌握销售总额与毛利润率的商业意义，并能够阐述销售收入物理模型中实体之间的关联及其特性。

2）理解并能够概述销售数据分析的四个关键维度，同时熟悉使用Tableau软件实现数据高效可视化的操作步骤。

3）深入了解销售收入的财经数据流程，包括数据的采集、处理、分析、展示以及报告编制的各个业务步骤。

能力目标

1）理解并应用销售收入数据分析方法，掌握销售总额、毛利润率等商业指标之间的关系，从而系统地理解销售收入。

2）能够根据销售收入分析需求，熟练使用PowerDesigner绘制E-R模型、物理模型、数据分析报告的业务流程图，并设计相应的机器人流程。

3）熟练使用Tableau进行销售收入财经数据分析可视化，选择合适的图表和可视化方式，应用于实际分析，提升数据解读和分析能力。

4）熟练使用UiBot Creator开发销售收入财经数据分析机器人。

素质目标

1）深入理解销售收入作为一个复杂系统，其中涵盖的市场趋势、产品定位、价格策略、销售渠道、成本控制及客户满意度等多个商业指标，通过识别并理解这些要素之间的动态相互作用与影响机制，形成全面的销售收入分析视角，以系统的方法优化决策过程。

2）在数据处理与分析中，牢固树立数据伦理观念，尊重并保护数据隐私，合法合规地收集、存储、处理及分析数据，展现对社会责任的深刻理解与积极履行。

3）学会从不同角度审视现有的销售收入分析方法与结论，提出合理质疑，并通过深入分析验证假设的合理性，旨在增强分析的洞察力与深度，促进更加准确、全面的决策制定。

思政目标

1）在价值塑造的意识层面，深化数据技术与管理价值认知，充分认识到数据技术的战略价值。

2）在价值塑造的感观层面，提升数据分析结果的直观性与可理解性，显著加深对业务逻辑与财务状况的深刻理解，为跨部门沟通与协作奠定基础，进一步促进企业整体效能的提升。

项目
场景

第一幕：数据的觉醒

夕阳如熔金般倾洒在实验室的窗棂上，为这方数据的天地镀上了一层神秘的光辉。"数据小侠"家桐，正埋头于堆积如山的财经数据之中，他的指尖在键盘上跳跃，如同指挥着一场无声的数据交响乐。突然，一阵急促而充满张力的脚步声如同鼓点般打破了这份宁静，"魔数大师"程教授来到了家桐面前。

"家桐，紧急任务，跟我来。"程教授的话语简短而有力，眼中闪烁着紧迫与期待的光芒。家桐心中一凛，随即一股难以言喻的激动涌上心头。他迅速将手中的报告整理妥当，仿佛即将踏上一段未知的探险之旅，紧随程教授的步伐，踏入了那间充满智慧与奥秘的办公室。

　　办公室内，灯光柔和而专注，程教授坐在宽大的办公桌后，面前摊着几份沉甸甸的文件，每一页都承载着公司的未来与希望。他深吸一口气，目光如炬："家桐，公司决定以数据为刃，重塑销售战略，我们需要用你这双洞察秋毫的眼睛，剖析过去四年的销售数据，寻找那把开启新增长之门的钥匙。"

　　家桐的心被这份重任深深触动，他仿佛能感受到每一行数据背后跳动的脉搏，那是市场的呼吸，是消费者的心声。他郑重地点点头，心中暗自发誓，定不辱使命。

　　两日的时光飞快流逝，家桐还沉浸在数据的海洋中，每一丝线索都让他热血沸腾。他利用 RPA 技术，试图让烦琐的数据处理工作变得高效而精准。然而，当结果呈现在眼前时，却如同迷雾中的幻影，模糊不清，令他倍感挫败。

　　半夜钟声适时响起，正当他独自面对挑战，一筹莫展之际，"魔数大师"程教授如同救星般降临在他身旁。家桐焦急地询问着："教授，我的 RPA 机器人虽然快速，但结果却不尽人意，问题出在哪里呢?"

　　程教授轻轻地拍了拍家桐的肩膀，语重心长地说："家桐，数据如同未经雕琢的璞玉，想要见到其内在的光芒，必先经过细致的打磨与清洗。在进行分析之前，数据的清洗与处理是至关重要的环节，它决

定了后续分析结果的准确性与可靠性。"

此言仿佛一道闪电划破夜空。家桐恍然大悟，他望向程教授，眼中闪烁着感激与坚定："谢谢教授，我明白了！我将重新出发，从数据的源头开始，一点一滴，用心清洗。"家桐再次坐回电脑前，手指在键盘上跳跃，这一次，每一个字符都充满了力量与希望。他深知，自己正站在数据觉醒的起点，用智慧与汗水，编织着改变未来的数据之梦。

第二幕：魔法的进阶

阳光透过窗棂，洒在程教授充满智慧的脸庞上，他的目光温柔而深邃，仿佛能洞察未来的奥秘。家桐坐在电脑前，手指在键盘上轻盈跳跃，Excel 图表在他手下渐渐生动起来。

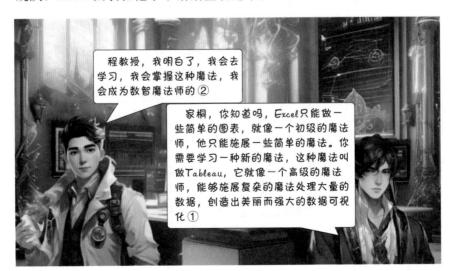

"家桐，你看。"程教授缓缓地抬手在空中轻轻勾勒，"Excel，它如同魔法世界中的初级咒语，虽能开启数据之门，却难以触及那些隐藏于深处的秘密与力量。"

家桐的目光追随着程教授的手势，心中涌动着难以言喻的激动与好奇。"那么，教授，请告诉我，那扇通往更高境界的大门在何处？"他的声音里带着对未知挑战的敬畏，还有对自我超越的渴望。

程教授转过身，轻轻拍了拍家桐的背，"家桐，那扇门名为'Tableau'。在那里，你将学会如何驾驭海量数据，将它们编织成五彩斑斓的画卷，让每一个数字都讲述着属于自己的故事，将复杂的信息变得直观易懂，甚至能够预测未来，引领决策。"

家桐的眼中仿佛被点亮了星辰，他深吸一口气，感受到了前所未有的使命与激情。"程教授，我愿意踏上这场数智之旅，去追寻那份能够洞察世界本质的力量。我要成为那个能够用数据绘制未来蓝图，用智慧点亮黑暗角落的数智魔法师。"

程教授微笑着点头，他知道，眼前的这个年轻人，正站在一个新的起点上，准备迎接属于他的辉煌时代。

第三幕：秘密的揭示

时光流转，家桐迎来了任务的最终考验。正当他沉浸在数据的海洋，准备迎接最后挑战时，被誉为"魔导师"的苟宇婷悄然走进实验室。她轻轻拍了拍家桐的肩膀："家桐，你的努力已经让数据在你的指尖起舞，但是真正的数智魔法师，不仅要能解读过去，更要能预见未来。尝试创造一台能够自动生成分析报告的魔法机器吧，让它成为你智慧的延伸，让你的魔法更加高效。"

家桐闻言，眼中闪过一抹前所未有的光芒。他深知，这不仅是对自己能力的挑战，更是达到数智魔法师巅峰的必经之路。他感激地望向苟宇婷，随即转身投入了新的征程。

在这座由数据与魔法交织而成的城堡中，家桐，这位"数据小侠"逐渐蜕变成数据勇士，正以自己的方式，一步步揭开财经世界的神秘面纱。

夜幕降临，城堡被柔和的灯光包围，家桐依旧坚守在他的数据王国。他坚信，通过不懈的努力与探索，自己终将掌握财经数据世界的全部奥秘，只要以梦想为伴，以智慧为刃，就能成为一位真正的、优秀的"数智魔法师"。

任务十九

企业销售收入商业理解与数据理解

任务情景

在这个充满挑战和机遇的财经世界里，"数据小侠"家桐肩负着揭示隐藏的财经秘密的使命，而唯一能解开它的钥匙就藏在企业销售收入数据之中。

家桐将踏上一段充满挑战的旅程，他将学习如何揭示隐藏在企业销售收入数据中的财经秘密。作为一位年轻的财经数据分析师，家桐将深入理解销售收入的商业含义，构建销售收入数据分析的物理模型，并学习如何自动化地采集和处理这些数据。通过这一过程，家桐将进一步提升自己在数据方面的技能，朝着成为一名优秀数智魔法师的目标迈进。

任务布置

1）掌握商业理解。深入掌握销售收入商业理解的精髓，包括区分销售收入与营业收入的差异，分析提升商品销售总额的有效策略，以及探讨如何通过计算毛利润率来优化企业的盈利能力，同时理解影响毛利润率的多种因素。

2）绘制实体—关系图并设计物理模型。利用 PowerDesigner 软件绘制销售收入数据表的实体—关系图，并在此基础上设计销售收入的物理模型。

3）设计销售收入数据表的结构，并在此基础上，理解和设计销售收入 RPA 流程与技术关系图，涵盖 RPA 流程的各个环节、技术实现方法以及关键技术点，以便清晰地展示 RPA 流程的实现路径和关键技术的应用。

任务准备

一、知识准备

（一）业务知识

1. 销售收入的商业理解

（1）概念　销售收入在商业理解中，指的是企业通过销售产品或提供服务而产生的收入。它是企业主要经营活动所得到的收益，代表了企业向顾客销售商品或提供服务所获得的货币回报。销售收入是企业核心业务的直接收入来源，体现了企业售出产品或提供服务的交易金额，反映了企业核心业务的盈利能力。直接性、可度量性和时效性是销售收入的主要特点。

（2）与营业收入的关系　营业收入则是一个更广泛的概念，它包括了销售收入和其他与企业主营业务相关的收入来源，如租金收入、利息收入、股利收入等。营业收入反映了企业在经营过程中所有收入来源的总和，更全面地反映了企业的经营活动。与销售收入相比，营业收入具有综合性、多样性和全面性的特点。

2. 商品销售总额

（1）概念　商品销售总额是指在一定时期内，企业通过销售商品所实现的总收入。这个指标通常用来衡量企业的销售业绩和市场规模。商品销售总额包括企业销售的所有商品的收入，不包括服务收入和其他非商品收入。

（2）计算方法　商品销售总额的计算方法如下：

$$商品销售总额＝商品销售数量×商品销售单价$$

（3）影响因素　商品销售总额受到多种因素的影响，其中最关键的是市场需求。市场需求的大小直接决定了商品销售总额的高低。此外，产品的竞争力、企业的营销策略、销售渠道的广泛程度和效率，以及宏观经济环境等因素也会对商品销售总额产生影响。企业需要关注这些因素，制定相应的策略，以实现销售总额的增长。

3. 毛利润率

（1）概念　毛利润率是指企业在销售商品或提供服务后，扣除销售成本（即商品或服务的直接成本）之前的利润与销售总额之间的比率。毛利润率反映了企业在销售过程中获得的初始利润水平，它是一个衡量企业盈利能力和成本控制效率的重要指标。

（2）计算方法　毛利润率的计算方法如下：

$$毛利润率＝（销售总额－销售成本）/销售总额×100\%$$

（3）影响因素　毛利润率受到销售价格、销售成本、销售量、产品组合、成本控制、市场竞争以及宏观经济素等多种因素的影响。这些因素共同决定了企业在销售商品或提供服务后获得的初始利润水平。企业需要关注这些因素，并采取相应的策略，以实现毛利润率的增长和盈利能力的提升。

（二）技术知识

1. 销售收入 E-R 模型

销售收入的 E-R 模型由商品、客户、城市、销售订单实体集构成，每个实体集都有多个属性，他们之间还存在一定的联系。

（1）实体集（Entity）　销售利润实体集包括客户、城市、商品、销售订单、收入、成本和利润表，下面详细介绍其属性。

1）客户实体集，属性有客户编码、客户名称。

2）城市实体集，属性有城市编码、城市、省份。

3）商品实体集，属性有商品编码、单位、单价、商品名称。

4）销售订单实体集，属性有订单编码、订单日期、客户编码、商品编码、城市编码、商品销售数量、商品单价、商品单件成本。

（2）联系（Relationship）　销售利润不同实体间存在着不同的联系，下面详细介绍其联系。

1）客户与城市之间存在一对多的联系。一位客户位于一座城市，一座城市有多位客户。

2）商品与销售订单之间存在一对多的联系。一个商品可以生成一笔销售订单，一笔销售订单可以由多个商品构成。

3）销售订单与收入之间存在一对多的联系。一笔销售收入形成一笔订单，一笔订单可以由多个收入形成。

2. 数据表

（1）销售订单数据表　销售订单数据表，用于记录客户将要购买的商品明细单据，代表客户已经订购商品。经营表中含有订单号、订单日期、客户 ID、销售渠道、城市 ID、产品 ID、产品销售数量、产品单价和产品单件成本的信息。销售订单数据表的部分数据示例如图 6-1 所示。

订单号	订单日期	客户ID	销售渠道	城市ID	产品ID	产品销售数量	产品单价	产品单件成本
100003419	2019/8/20	121	线下经销商	37	13	14	7,377	3,762
100003420	2019/8/20	86	线下经销商	59	10	24	2,392	1,555
100003421	2019/8/20	41	线上购物平台	10	6	12	5,829	2,681
100003422	2019/8/20	137	线下直营店	56	25	14	603	362
100010675	2019/8/20	33	线下直营店	85	15	14	17,105	9,750
100010676	2019/8/20	134	线上购物平台	59	18	14	7,517	6,239
100010677	2019/8/20	47	线下直营店	7	19	24	17,527	12,970
100010678	2019/8/20	150	线上购物平台	52	25	22	5,909	4,728
100010679	2019/8/20	67	线上购物平台	80	6	20	2,754	2,286
100010680	2019/8/20	122	线上购物平台	22	3	14	784	321
100010681	2019/8/20	165	线下直营店	46	28	14	5,990	4,432
100010682	2019/8/20	86	线上购物平台	30	16	18	11,738	8,452
100010683	2019/8/20	43	线下直营店	60	13	20	5,568	3,341
100010684	2019/8/20	165	线上购物平台	65	16	22	11,879	6,415
100010673	2019/8/19	78	线上购物平台	66	26	22	3,457	2,662
100010674	2019/8/19	3	线上购物平台	15	1	18	15,980	6,711
100010669	2019/8/18	164	线上购物平台	70	15	18	11,718	8,789
...	...	...	...	...	...	...	...	...

图 6-1　销售订单数据表部分数据示例

（2）客户表　客户表主要用来记录与企业有业务往来客户的基本信息，如客户 ID 和客户名称等。客户表部分数据示例如图 6-2 所示。

（3）城市表　城市表主要用来记录销售业务经营省份和销售业务经营城市信息，含有城市 ID、城市和省份等信息。城市表部分数据示例如图 6-3 所示。

（4）产品信息表　产品信息表记录了产品信息，含有产品 ID 和产品名称信息。产品信息表部分数据示例如图 6-4 所示。

客户ID	客户名称
1	石太化工股份有限公司
2	石然天气股份有限公司
3	德泰建筑股份有限公司
4	安平保险（集团）股份有限公司
5	海上汽车集团股份有限公司
6	商工银行股份有限公司
7	铁中股份有限公司
8	移动建设有限公司
9	铁建建设股份有限公司
10	建筑设计股份有限公司
11	人平保险股份有限公司
12	农田银行股份有限公司
13	国中银行股份有限公司
14	人民康健保险集团股份有限公司
15	交通信息银行股份有限公司
16	国中大恒集团
17	城商电子京东商务有限公司
18	中国信中大股份有限公司
19	桂园碧水控股有限公司
20	国中信电股份有限公司
21	想联控股股份有限公司
22	大西洋保险（集团）股份有限公司

图 6-2　客户表部分数据示例

城市ID	城市	省份
1	北京市	北京市
2	上海市	上海市
3	广州市	广东省
4	深圳市	广东省
5	天津市	天津市
6	成都市	四川省
7	杭州市	浙江省
8	苏州市	江苏省
9	重庆市	重庆市
10	武汉市	湖北省
11	南京市	江苏省
12	大连市	辽宁省
13	沈阳市	辽宁省
14	长沙市	湖南省
15	郑州市	河南省
16	西安市	陕西省
17	青岛市	山东省
18	无锡市	江苏省
19	济南市	山东省

图 6-3　城市表部分数据示例

产品ID	产品名称
1	可伸缩折叠餐桌
2	轻奢钢化玻璃茶几
3	轻奢大理石纹茶几
4	可变圆桌伸缩实木脚餐桌
5	小户型岩板餐桌
6	简约实木餐桌椅
7	小户型实木餐多
8	折叠家用小户型圆餐桌
9	小户型简约长方形餐桌
10	轻奢小户型实木餐椅
11	胡桃木色岩板餐桌椅组合
12	轻奢长方形岩板餐桌
13	小户型休闲实木餐桌
14	简约实木长方形餐桌椅
15	家用轻奢餐桌椅
16	高端岩板餐桌椅
17	意式岩板餐座椅
18	轻奢岩板餐桌椅
19	简约餐桌椅组合
20	岩板可伸缩餐桌椅

图 6-4　产品信息表部分数据示例

3. 销售收入分析业务流程与痛点分析

销售收入分析业务流程主要包括从财务系统中导出销售收入相关的数据，将其汇总后在 Excel 中分析对比各个客户、城市等销售情况并出具分析报告，发送分析报告等步骤。销售收入财经数据分析业务流程如图 6-5 所示。

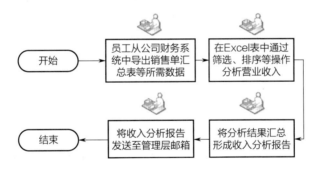

图 6-5　销售收入财经数据分析业务流程

由图 6-5 可知，在进行销售收入分析时，员工手动从财务系统中导出各个销售收入相关的数据表，并对销售收入的相关数据进行多维度横向对比和纵向对比分析。传统人工分析销售收入财经数据时，存在耗时较长、效率较低、人工成本较高的痛点。

二、操作准备

软件工具：PowerDesigner。

三、学习准备

为了有效绘制销售收入 E-R 模型、构建销售收入的物理模型、设计销售收入数据表的结构，需要进行学习和熟悉 PowerDesigner 软件，以便能够熟练地操作和使用它。

1. 熟悉 PowerDesigner 软件基本功能

打开 PowerDesigner 软件，对其界面进行熟悉，了解各个功能区的位置和功能，包括菜单栏、工具栏、绘图区等。这有助于快速找到所需的功能，提高绘图效率。

2. 运用 PowerDesigner 进行绘图

运用 PowerDesigner 进行绘制所需要的销售收入数据表 E-R 图、构建销售收入的物理模型、设计销售收入数据表的结构。在绘图过程中，灵活运用各种绘图工具和功能，如形状、线条、颜色、文字等，以达到清晰、准确、美观的绘图效果。

任务要领

一、数据表设计与实体关系分析

1）实体集与联系分析。首要任务是识别并明确销售收入数据表中的实体集，包括产品、客户、销售员等。随后，深入分析这些实体集之间的相互作用，如产品与销售员的销售关系、客户与产品的购买关系等，并详细定义每个实体集的属性。

2）物理模型构建。依据 E-R 图，将实体集转换成物理数据模型。在此过程中，确立各数据表之间的关联，如产品表与销售员表的连接。同时，根据实际需求设定表格的索引和约束条件，旨在优化数据查询和操作的性能。

3）数据表结构设计。具体指明每个表的列属性及其对应的数据类型，如产品编号为整型、产品名称为字符串型。在此基础上，根据实际业务需求设计表格的主键和外键，确保数据的完整性和一致性。

二、RPA 流程与技术关系理解

1）RPA 流程理解。重点在于掌握 RPA 在销售收入财经数据分析自动化流程中的应用，这涉及数据的自动采集、处理以及报告的生成等关键环节。

2）关键技术点。精准识别 RPA 流程中的关键技术要素，包括但不限于数据验证、异常处理、流程控制等，这些是保障自动化流程高效、准确运行的关键。

任务实施

一、任务流程

1）剖析销售收入的实体集，包括产品、客户、销售员等，并识别这些实体间的内在联系及其相互作用，构建 E-R 模型，并利用 PowerDesigner 软件绘制 E-R 图。

2）基于 E-R 模型，将实体集转换为物理模型，并确定各表之间的关系。同时，根据实际情况确定表格的索引和约束条件，以提升数据查询和操作的效率。

3）明确各表格的列属性和数据类型，如产品编号为整型，产品名称为字符串型等。随后，根据实际情况设计各表格的主键和外键，以维护数据的完整性和一致性。

4）设计销售收入 RPA 流程与技术关系图，明确 RPA 流程中的关键技术点，如数据验证、流程控制等，以确保自动化流程的顺畅和准确性。

二、任务操作

步骤一：启动 PowerDesigner 软件，选择"File"选项以创建新的绘图。在"File"选项下，选择"New Project…"，如图 6-6 所示。

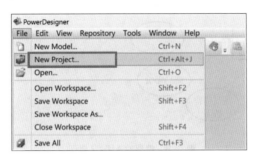

图 6-6　启动 PowerDesigner 软件（1）

步骤二：构建销售收入的 E-R 模型，由商品、客户、城市、销售订单实体集构成，每个实体集都有多个属性，需要明确实体集之间的联系。商品实体集与销售订单实体集之间存在销售关系，表示商品在销售订单中被销售。客户实体集与城市实体集之间存在位于关系，表示客户所在的地理位置。销售订单实体集与收入实体集之间存在生成关系，表示销售订单完成后的收入情况。从右边工具箱中拖入适合的图形放到画布中，实体为矩形，属性为椭圆形，关系为菱形，将他们用直线来连接起来，如图 6-7 所示。在图形中编辑文字，构建出的模型如图 6-8 所示。

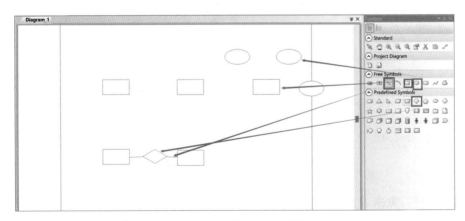

图 6-7　构建销售收入 E-R 模型

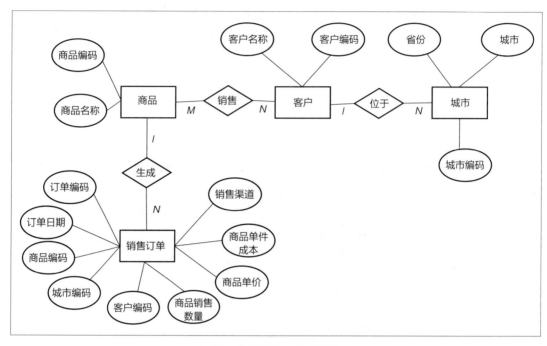

图 6-8 销售收入 E-R 模型

步骤三：根据 E-R 模型，构建销售收入的物理模型。首先，在"File"选项下，选择"New Model…"新建模型，如图 6-9 所示。在空白绘图页面上，拖入四个数据表，分别代表销售订单数据表、城市表、商品信息表和客户表，如图 6-10 所示。其次，双击每个数据表进行字段设置，输入相应字段名称、数据类型和字段大小以及主键等，如图 6-11～图 6-13 所示。最后，使用连接线工具，将"销售订单"数据表与其他三个表依次连接起来，以此建立销售收入的物理模型，结果如图 6-14 所示。

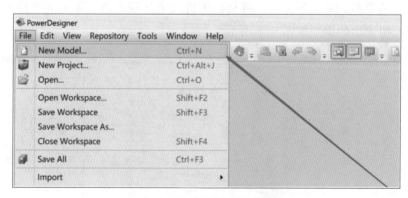

图 6-9 新建销售收入的物理模型

步骤四：进行数据表结构的设计，这涉及销售订单数据表、客户表、城市表以及商品信息表。这一过程要求精确地定义每个表的字段，确保数据的一致性和完整性。

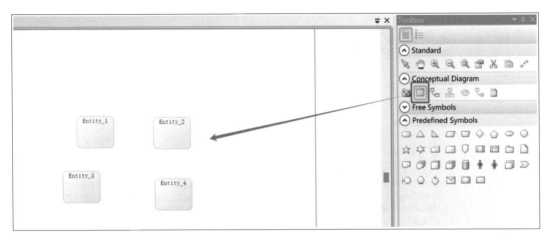

图 6-10　拖入四个数据表

图 6-11　编辑数据表名称信息

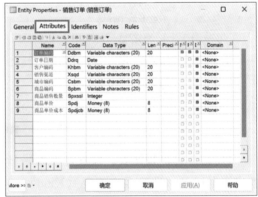

图 6-12　编辑数据表字段信息

图 6-13　编辑数据表主键

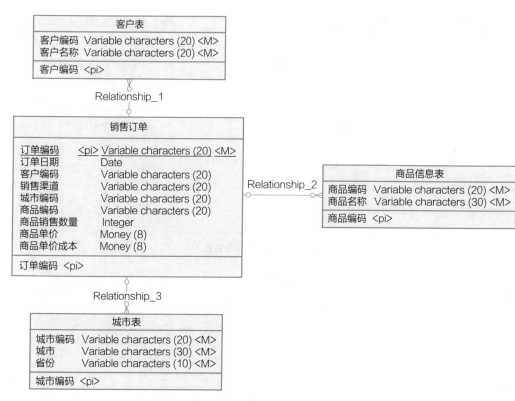

图 6-14　销售收入的物理模型

1）销售订单数据表。设置订单编码（Ddbm）为主键做经营数据的唯一标识，以便查询指定记录。设置客户编码（Khid）、销售渠道（Xsqd）、城市编码（Csid）、商品编码（Spid）作为外键，表示与客户表、城市表、商品表之间的相关联系。销售订单数据表结构见表 6-1。

表 6-1　销售订单数据结构

序号	字段	数据类型	字段标题	字段大小	字段说明
1	Ddbm	Varchar	订单编码	20	主键
2	Ddrq	Date	订单日期	0	销售订单的日期
3	Khid	Varchar	客户编码	30	外键
4	Xsqd	Varchar	销售渠道	30	外键
5	Csid	Varchar	城市编码	30	外键
6	Spid	Varchar	商品编码	30	外键
7	Spxssl	Int	商品销售数量	0	销售数量
8	Spdj	Money	商品单价	（8）	商品的单价
9	Spdjcb	Money	商品单件成本	（8）	商品的单位成本

2）客户表。设置客户 ID（Khid）为主键做客户数据的唯一标识，以便查询指定记录。客户表结构见表 6-2。

表 6-2　客户表结构

序号	字段	数据类型	字段标题	字段大小	字段说明
1	Khid	Varchar	客户 ID	20	主键
2	Khmc	Varchar	客户名称	30	客户的名称

3）城市表。设置城市 ID（Csid）为主键做销售业务经营城市数据的唯一标识，以便查询指定记录。城市表结构见表 6-3。

表 6-3　城市表结构

序号	字段	数据类型	字段标题	字段大小	字段说明
1	Csid	Varchar	城市 ID	20	主键
2	Cs	Varchar	城市	30	位于城市
3	Sf	Varchar	省份	10	城市所在省份

4）商品信息表。设置商品 ID（Cpid）为主键做经营产品数据的唯一标识，以便查询指定记录。商品信息表结构见表 6-4。

表 6-4　商品信息表结构

序号	字段	数据类型	字段标题	字段大小	字段说明
1	Cpid	Varchar	商品 ID	20	主键
2	Cpmc	Varchar	商品名称	30	经营的产品

步骤五：启动 PowerDesigner 软件，选择"File"选项以创建新的绘图，在"File"选项下，选择"New Project…"，如图 6-15 所示。

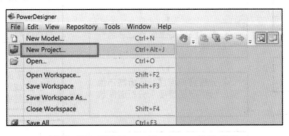

图 6-15　启动 PowerDesigner 软件（2）

步骤六：首先，设定一个三列的布局，每列的标题分别为"RPA 流程""RPA 技术实现""关键技术点"。接着，设计一系列基础的图形符号，用以代表不同的元素。用矩形来代表 RPA 流程中的各个步骤，同时使用圆形来标示流程的开始和结束点，设定绘图的布局如图 6-16 所示。

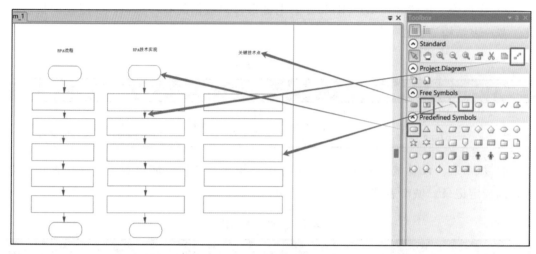

图 6-16 设定绘图的布局

步骤七：首先在每个形状内添加文本，描述该元素的内容，然后使用箭头工具将各个形状连接起来，表示它们之间的先后顺序或逻辑关系，最后得到的 RPA 流程、RPA 技术实现和关键技术点及其对应关系如图 6-17 所示。

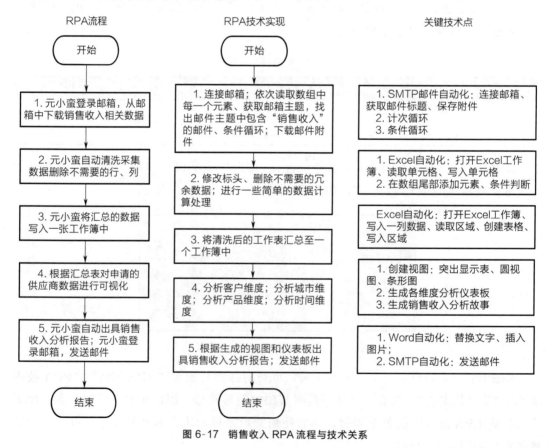

图 6-17 销售收入 RPA 流程与技术关系

三、任务拓展

（一）业务拓展

业务需求：如果公司发现商品销售总额增长缓慢，而毛利润率也呈现下降趋势，请你提出一个简单的策略，以提高商品销售总额和毛利润率。

（二）技术拓展

技术需求：如果想要在你已经设计好的销售订单数据表基础上，需要进一步优化表结构，以更好地支持销售数据分析，可以怎么做？

任务评价

评价内容	评价标准	完成情况评价 （0~10分）
销售收入商业理解	能够解释销售收入的重要性，分析数据以识别趋势和问题，制定销售策略	
E-R 模型构建	E-R 模型理解透彻，能准确描述明确销售收入数据表的实体集、属性及联系，并在 PowerDesigner 中绘制	
物理模型设计	能够将销售收入数据实体集 E-R 模型转化为销售收入物理模型，初步完成各个数据表的字段标题设计	
数据表结构设计	能够设计符合分析需求的销售数据表结构，包括字段、数据类型、字段标题、字段大小、字段说明等	
销售收入分析 RPA 流程与技术关系图设计	能够设计 RPA 流程步骤，掌握 RPA 技术实现步骤、关键技术点及其对应关系	
业务拓展	能够结合实际情况，提出具体可行的措施，并能够合理解释这些措施如何实现目标业务情况用以提高商品销售总额和毛利润率	
技术拓展	能够针对现有数据表的问题提出合理的优化方案，并确保方案的实用性和数据安全性	

任务二十

RPA 数据采集与处理流程设计及框架搭建

任务情景

在财经城堡中，"数据小侠"家桐正全神贯注地准备着他的下一个任务。他深知，只有通过精确的数据采集和处理才能揭示隐藏在销售收入数据中的财经秘密。随着他的操作，RPA 机器人开始响应，准备执行家桐的指令，一起揭开销售收入数据背后的真相。

在本任务中，家桐将学习如何设计 RPA 销售收入数据采集和处理流程，并搭建整体框架。这将为精准的数据分析奠定基础。

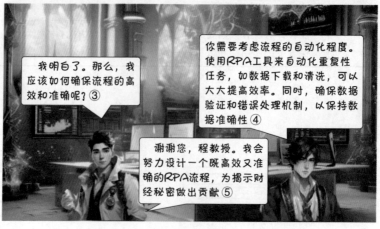

任务布置

1）数据采集与处理流程设计。系统梳理业务流程并精心设计自动化流程，旨在实现销售收入数据的高效采集与精确处理。确保所设计的流程能够提升操作效率，同时保障数据处理的准确性。

2）搭建机器人框架。利用 UiBot Creator，搭建一个全面覆盖数据采集与处理各环节的销售收入财经数据分析机器人框架。该框架应支持数据采集与处理各环节的自动化，确保整个财经数据操作的流畅性和连贯性。

任务准备

一、知识准备

1. 数据采集

数据采集涉及从电子邮件中下载 Excel 格式的销售利润数据文件，数据来源见表 6-5。这一步骤确保了数据采集的便捷性和时效性。

表 6-5　数据来源

数据来源	文件名/网址	主要数据内容
下载的 Excel 文件	销售订单数据表.xlsx	订单日期
		商品销售数量
		商品单价
	客户表.xlsx	客户编码
		客户名称
	城市表.xlsx	城市编码
		城市
		省份
	产品表.xlsx	产品编码
		产品名称

2. 数据处理

数据采集之后，就可以开始读取这些数据，并执行包括转换、筛选和删除在内的多种数据处理方法，以有效提升数据的质量和可用性。数据处理方法见表 6-6。

表 6-6 数据处理方法

数据处理方法	主要内容
转换	将"商品单价"重命名为"商品销售单价"
替换	将销售单中的客户编码"KH001"替换为客户表中对应的"CUS001"
筛选	根据产品毛利润率筛选高、中、低利润率产品
删除	删除空值
计算	计算每笔订单销售总额、产品毛利率

3. 数据输出

处理后的数据将被重新输出,以便进行下一步的数据分析和展现。这一过程不仅提高了数据分析的准确性,还显著降低了错误发生的概率,从而确保了分析结果的可靠性和价值。

4. 技术实现关键点

利用 UiBot Creator 开发销售收入财经数据分析机器人,涵盖三个关键环节,分别是获取销售数据,对错误数据、空值进行识别清洗,计算销售总额和毛利润率,具体的技术路线设计见表 6-7。

表 6-7 技术路线设计

序号	流程块	技术实现
1	获取销售数据	添加"打开 Excel 工作簿""构建数据表""合并数据表""写入区域"命令,实现客户信息和应收账款的内连接
2	对错误数据、空值进行识别清洗	添加 Excel 中的"写入行""写入区域"命令,将数组中的数据和内部数据写入汇总表"申请供应商信息.xlsx"中
3	计算销售总额和毛利润率	添加"从初始值开始按步长计数""如果条件成立"命令,对欠款天数进行账龄分组。添加 Excel 中的"写入单元格"命令,在未收款项数据表中增加账龄数据列

二、操作准备

软件工具:Microsoft Visio,UiBot Creator。

三、学习准备

登录"云会计数智化前沿"微信公众号,打开"零起点学 UiBot RPA 软件"课程完成"第三章 UiBot 办公自动化技术"中的"第一节 UiBot Excel 数据处理自动化""第二节 UiBot E-mail 人机交互自动化"的学习,整体了解销售收入数据采集与处理流程设计的有关命令。

一、数据采集与处理流程设计

1）分析流程。深入分析企业销售收入数据采集与处理的现行流程，精准识别出适合自动化的关键任务和操作步骤，为流程优化打下基础。

2）绘制流程图。确立流程中的数据源，并标注流程中的关键节点，如数据抓取、验证、转换等。在流程图中详细展示各节点间的输入输出关系以及数据流向，确保整个流程设计的逻辑性和流畅性。

二、用 UiBot Creator 搭建框架

1）构建整体框架。依据已绘制的流程图，在 UiBot Creator 中搭建对应的流程块，涵盖从获取销售数据到数据处理的各个阶段，确保框架的完整性。

2）明确流程块之间的连接逻辑。精心设计流程块之间的逻辑关系，保障数据在不同流程块间的准确传递和处理，确保自动化流程的顺畅运行。

任务实施

一、任务流程

1）设计数据采集与处理自动化流程技术路线，包括选择合适的技术工具和方法，以及确定自动化流程的具体步骤和逻辑。

2）根据设计的自动化流程，用 UiBot Creaor 搭建整体框架。这个框架支持数据的顺畅流动和高效处理，包括数据的采集和处理环节。

二、任务操作

该部分任务操作步骤将通过线上方式呈现。请您扫描"云会计数智化前沿"微信公众号二维码，在公众号内"学习"板块完成平台账号的注册，登录平台后进入"RPA 财经数据分析与可视化"课程，并根据提示输入本书封底的专用账号和密码，即可获取详细的操作步骤。

云会计数智化前沿
微信公众号

三、任务拓展

（一）业务拓展

业务需求：如果企业需要增加让销售收入财经数据分析机器人适应不同行业的数据特点这一需求，应该如何做？

（二）技术拓展

技术需求：企业如果需要将处理后的数据导出的 Excel 报告自动发送给指定的管理人员，应如何修改自动化流程以及框架搭建？

任务评价

评价内容	评价标准	完成情况评价（0~10分）
设计数据采集与处理、自动化流程技术路线	能够对三个核心流程块的技术有深入的理解，完成流程技术路线的设计	
设计数据输入流程	能够理解和描述邮箱登录、下载 Excel 文件并正确保存到指定文件夹的操作流程	
设计数据处理流程	能够学会使用转换、筛选、替换、删除等数据处理方法对销售收入数据进行清洗的设计流程	
设计数据输出流程	能够设计将清洗后的数据正确输出并进行基本数据分析的框架	
业务拓展	能够理解并提出基于行业特点的机器人数据采集范围和方式的具体调整策略，以及能够设计灵活的销售数据处理流程以满足业务需求	
技术拓展	能够在 Microsoft Visio 中正确绘制修改后的自动化流程图，能够在 UiBot Creator 中正确绘制修改后的整体流程框架，各个流程衔接合理，功能描述清晰	

任务二十一

企业销售收入数据采集与处理机器人开发

任务情景

在财经城堡的数智魔法实验室里，"数据小侠"家桐正全神贯注地准备着他的挑战。家桐的眼睛紧盯着屏幕上的代码，手指在键盘上飞快地敲击，紧张而专注的气氛弥漫在空气中，家桐深知，每一条指令，每一个图像，都可能成为解锁财经秘密的钥匙。随着他的操作，机器人仿佛被赋予了生命，准备听从家桐的指挥，共同探索销售收入数据背后的真相。

任务布置

1）利用 UiBot Creator 实现销售收入数据文件导入。启动 UiBot Creator，指导机器人从电子邮件中检索并下载 Excel 格式的销售收入数据。确保导入过程无误，并将文件妥善保存于系统指定位置，为后续数据处理工作做好准备。

2）利用 UiBot Creator 实现销售收入数据处理。在 UiBot Creator 中，配置机器人执行销售收入数据自动化采集与处理的关键步骤。具体包括数据清洗以消除重复项和修正错误，数据转换以适应分析所需格式，以及删除无效或不必要的条目。这些步骤共同保障数据集的纯净度和分析结果的精确性。

3）利用 UiBot Creator 实现处理后的销售收入数据导出。完成数据处理后，指导机器人将清洗和转换后的销售收入数据导出为新的 Excel 文件。确保导出的数据满足报告和分析的标准，格式规范且具备良好的可读性。

任务准备

一、知识准备

1. E-mail 人机交互自动化

（1）获取邮件列表　自动化邮件处理的第一个步骤通常是获取邮件列表。这可以通过调用电子邮件客户端的 API（应用程序编程接口）来实现。获取到的邮件列表通常是一个数组，数组中的每一个元素都是一个邮件对象，对于企业来说，这些邮件可能包含了来自不同部门或客户的销售收入报告。通过解析这些邮件对象，可以提取出销售数据，进而进行汇总和分析，以生成准确的财务报告和业绩评估。

（2）下载附件　在获取到邮件列表之后，RPA 机器人可以根据预设的规则，如邮件的发件人、主题等，找到需要处理的邮件，并从这些邮件中下载需要的附件。这可以通过解析邮件内容，找到附件的链接，然后使用网络请求将附件下载到本地。

2. UiBot Creator 基本命令

（1）词法语法（从初始值开始按步长计数）　在 UiBot Creator 中，经常会用到循环结构来处理数据。设置一个 for 循环，从销售记录的起始索引（start）开始，到记录的结束索引（end）结束，每次迭代增加一个特定的步长（step），这样可以逐条处理销售收入数据。在循环体内，可以通过编写代码来清洗数据，如去除空值、纠正数据格式、计算累计销售收入等。此外，for 循环还可以用于对特定时间段内的销售数据进行汇总，或者对不同的销售区域进行分类统计。通过这种方式，UiBot Creator 能够自动化地处理大量财经数据，提高数据处理的速度和准确性，为企业提供及时、可靠的销售数据分析报告。

（2）基本命令（转为小数数据）　在 UiBot Creator 中，将企业销售收入数据转换为小数（浮点数）类型是数据处理的关键步骤，它使从文本格式的销售收入记录能够被准确地进行数学运算和分析，如计算总销售额、平均销售额和销售增长率等。

二、操作准备

软件工具：UiBot Creator。

三、学习准备

访问"云会计数智化前沿"微信公众号，进入"学习"板块后选择"零起点学 UiBot RPA 软件"课程，复习"第三章　UiBot 办公自动化技术"中的"第一节　UiBot Excel 数据处理自动化""第二节　UiBot E-mail 人机交互自动化"和"第四节　Word 文本处理自动化"的视频内容。

任务要领

一、用 UiBot Creator 实现销售收入数据采集

在 UiBot Creator 中，掌握从电子邮件中检索并下载 Excel 格式的销售收入数据，并将文件保存至适当位置，以便后续处理。

二、用 UiBot Creator 实现销售收入数据处理

1）清洗销售收入数据。学习如何对销售收入数据进行清洗，包括去除重复项、修正错误和标准化数据格式。

2）转换数据类型。掌握如何进行数据转换，调整销售收入数据的格式，特别是将文本格式的数据转换为数值型，以便于进行统计分析和计算，确保数据在分析过程中的适用性和灵活性。

3）数据删除处理。掌握清除数据集中的无效和不需要的条目，如空值、异常值等，进一步净化数据，为后续的分析、展现和报告打下坚实的数据基础。

任务实施

一、任务流程

使用 UiBot Creator 软件开发机器人，具体任务流程内容如下：

1）配置 SMTP 服务器，输入登录账号和密码，建立邮箱连接，并从邮箱列表里下载含销售收入数据的 Excel 附件。

2）打开"销售收入数据"Excel表，定位至"销售订单数据表"工作表，清除无关冗余数据，更新表头，并替换销售单中的客户编码为客户表中对应的数据。

3）在"销售订单数据表"中分别获取商品销售数量、商品销售单价、商品单件成本的数据，将其转换为数值类型，随后，计算商品销售总额以及毛利润率。

4）根据计算出的毛利润率，对产品进行分类，筛选出高、中、低利润率的产品，并将分类结果更新至"销售订单数据表"，确保数据为后续的深入分析和业务应用做好准备。

二、任务操作

该部分任务操作步骤将通过线上方式呈现。请您扫描"云会计数智化前沿"微信公众号二维码，在公众号内"学习"板块完成平台账号的注册，登录平台后进入"RPA财经数据分析与可视化"课程，并根据提示输入本书封底的专用账号和密码，即可获取详细的操作步骤。

云会计数智化前沿
微信公众号

三、任务拓展

（一）业务拓展

业务需求：如何将销售收入数据与其他业务数据（如市场推广费用、员工工资等）结合，以更全面地分析公司运营状况？

（二）技术拓展

技术需求：如果想要在判断条件："毛利润率＞0.5 产品类别 = "高利润率产品" ElseIf 毛利润率＜=0.5 And 毛利润率＞0.3 产品类别 = "中利润率产品" Else 产品类别 = "低利润率产品""的基础上，将利润率产品再进行一个细分，应该怎么实现呢？

任务评价

评价内容	评价标准	完成情况评价（0~10分）
数据采集准确性	能够准确无误地从邮箱中获取并下载销售收入数据	
数据处理完整性	能够对销售收入数据进行全面的清洗和预处理，确保数据的准确性和一致性	
数据输出有效性	能够将清洗和转换后的数据有效输出	

评价内容	评价标准	完成情况评价 （0~10分）
业务拓展	能够详细描述新增业务需求数据如何收集，同时能够利用 Excel 的"合并数据表"功能，将销售收入数据与其他业务数据有效合并	
技术拓展	能够详细说明如何修改条件判断命令，实现对中利润率产品更细致的分类，展示出机器人对技术需求的深入理解和灵活应用	

销售收入数据分析 Tableau 可视化设计与实现

任务情景

　　财经数据世界的深处，隐藏着一个能影响整个世界的财经秘密。"数据小侠"家桐需要通过分析各种财经数据，揭开这层笼罩在财经数据之上的迷雾，捍卫市场的公平与正义。

　　在魔法城堡的实验室里，家桐的面前是一台跳跃着各种数据的电脑分析终端。在接下来的魔法数据之旅中，他将学习如何多维度、深层次地剖析销售收入财经数据，不仅限于产品种类、客户群体这些基础维度，更将时间变迁的轨迹与地域分布的脉络纳入考量，构建出一张错综复杂却又条理清晰的数据可视化网络图。

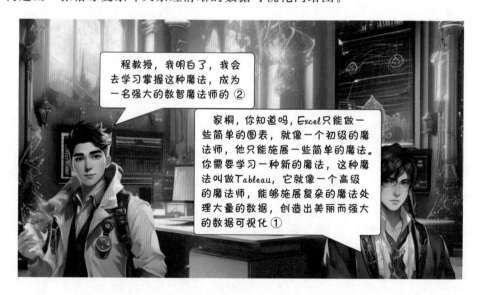

任务布置

　　1）应用销售收入财经数据分析的多维度视角。实现多维度视角分析，就需要从产品盈利性和市场表现、客户贡献度和成长潜力、销售节奏和趋势，以及客户覆盖密度等多个角度入手，通过全面的分析，揭示销售数据背后的深层次信息。

2）设计工作表视图。根据不同的业务需求，将数据以多种可视化形式展现。利用图表等视觉化工具，使复杂数据信息变得直观易懂，提升数据解读的效率和质量。

3）创建工作表。使用Tableau软件连接数据源，并根据预先设计的工作表视图，创建具体的工作表。在此过程中，需注意调整布局、设置样式、设计交互等细节，以确保工作表的实用性和美观性。

4）创建仪表板。将已创建的工作表视图按照产品维度、客户维度、区域维度、时间维度等进行分类整合，制作成仪表板。在创建过程中，需执行调整布局、设置样式等操作步骤，以实现仪表板的功能性和展示效果。

任务准备

一、知识准备

（一）业务知识

1. 销售收入财经数据分析维度

（1）产品　从产品维度，销售收入财经数据分析的指标如下：

毛利润分析：对各个产品的毛利润进行详细分析，包括毛利润率、毛利润等关键指标，以评估产品的盈利能力。

销售收入分析：对不同产品的销售收入进行统计和分析，以评估产品的市场表现。

销售渠道分析：对产品销售所依赖的渠道进行深入分析，包括线上渠道、线下经销商渠道、线下直营店等，以了解各渠道的销售贡献。

（2）客户　从客户维度，销售收入财经数据分析的指标如下：

销售额分析：对不同客户的销售额进行统计和分析，包括客户购买力等，以评估客户的贡献度。

销售额增长率分析：对客户销售额的增长率进行跟踪和分析，以评估客户的成长潜力。

（3）时间　从时间维度，销售收入财经数据分析的指标如下：

日销售收入分析：对每日销售收入进行详细记录和分析，包括日均销售收入、销售高峰和低谷等，以掌握销售节奏。

月销售收入增长率分析：对每个月的销售收入增长率进行统计和分析，包括历年月销售业绩对比等，以了解销售趋势。

（4）区域　从区域维度，销售收入财经数据分析的指标如下：

营业收入分析：对不同省份的营业收入进行统计和分析，包括省份市场份额、区域销售潜力等，以评估各区域的业绩表现。

客户数量密度分析：通过绘制各省份的客户数量密度图，展示客户在不同地区的分布情况，以了解各区域的客户覆盖密度。

2. 图表的选择与可视化设计

可视化设计呈现的核心在于图表的选择，常见的可视化图表包括：折线图、柱状图、树状图等，每个图表适用的场景根据业务需求而不同。

（1）构建客户销售额分析视图　在图表的选择方面，选择一种以客户名称为行、营业收入为列的柱形图布局，如图 6-18 所示。这种布局方式的优势在于，它能够直观地展示每个客户的销售业绩，让信息使用者迅速定位并理解特定客户的数据。

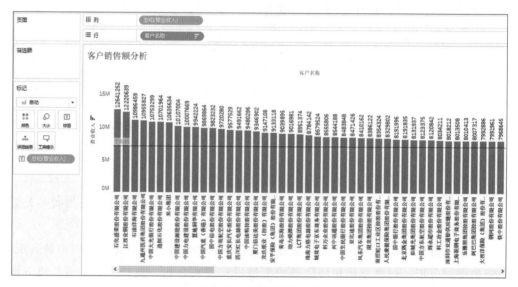

图 6-18　客户销售额分析

在可视化设计方面，柱形图上以标签的形式显示了营业收入的具体数值，使读者在把握整体销售趋势的同时，能够获得精确的数值数据，从而提高了图表的信息含量。最后，这种图表设计还能够直观地比较不同客户的销售额。通过这种方式，信息使用者可以更加容易识别出哪些客户是高价值客户，以及哪些客户可能需要通过特定的市场策略来提升销售业绩。

（2）构建各产品毛利润/毛利润率分析视图　在图标的选择方面，选择以度量名称为列，以省、城市、客户名称、产品名称为行的表格形式，如图 6-19 所示。这种布局允许清晰地展示不同维度对毛利润和毛利润率的影响，从而使信息使用者能够深入理解各产品在不同地区、不同客户群体中的盈利情况。

在可视化设计方面，使用分类作为颜色区分，不仅美化了图表，而且提高了视觉可读性。不同的颜色可以帮助信息使用者快速地区分和识别不同的分类，从而更好地理解数据。此外，度量值作为标签显示在表格中，为信息使用者提供了详细的数值信息，使他们在把握整体趋势的同时，能够了解到具体的数据值，增加图表的信息密度。通过这种可视化设计，可以直观地比较不同产品、不同地区、不同客户群体之间的毛利润和毛利润率，并识别出其中的模式和趋势。这种表格设计不仅强化了数据的可视化表达，还有助于数据故事的讲述，从而帮助信息使用者更深入地分析和理解各产品毛利润和毛利润率背后的意义。

图 6-19　各产品毛利润/毛利润率分析

（3）构建日营业收入分析视图　在图表选择方面，选择趋势图作为展示工具具有多重优势。趋势图以订单日期为行，以每天的营业收入为列，形成一系列连续的线条，如图 6-20 所示。这些线条在图表中起伏变化，可以直观地反映出在特定日期的营业收入情况，以及随着时间推移整体营业收入的增长或下降趋势。

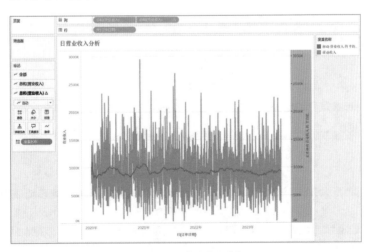

图 6-20　日营业收入分析

在可视化设计方面，利用不同的颜色来区分营业收入和营业收入增长率，不仅增强了图表的可读性，还使数据之间的差异更加显著，有助于深入挖掘销售数据背后的信息。

（4）构建各产品营业收入视图 在图标的选择方面，块状图是一个很好的表现形式，同时通过大小和颜色来表示营业收入不同的度量值，如图 6-21 所示。在块状图中，每个产品方块都附带有标签，标签上显示产品名和对应的营业收入。这样的布局使信息使用者可以直观地了解到每个产品的营业收入情况，以及各产品之间的差异。

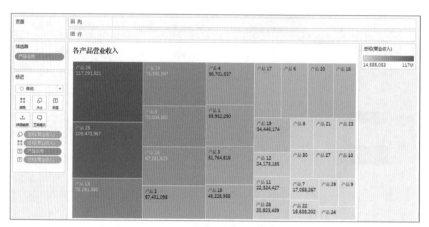

图 6-21 各产品营业收入分析块状图

在可视化设计方面，使用不同的颜色强度和方块大小来展示营业收入的多少，以便信息使用者能够立即识别营业收入较高的产品。

（5）构建各省、自治区、直辖市营业收入视图 在图表选择方面，选择突出显示表作为展示工具是极具优势的，如图 6-22 所示。图中左侧列出了各省、自治区、直辖市名称，右侧则显示了相应的营业收入数值。这种布局有助于清晰地比较不同省份之间的销售业绩差异。

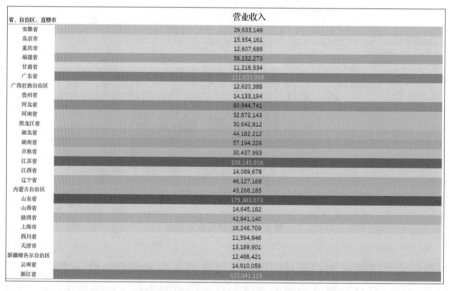

图 6-22 各省、自治区、直辖市营业收入

在可视化设计方面，该表格使用了渐变蓝色的配色方案，通过颜色的深浅直观地比较各省份营业收入的多少，便于直观地看出营业收入较高和较低的省份。同时，由于没有复杂的图形元素或文本干扰，观众可以快速抓住关键信息并进行对比分析。

（6）构建月营业收入增长率视图　在图表的选择方面，双组合图将订单日期的年和月作为横轴的分类变量，营业收入作为纵轴的数值变量。在这里，营业收入被表示为柱状图，而月营业收入增长率则被表示为不连续的折线图，如图 6-23 所示。因此，可以清晰地展示各月的营业收入和增长率，使信息使用者能够快速把握销售收入的走势。此外，通过柱状图和折线图的组合，还便于对比各月的营业收入和增长率，找出表现最佳和最差的月份。

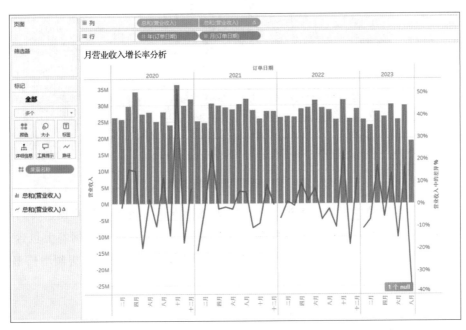

图 6-23　月营业收入增长率

在可视化设计方面，可以用不同的颜色区分营业收入和月营业收入增长率，这样的布局使分析者可以直观地了解到每个月的营业收入以及增长率。

（7）构建各城市拥有客户数量视图　在图表选择方面，选择突出显示表作为展示工具是极具优势的，如图 6-24 所示。这种布局使得不同城市之间的客户数量对比更加直观清晰。每个城市的数据都通过一个水平条形表示。

在可视化设计方面，该表格使用了渐变蓝色调作为背景色。同时，为了突出显示不同的数值，通过颜色的深浅直观地比较各城市客户数量的多少。表格中的数字与背景相反的采用了白色或黑色字体，确保了信息的可读性和易辨识性。此外，表格顶部的标题"各城市客户数量"简洁明了地概括了整个图表的主题，有助于读者迅速理解所展示的内容。

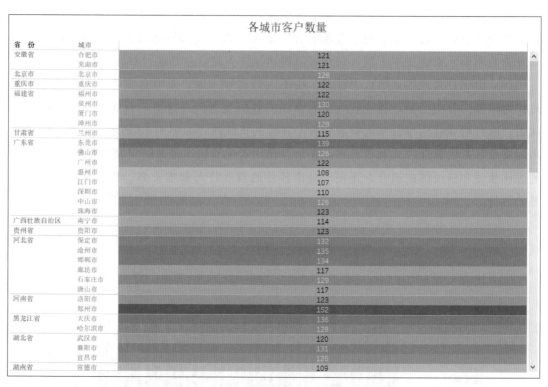

图 6-24　各城市拥有客户数量

（8）构建各客户销售额增长率视图　在图表选择方面，选择表格视图。将订单日期的年份作为列标题，客户名称作为行标题，每个单元格会显示标签，标签上包含该客户的营业收入，如图 6-25 所示，以便分析者能够立即识别每个客户的销售额增长率。

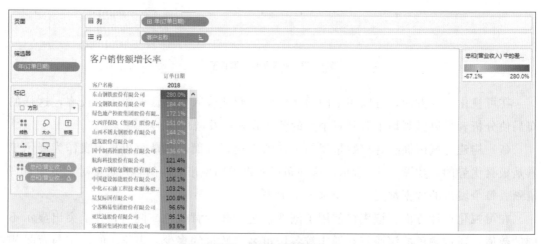

图 6-25　各客户销售额增长率

在可视化设计方面，将营业收入作为颜色编码的参考。这种视图的每个单元格中的颜色深浅反映了该客户在该年份的销售额增长率。

（二）技术知识

1. 创建字段

Tableau 是一款强大的数据可视化工具，它允许用户通过拖放方式将数据转换成直观的图表和仪表板。在 Tableau 中，创建字段是一个将数据源中的列进行转换和组合的过程。

2. IF 公式

在 Tableau 中，IF 公式是一种逻辑公式，用于在计算字段中执行条件检查，并根据检查的结果返回不同的值。IF 公式在数据分析和可视化过程中非常有用，因为它可以帮助使用者根据特定条件来展示或隐藏数据，或者对数据进行条件汇总。

其基本公式如下：

```
IF 条件 1 THEN
    值 1
ELSE IF 条件 2 THEN
    值 2
ELSE IF 条件 3 THEN
    值 3
…
ELSE
    默认值
END
```

在这个语法中，Tableau 会检查条件 1 是否为真。如果为真，则返回值 1；如果条件 1 为假，则检查条件 2，以此类推。如果所有条件都为假，则返回最后一个 ELSE 后面的值，如果没有 ELSE，则不返回任何值。

这里有一个具体的例子。假设你有一个销售数据表，其中有一个字段是"折扣"，你想创建一个新字段来表示"折扣类别"，该类别根据折扣的大小分为"高""中""低"。可以使用以下 IF 公式来实现：

```
IF[折扣] = ＞0.3THEN '高'
ELSE IF [折扣] = ＞ 0.2 THEN '中'
ELSE IF [折扣] = ＞ 0.1 THEN '低'
ELSE '无'
END
```

在这个例子中，如果"折扣"字段的值大于等于 0.3，新字段将返回"高"；如果"折扣"字段大于等于 0.2，小于 0.3，新字段将返回"中"；如果折扣大于等于 0.1，小于 0.2，新字段将返回"低"；如果折扣小于 0.1，新字段将返回"无"。

IF 公式在 Tableau 中非常灵活，可以用于各种复杂的逻辑判断，是数据清洗和转换的一个强大工具。通过合理使用 IF 公式，可以大大提高数据分析的准确性和效率。

二、操作准备

软件工具：Tableau Desktop。

数据准备：Excel 工作簿——财务基础数据 .xlsx，表中具体内容如图 6-26～图 6-29 所示。

	A	B	C	D	E	F	G	H	I
1	订单号	订单日期	客户ID	销售渠道	城市ID	产品ID	产品销售数量	产品单价	产品单件成本
2	100003419	2023/8/20	121	线下经销商	37	13	14	7,377	3,762
3	100003420	2023/8/20	86	线下经销商	59	10	24	2,392	1,555
4	100003421	2023/8/20	41	线上购物平台	10	6	12	5,829	2,681
5	100003422	2023/8/20	137	线下直营店	56	25	14	603	362
6	100010675	2023/8/20	33	线下直营店	85	15	14	17,105	9,750
7	100010676	2023/8/20	134	线上购物平台	59	18	14	7,517	6,239
8	100010677	2023/8/20	47	线下直营店	7	19	24	17,527	12,970
9	100010678	2023/8/20	150	线上购物平台	52	25	22	5,909	4,728
10	100010679	2023/8/20	67	线上购物平台	80	6	20	2,754	2,286
11	100010680	2023/8/20	122	线上购物平台	22	3	14	784	321
12	100010681	2023/8/20	165	线下直营店	46	28	14	5,990	4,432
13	100010682	2023/8/20	86	线上购物平台	30	16	18	11,738	8,452
14	100010683	2023/8/20	43	线下直营店	60	13	20	5,568	3,341
15	100010684	2023/8/20	165	线上购物平台	65	16	22	11,879	6,415
16	100010673	2023/8/19	78	线上购物平台	66	26	22	3,457	2,662
17	100010674	2023/8/19	3	线上购物平台	15	1	18	15,980	6,711
18	100010669	2023/8/18	164	线上购物平台	70	15	18	11,718	8,789
19	100010670	2023/8/18	109	线下经销商	65	26	12	3,095	1,733
20	100010671	2023/8/18	9	线下经销商	42	13	14	583	449
21	100010672	2023/8/18	69	线下经销商	39	13	22	15,638	8,444
22	100010661	2023/8/17	64	线上购物平台	24	25	22	7,558	4,308
23	100010662	2023/8/17	77	线下直营店	79	2	20	11,839	5,919
24	100010663	2023/8/17	101	线上购物平台	36	26	24	3,337	1,368
25	100010664	2023/8/17	90	线下直营店	51	22	14	5,347	4,117
26	100010665	2023/8/17	15	线下直营店	15	1	22	2,573	1,132
27	100010666	2023/8/17	163	线下直营店	51	5	12	8,120	5,359
28	100010667	2023/8/17	84	线上购物平台	38	14	12	3,136	2,164
29	100010668	2023/8/17	112	线上购物平台	55	8	10	11,578	5,789

销售单表 | 客户表 | 城市表 | 产品表

图 6-26　销售单表

	A	B
1	客户ID	客户名称
2	1	石太化工股份有限公司
3	2	石然天气股份有限公司
4	3	德泰建筑股份有限公司
5	4	安平保险（集团）股份有限公司
6	5	海上汽车集团股份有限公司
7	6	商工银行股份有限公司
8	7	铁中股份有限公司
9	8	移动建设有限公司
10	9	铁建建设股份有限公司
11	10	建筑设计股份有限公司
12	11	人寿保险股份有限公司
13	12	农田银行股份有限公司
14	13	国中银行股份有限公司
15	14	人民康健保险集团股份有限公司
16	15	交通信息银行股份有限公司
17	16	国中大恒集团
18	17	城商电子京东商务有限公司
19	18	中国信中大股份有限公司
20	19	桂园碧水控股有限公司
21	20	国信电股份有限公司
22	21	想联控股股份有限公司
23	22	大西洋保险（集团）股份有限公司
24	23	绿色地产控股集团有限公司
25	24	阿巴巴集团控股有限公司
26	25	国中制药控股有限公司
27	26	航海科技股份有限公司
28	27	迅腾控股有限公司
29	28	山宝钢铁股份有限公司

销售单表 | 客户表 | 城市表 | 产品表

图 6-27　客户表

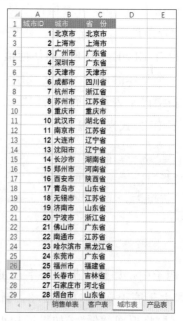

	A	B	C	D	E
1	城市ID	城市	省份		
2	1	北京市	北京市		
3	2	上海市	上海市		
4	3	广州市	广东省		
5	4	深圳市	广东省		
6	5	天津市	天津市		
7	6	成都市	四川省		
8	7	杭州市	浙江省		
9	8	苏州市	江苏省		
10	9	重庆市	重庆市		
11	10	武汉市	湖北省		
12	11	南京市	江苏省		
13	12	大连市	辽宁省		
14	13	沈阳市	辽宁省		
15	14	长沙市	湖南省		
16	15	郑州市	河南省		
17	16	西安市	陕西省		
18	17	青岛市	山东省		
19	18	无锡市	江苏省		
20	19	济南市	山东省		
21	20	宁波市	浙江省		
22	21	佛山市	广东省		
23	22	南通市	江苏省		
24	23	哈尔滨市	黑龙江省		
25	24	东莞市	广东省		
26	25	福州市	福建省		
27	26	长春市	吉林省		
28	27	石家庄市	河北省		
29	28	烟台市	山东省		

销售单表 | 客户表 | 城市表 | 产品表

图 6-28　城市表

所示，共包含四张工作表，分别是销售单表、客户表、城市表、产品表。销售单表用于记录销售的商品明细数据；客户表用于记录与企业有业务往来客户的基本信息；城市表记录了重庆蛮先进智能制造有限公司的销售业务经营省份和销售业务经营城市信息；产品表记录了重庆蛮先进智能制造有限公司经营的商品信息。

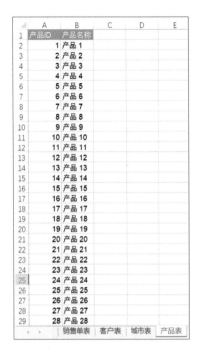

图 6-29　产品表

三、学习准备

1. 收集并掌握数据文件

收集所有必要的数据文件，包括"销售单表""客户表""城市表""产品表"。理解每个表格的数据结构及其相互间的关系，为在 Tableau 中构建有效的数据连接打下基础。

2. 掌握多维度的销售收入财经数据分析方法

熟悉销售收入财经数据分析的多种维度，包括产品、时间、客户、区域，确保数据分析的多视角和全面性。能够从这些视角识别出销售趋势、季节性变化、客户偏好和地区差异。

3. 掌握 Tableau 可视化技能

熟练掌握在 Tableau 中创建和优化工作表及仪表板的方法，了解不同图表类型（如条形图、折线图、散点图、气泡图和地图）的应用场景，增强数据呈现的专业度。同时学习如何利用颜色和图形使数据可视化的信息更加易读，支持更精准的业务决策。

4. 熟悉 Tableau 基本语法

Tableau 采用 VizQL 语言实现数据的动态查询与展示。熟悉 VizQL 的基本用法，比如数据的选择、过滤、聚合、计算字段的创建以及数据透视等操作。特别注意学习如何使用"IF 条件语句"来对毛利润率进行有效分类。

任务要领

一、掌握 Tableau 工作表视图的设计方法

在使用 Tableau 设计图表之前，先明确数据间的逻辑关系，这是关键步骤。根据数据特性和展示目标，选择合适的图表类型，以确保图表能够有效地传达信息。

二、绘制信息清晰直观的 Tableau 工作表

1）数据表关系。从"数据源"面板中添加数据文件，并建立数据表之间的联系。两

两数据表之间通过某一列字段相同的字段值创建关系，确保数据表之间的正确连接。

2）工作表的创建。选取分析要用到的关键字段，并根据分析目的，将其放在行或列。选择正确的图表样式来展现数据，确保工作表的信息清晰直观。

三、构建高信息密度的 Tableau 仪表板

将创建完成的工作表按照四个维度展现到不同的仪表板上，确保每个仪表板上的工作表与仪表板主题相匹配，并且布局与设计合理，具有一定的美观性和易读性，以构建高信息密度的仪表板。

任务实施

一、任务流程

利用 Tableau 实现销售收入数据分析可视化的流程步骤如下：

1）使用 Tableau 连接数据源，将数据导入 Tableau 并建立数据连接。

2）在 Tableau 中创建新的字段，通过计算、聚合或转换数据，生成新的数据字段以满足分析需求。

3）创建工作表，绘制工作表并设置格式，包括标题、图例、轴标签等，确保工作表直观且易于理解。

4）创建仪表板，将绘制好的工作表归类为四个维度的仪表板中。

二、任务操作

销售收入财经数据分析可视化的 Tableau 实现，包括连接数据并设置数据格式、绘制图形、生成仪表板等操作。

该部分任务操作步骤将通过线上方式呈现。请您扫描"云会计数智化前沿"微信公众号二维码，在公众号内"学习"板块完成平台账号的注册，登录平台后进入"RPA 财经数据分析与可视化"课程，并根据提示输入本书封底的专用账号和密码，即可获取详细的操作步骤。

云会计数智化前沿
微信公众号

三、任务拓展

（一）业务拓展

业务需求：目前的数据表只涵盖了销售数据的销售单表、客户表、城市表、产品表，是否可以扩展到其他销售相关数据？

（二）技术拓展

技术需求：本任务中的仪表板设计比较基础简单，还能够通过哪些操作增加仪表板

的可读性和美观性？

任务评价

评价内容	评价标准	完成情况评价（0~10分）
销售收入财经数据分析的维度	熟练掌握销售收入财经数据分析的维度的分析内容	
图表的选择	能准确描述选择对应可视化图表的原因及优势	
可视化技巧	能熟练运用数据可视化的技巧，包括可视化色彩、形状等	
Tableau 连接数据源	能够在 Tableau 中准确连接销售收入财经数据表	
创建字段	熟练掌握在 Tableau 中创建字段的步骤	
创建工作表	熟练掌握在 Tableau 中创建工作表的步骤，并且能够根据要求熟练设置工作表格式	
业务拓展	了解数据源扩展的两种途径，并且能够根据现有数据源合理添加字段或者数据表	
技术拓展	掌握通过交互功能、布局功能增强仪表板可读性和美观性的方法	

任务二十三
RPA 分析、展现与报告流程设计及框架搭建

任务情景

在数智魔法的璀璨殿堂里，"数据小侠"家桐端坐于他那充满科技韵味的实验室内，眼前是 Tableau 编织的绚烂数据画卷，每一帧都细腻地勾勒出公司销售征途的波澜壮阔与市场风云的微妙变迁。经过无数个日夜的不懈探索与自我超越，家桐已将数据的枯燥转化为视觉的盛宴，每一幅图表都仿佛是他亲手雕琢的艺术珍品。

此时，"魔导师"笱宇婷来到家桐身旁，她的声音温柔而充满力量："家桐，你已掌握了数据魔法的精髓，而今，是时候解锁更高级的魔法——自动实现数据分析、展现与报告生成。"

家桐欣然踏上了新的征程，他将运用 UiBot Creator 这一强大的 RPA 自动化工具，如同魔法师绘制咒语般，精心搭建数据分析、展现与报告的机器人流程块，让机器人不仅能够准确无误地执行分析与可视化呈现，更能以超越人力的速度与效率，生成深度洞察市场、引领未来的分析报告。

任务布置

1. 设计并实现销售收入财经数据分析报告的自动化流程

该流程涵盖数据分析与展现、报告内容写入、报告自动发送三个关键环节。具体要求如下：

数据分析与展现： 确保 Tableau 工作簿能够随数据源更新而自动刷新工作表和仪表板内容。在此基础上，销售收入财经数据分析机器人应能自动启动 Tableau 软件，并将仪表板内容导出为图片。

报告内容写入： 机器人需具备读取报告模板的能力，能够替换报告中的指定文字，并插入相关图表及图片，以完成报告内容的自动化生成。

报告自动发送： 将生成的销售收入财经数据分析报告通过邮件形式，自动发送给财务总监。此流程的完成标志着销售收入财经数据分析报告的全面自动化。

2. 构建机器人流程框架

使用 UiBot Creator 软件，为销售收入财经数据分析机器人新增三个流程块，并分别命名为：

"Tableau 导出图片"： 负责实现仪表板图片的自动化导出。

"自动写入报告"： 负责报告内容的自动化生成，包括文字替换和图表插入。

"发送邮件至邮箱"： 负责将报告通过邮件自动发送给财务总监。

任务准备

一、知识准备

在销售收入财经数据分析报告自动化阶段，机器人需要将 Tableau 中的仪表板导出为图片，然后读取报告的模板文件，再对模板文件进行写入文字和插入图片，这些完成后需要将模板文件另存并发送至财务总监邮箱，自动化流程设计如图 6-30 所示。

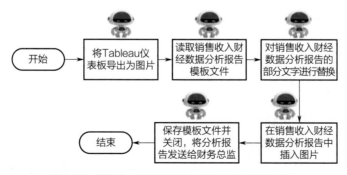

图 6-30　销售收入财经数据分析报告自动化流程设计

项目六　揭示隐藏的财经秘密 | **239**

1. 将 Tableau 仪表板导出为图片

销售收入财经数据分析机器人需要将在 Tableau 中设计好的仪表板导出为图片。这个过程通过 UiBot Creator 系统操作和鼠标键盘中的命令将"产品维度""时间维度""客户维度""区域维度"仪表板导出为图片，存储到"res"文件夹下。

2. 读取销售收入财经数据分析报告模板文件

销售收入财经数据分析机器人需要读取已经设计好的销售收入财经数据分析报告模板文件。这个模板文件通常以 Word 的形式存在，其中标题页需要特定的撰写人填写，而其他内容则由机器人来完成。

3. 对销售收入财经数据分析报告的部分文字进行替换

销售收入财经数据分析机器人需要对报告中的部分文字进行替换。这个过程涉及对报告中的一些占位符进行替换，如将"占位符 1"替换为实际的数据分析结果。机器人在替换文字时，会根据预设的替换规则和字典，将相应的文字放入特定的区域。

4. 在销售收入财经数据分析报告中插入图片

在完成文字替换后，销售收入财经数据分析机器人还需要在报告中插入相关的图片。这些图片包括产品、客户、时间、区域四个维度的仪表板图，以直观地展示分析结果。机器人在插入图片时，会根据预设的规则和位置，将相应的图片插入到报告中。

5. 发送邮件

销售收入财经数据分析机器人需要发送邮件，将生成的销售收入财经数据分析报告发送给财务总监。在发送邮件时，机器人会使用预设的收件人地址和邮件主题，将报告以附件的形式发送给收件人。

二、操作准备

软件工具：Microsoft Visio 和 UiBot Creator。

三、学习准备

1. 掌握 Microsoft Visio 软件的绘图方法

熟悉 Microsoft Visio 软件中拖入基本图形到画布、编辑文字、连线、更改字体、颜色等操作，掌握将文字形式流程转化为图形形式流程的方法。

2. 掌握 UiBot Creator 搭建流程框架的方法

访问"云会计数智化前沿"微信公众号，进入"学习"板块后选择"零起点学 UiBot Creator RPA 软件"课程，学习"1-1　UiBot 软件产品功能（上）"视频以及"1-3　UiBot 基本命令"视频中关于 UiBot Creator 机器人框架搭建的内容。

一、设计销售收入财经数据分析、展现与报告的自动化流程

销售收入财经数据分析自动化流程涉及导出图片、自动写入内容、邮件发送等多个步骤。在设计流程时，应确保流程的逻辑性，保证流程中的每个步骤都能够顺畅地衔接。此外，应使用 Visio 中标准的流程图形对流程进行规范化表达，以增强流程的可读性和理解性。

二、新增流程块

在 UiBot Creator 中打开销售收入财经数据分析机器人，并在原有流程上增加新的流程块。这些流程块应包含 Visio 流程图中定义的各个流程。确保新增的流程块之间的逻辑关系正确，并且数据能够在不同流程块之间正确传递和处理，以保证整个自动化流程的顺畅运行。

任务实施

一、任务流程

1）使用 Microsoft Visio 绘图工具，将根据设计好的机器人流程绘制成流程图。此流程图需清晰地展示各个步骤，确保流程的连贯性和可理解性。

2）利用 UiBot Creator 软件，新增销售收入财经数据分析机器人在分析、展现与报告自动化部分的流程块。在新增流程块的过程中，确保机器人框架结构合理，能够有效地支持后续的报告自动化。

二、任务操作

该部分任务操作步骤将通过线上方式呈现。请您扫描"云会计数智化前沿"微信公众号二维码，在公众号内"学习"板块完成平台账号的注册，登录平台后进入"RPA 财经数据分析与可视化"课程，并根据提示输入本书封底的专用账号和密码，即可获取详细的操作步骤。

云会计数智化前沿
微信公众号

三、任务拓展

（一）业务拓展

业务需求：在本任务设计的流程中，编制完成的销售收入财经数据分析报告将作为附件发送至指定邮箱，但是文档名称并没有更改，如果需要新增更改文档名称的功能，那么自动化流程应该如何优化？

（二）技术拓展

技术需求：如何将"自动写入报告"流程块拆分为多个板块，以使得销售收入财经数据分析报告自动化机器人的流程更易于理解？

任务评价

评价内容	评价标准	完成情况评价（0~10分）
分析、展现与报告自动化流程	深刻理解销售收入财经数据分析、展现与报告自动化流程	
使用 UiBot Creator 新增销售收入财经数据分析机器人流程块	熟练使用 UiBot Creator 新增销售收入财经数据分析机器人流程块	
业务拓展	掌握销售收入财经数据分析机器人的流程，了解每个流程块的输入和输出，了解新增功能的流程应该放在什么位置	
技术拓展	熟练掌握"自动写入报告"流程块的细分内容，能够理解该流程块中不同命令的作用	

任务二十四　企业销售收入财经数据分析、展现与报告机器人开发

任务情景

夜幕降临，城堡灯火通明，"数据小侠"家桐继续沉浸在他的数据世界，他的心中充满了对未知的探索和对真相的追求。他深知，只要坚持不懈终将成为一位真正的数智魔法师，掌握财经数据世界的全部奥秘。

"魔法通信师"黄立是家桐的同事，她看到家桐的成果后惊叹不已："家桐，你就像一位真正的数智魔法师，把数据的世界变得如此生动和直观！"家桐听了她的夸奖，脸上露出了羞涩的笑容，心里却充满了成就感。

随后以一种充满自信与激情的语调向"魔导师"苟宇婷说道："魔导师，我一定要将销售收入复杂的分析、展现与报告生成需求开发成灵活的 RPA 机器人。"

苟宇婷轻轻拍了拍家桐的肩膀，那份力量仿佛透过指尖传递："家桐，你的旅程注定不凡。在这条路上，你将不仅仅是学习者，更是创造者。你的才华与决心，将是你最强大的武器。我期待着见证你改写数据分析的未来。加油家桐，未来的数据魔法师之星！"

家桐深知，这将是他生命中一段难忘的旅程，而他，已经准备好扬帆起航。

任务布置

1）设计销售收入财经数据分析报告模板。掌握销售收入财经数据分析报告的框架，包括标题页、目录、摘要、分析背景等部分，以系统呈现分析结果和提出建议。模板设计应注重清晰性和逻辑性，便于数据填充和分析展示。

2）开发实现机器人的分析、展现与报告流程块功能。使用 UiBot Creator 的系统操作、鼠标键盘、Word 自动化、E-mail 自动化等功能，实现自动导出销售收入财经数据分析仪表板、自动撰写分析报告并向指定邮箱发送邮件等功能，以实现销售收入财经数据分析、展现与报告的全流程自动化。

任务准备

一、知识准备

（一）业务知识

销售收入财经数据分析报告模板由四部分组成，分别是标题页、目录、摘要，以及正文。销售收入财经数据分析报告内容框架如下：

1. 标题页

该分析报告标题页的标题为 2020—2023 年销售收入财经分析报告，撰写人为"家桐"，日期为"2024 年 1 月"。

2. 目录

2020—2023 年销售收入财经分析报告的目录由报告目录和图表目录组成，报告目录是报告的正文框架，图表目录是数据分析报告中可能出现的表图注。

3. 摘要

摘要的参考内容为："营业收入是企业一项重要的财务指标，它在企业财务管理中具有重要的地位。企业营业收入的取得表明商品价值得以实现，是企业不断进行再生产和经济效益得以实现的根本保证，关系到企业的生存和发展。本数据分析报告利用蛮先进公司 2020—2023 年的销售收入财经数据从产品、客户、时间等多维度进行分析，有利于企业更好地制订销售战略和计划，从而促进销售收入增长。"

4. 正文

（1）分析背景　分析背景的参考内容为："销售部门需按期编制销售计划，而销售计划的编制必须有所依据，即要根据实际情况制订。制订销售计划必须要遵循的原则之一是依据以往的销售情况。基于此，需要对本年度的销售情况做一个统计分析，以此作为销售计划的编制依据之一。"

（2）分析目的　分析目的的参考内容如下：

1）从产品维度分析销售收入财经数据，了解各个产品的销售情况，有利于制订产品生产计划等。

2）从时间维度分析销售收入财经数据，方便了解企业营收的淡旺季，有利于更好地控制产品生产，防止存货积压或供应量不足的情况，也有利于根据时间制订促销计划等。

3）从客户维度分析销售收入财经数据，有利于企业了解客户信息，以便更好地进行客户维护，有针对性地销售产品。

4）从区域维度分析销售收入财经数据，了解企业业务在全国的分布情况。

（3）分析思路　分析思路的参考内容："从产品、客户、时间、区域四个维度对收入情况进行分析，以便更加全面地了解企业的营收状况。"

（4）分析内容　分析内容部分的参考内容设计如下。

1）从产品维度来看，产品 25 和产品 26 近四年来的总销售额超过了 1 亿元（图 6-31），是公司当之无愧的核心产品，公司可以继续维持现有对产品 25 和产品 26 的销售策略。除此，针对那些销售额超过 5000 万元但不到 1 亿元的产品，可以适当调整销售方案，激发出这部分产品的销售潜力，这将会为公司带来更大的收益。

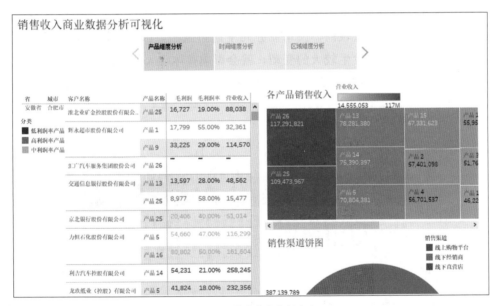

图 6-31　销售收入分析内容

2）从时间维度来看，前两年由于公司处于发展初期阶段，营业收入有较大的波动。近两年公司的销售额开始趋于稳定，但是并未有增长的迹象。基于此，公司可以考虑实施拓宽市场、发展新的业务线、研发新的产品等策略来带动增长。从月份上来看，公司每年 9 月的销售收入都是全年低谷，属于产品销售收入淡季，可以考虑通过增加促销活动等方式来提高营收。日营业收入和月销售收入增长率分析如图 6-32 所示。

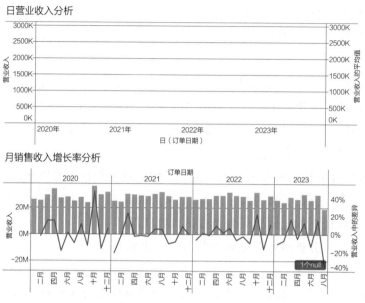

图 6-32　日营业收入和月销售收入增长率分析

3）从公司客户所在城市来看，其主要分布于华中、华北、华南和华中地区，公司在维护这部分客户的同时，可以考虑向西南、西北地区拓宽市场。从全国营收地域分布来看，东部沿海地区营业收入较高。公司业务几乎遍布全国，因此地域风险较低，不容易存在因某地区经济、社会发生较大的变动，就会影响整体收入的情形。

4）从客户维度来看，客户销售额分析如图 6-33 所示，公司来源于前十大客户的销

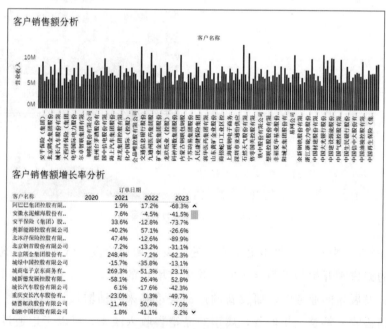

图 6-33　客户销售额分析

售收入占比并不十分突出，整体分布较为均衡。从客户销售额增长率来看，一些客户虽然整体销售额不算太高，但是增长率超过了100%，公司可以针对这部分客户，制定相应的销售策略以激发其潜力。

（二）技术知识

1. UiBot中的Word应用自动化——写入文字

1）命令说明：向Word文档光标所在的位置写入文字，如果有选中内容则替换选中的内容。

2）属性设置："写入文字"命令的属性设置如图6-34所示。

"写入文字"命令有两个参数，具体如图6-35所示。首先是objWord，这个参数表示Word文档对象，表示要将文字写入哪个文档；第二个参数是sText，这个是一个字符串类型的参数，表示要将什么内容写入目标文档。

图6-34 "写入文字"命令的属性设置

参数	必选	类型	默认值	说明
objWord	True	expression	objWord	Word文档对象
sText	True	string	""	写入文字内容

图6-35 "写入文字"命令的两个参数

2. UiBot中的鼠标键盘——模拟按键

1）命令说明：模拟按键命令是指机器人通过UiBot Creator RPA软件模拟人类用户的鼠标和键盘操作，实现自动执行特定任务。在UiBot Creator中，模拟按键是指机器人自动按下和释放键盘上的特定按键的功能。

2）属性设置："模拟按键"命令的属性设置如图6-36所示。

"模拟按键"命令有六个参数可以设置，如图6-37所示。其中，sKey参数表示一次

图6-36 "模拟按键"命令的属性设置

参数	必选	类型	默认值	说明
sKey	True	enum	"Enter"	表示一次模拟输入的内容
sType	True	enum	"press"	按键的类型为：单击(press)、按下(down)、弹起(up)
sKeyModifiers	True	set	[]	触发按键动作时同时按下的键盘按键，可以使用以下选项：Alt, Ctrl, Shift, Win
iDelayAfter	False	number	300	执行活动后的延迟时间（以毫秒为单位）。默认时间为300毫秒
iDelayBefore	False	number	200	活动开始执行任何操作之前的延迟时间（以毫秒为单位）。默认的时间量是200毫秒
sSimulate	False	enum	"simulate"	可选择操作类型为：模拟操作(simulate)、系统消息(message)，默认选择：模拟操作(simulate)

图6-37 "模拟按键"命令的六个参数

模拟输入的内容，其默认值是"Enter"；sType 参数表示按键的类型有三个选项，分别为单击、按下、弹起，默认值为单击；sKeyModifiers 参数表示触发按键动作时同时按下的键盘按键，可以使用 Alt、Ctrl、Shift、Win，默认值为空；iDelayAfter 参数表示执行活动后的延时时间，默认时间为 300 毫秒；iDelayBefore 参数表示活动开始执行任何操作之前的时间，默认时间为 200 毫秒；sSimulate 参数表示操作类型，默认为模拟操作。

二、操作准备

软件工具：UiBot Creator。

三、学习准备

1. 掌握销售收入财经分析报告模板设计

掌握销售收入财经数据分析报告模板的组成设计，包括标题页、目录、摘要、正文。确定每部分包含的内容，如正文包括分析背景、分析目的、分析思路、分析内容。

2. 掌握 UiBot Creator 中的相关命令

访问"云会计数智化前沿"微信公众号，进入"学习"板块后选择"零起点学 UiBot RPA 软件"课程，完成"2-1 UiBot 鼠标键盘"视频、"2-5 UiBot 系统操作"以及"3-4 UiBot Word 文本处理自动化"视频的学习，这部分教学内容涵盖了 UiBot 中关于鼠标键盘的操作、电脑系统应用的操作，以及 Word 文字的替换与图片插入的实现方式。

任务要领

一、销售收入财经数据分析报告模板的逻辑性和条理性

在设计销售收入财经数据分析报告模板时，首先需要理解报告的结构，包括各部分的具体内容和相互关系。重点在于确保报告模板的逻辑性和内容的条理性，以清晰、有序的方式呈现分析结果。

二、导出 Tableau 中的仪表板为图片

1）启动正确的应用程序。使用"启动应用程序"命令打开电脑中的 Tableau 软件，确保在命令的属性栏中输入正确的应用程序路径。

2）打开指定的可视化工作簿。利用"打开文件或网址"命令在 Tableau 中打开已经设计好的可视化工作簿，设置正确的可视化工作簿打开路径。

3）准确操作 Tableau。利用鼠标键盘的命令组自动化操作 Tableau 软件，确保准确定位导出图片的操作按钮，并将仪表板导出到指定的文件夹下。

三、对销售收入财经数据分析报告文本替换与图片插入

1. 文本替换

将模板中的占位文本替换成预设的文本内容，确保命令的"匹配字符串"内容与模板中的内容完全一致，以保证机器人能够准确找到需要替换的文本。

2. 插入图片

确保将光标定位在报告中要插入图片的位置，并插入对应的图片。

任务实施

一、任务流程

1）准备销售收入财经数据分析报告模板，并且将分析报告模板放入准备文件夹"res"中，以便销售收入财经数据分析机器人进行分析。

2）编辑新增的第一个流程块"Tableau 导出图片"，利用 UiBot Creator "系统操作"和"鼠标键盘"中的命令，设置命令的属性，机器人将启动 Tableau 软件并将仪表板导出为图片，存放到准备文件夹"res"中。

3）编辑新增的第二个流程块"自动写入报告"，利用 UiBot Creator "Word 自动化"和"鼠标键盘"中的命令，设置命令的属性，机器人将自动读取分析报告模板，将模板中的文字进行替换、插入图片、写入文字，保存并关闭编制完成的分析报告。

4）编辑新增的第三个流程块"发送邮件至邮箱"，利用 UiBot Creator "网络"功能的"发送邮件"命令，设置其属性，机器人将编制完成的分析报告发送至指定的邮箱。

二、任务操作

该部分任务操作步骤将通过线上方式呈现。请您扫描"云会计数智化前沿"微信公众号二维码，在公众号内"学习"板块完成平台账号的注册，登录平台后进入"RPA 财经数据分析与可视化"课程，并根据提示输入本书封底的专用账号和密码，即可获取详细的操作步骤。

云会计数智化前沿
微信公众号

三、任务拓展

（一）业务拓展

业务需求：销售收入财经数据分析报告的分析内容涵盖了时间维度、客户维度、产品维度，那么从区域维度应该如何分析呢？

（二）技术拓展

技术需求1：本任务中 RPA 机器人导出的是 Tableau 中的仪表板，如果希望导出 Tableau 中的工作表，应该如何修改 RPA 机器人呢？

技术需求2：销售收入财经数据分析报告自动替换文字、写入文字、插入图片之后，如果希望对特定的文字段落修改其样式、段落间距等，通过 UiBot Creator 应该如何实现？

任务评价

评价内容	评价标准	完成情况评价（0~10分）
销售收入财经数据分析报告设计	销售收入财经数据分析报告设计效果	
UiBot Creator 关键技术	熟练掌握 UiBot Creator 关键技术，如"写入文字"命令、"模拟按键"命令	
开发机器人	能够熟练使用 UiBot Creator 开发销售收入财经数据分析机器人	
业务拓展	理解销售收入财经数据分析报告的分析内容，掌握不同数据分析维度的分析方式	
技术拓展	修改现有程序，对技术需求实现的完整性和准确性	

参考文献

［1］程平. RPA 财务机器人：原理、应用与开发 ［M］. 北京：中国人民大学出版社，2022.

［2］程平. RPA 财务机器人开发教程：基于 UiPath ［M］. 2 版. 北京：电子工业出版社，2021.

［3］程平. RPA 财务数据分析：基于来也 UiBot ［M］. 北京：电子工业出版社，2023.

［4］程平. RPA 商业数据分析与可视化：基于 UiBot 和 Tableau ［M］. 北京：中国财政经济出版社，2023.

［5］程平，邓湘煜. RPA 财务数据分析机器人：理论框架与研发策略 ［J］. 会计之友，2022 （13）：148－155.

［6］程平，谭果君. RPA 财务机器人标准体系研究 ［J］. 会计之友，2023 （11）：142－146.

［7］刘勤. 智能财务之流程自动化变革：从 RPA 到 IPA ［J］. 财会月刊，2024，45 （9）：33－40.

［8］高庆鑫，刘聪，张在贵，等. 基于流程挖掘的 RPA 机器人优化部署方法与系统：CN118468620A ［P/OL］. 2024－08－09 ［2024－10－16］. https://wwwv3.cqvip.com/doc/patent/3465173286.

［9］程平，邓天雨. 数据分析视角下基于 RPA 的内部审计机器人研究 ［J］. 中国注册会计师，2023 （9）：33－40.

［10］程平，杨双. 基于流程挖掘的 RPA 财务自动化流程设计研究 ［J］. 会计之友，2023 （8）：141－149.

［11］王京安，方颖. 基于 RPA 的销售回款业务风险管理研究 ［J］. 财会通讯，2023 （24）：127－130.

［12］程平，熊俊宇. 基于 RPA＋AI 的智能费用报销机器人设计与应用 ［J］. 财务与会计，2023 （10）：52－55.

［13］金源，魏振，李成智，等. 财务 RPA：应用场景、实践成效及经验总结 ［J］. 财会月刊，2024，45 （16）：21－28.

［14］宋雷. 基于 RPA 技术的智能审计财务报表流程优化 ［J］. 财会通讯，2023 （11）：124－130.

［15］郭彦. RPA 技术下中国式现代化管理会计创新模式构建 ［J］. 财会通讯，2024 （1）：160－164.

［16］程平，喻畅，王健俊. ChatGPT 时代下基于深度自编码网络的企业内部审计智能预警：以往来款项审计为例 ［J］. 系统工程理论与实践，2024，44 （1）：316－337.

［17］程平，邓天雨. 基于 AIGC 的数智化内部审计研究 ［J］. 财务与会计，2024 （5）：54－57.

［18］程平，朱仔耘，付元承. 基于 ChatGPT 的智能财务报告研究 ［J］. 财会月刊，2023，44 （16）：64－69.

［19］程平，黄靖川，王骥菱. 乡村振兴下基于 RPA 的村级财务共享机器人研究：以重庆市 FJ 县为例 ［J］. 会计之友，2024 （15）：74－82.